Wok

VIELFALT OHNE GRENZEN

Die Kunst des Einfachen

WOK – Vielfalt ohne Grenzen

Rezeptfotos: Michael Brauner
und FoodPhotography Eising

不一樣
餐廳
請登2樓
歡迎光臨
世界花
歡迎光臨 請上四F
愛玉冰 10元 椰子乳
百香菓 冬瓜茶
愛玉冰 10元 椰子乳
百香菓 冬瓜茶

INHALT

WOK: Die Kunst des Einfachen — 6

Vorspeisen und Suppen
Köstlicher Auftakt:
von Hühnerküchelchen bis Eierblumensuppe — 8

Gemüse, Tofu und Eier
Nicht nur als Beilage:
von gebratenem Gemüse bis Frühlingskomposition — 28

Teigwaren und Reis
Teigwaren und Reis in allen Variationen:
von pfannengerührten Nudeln bis gefüllte Pasteten — 78

Fleisch und Geflügel
Herzhaft und festlich:
von Fleisch in Eihülle bis Ente in pikanter Sauce — 114

Fisch und Meeresfrüchte
Reichtum der Meere und Küsten:
von Fisch süß-sauer bis Garnelenröllchen — 214

Kulinarisches »Drumherum«
Von Brot über würzige Saucen und Pasten bis zum Dessert — 262

Glossar — 282
Rezept- und Sachregister — 286
Impressum — 288

Wok – Vielfalt ohne Grenzen

Spaß, Genuß und Unterhaltung – das sind Schlüsselbegriffe, die jeder spontan mit dem Kochen im Wok verbindet. Wokking ist einfach ideales Entertainment, wenn man abends mit Freunden oder der Familie zusammensitzt.

Gemeinsam teilt man die vorbereitenden Arbeiten, man schnipselt, schneidet und zerhackt in adrette Scheibchen und Stückchen. – Und mit einem Glas Prosecco oder Bier wird auch daraus schon ein echter Spaß!
Wenn die Zutaten dann im zischend heißen Wok aromatische Dampfwolken entwickeln, steigt die Spannung. Erfreulicherweise dauert es dann nur noch wenige Minuten, bis der kulinarische Genuß – in bunten, satten Farben – auf die Teller geschaufelt werden kann.

Und um Ihnen auch optimale Essenslust zu garantieren, haben wir für Sie in diesem Band die besten und einfachsten Originalrezepte aus vier großen asiatischen Nationen zusammengestellt – aus Ländern, in denen das Kochen mit dem Wok vor Jahrhunderten erfunden wurde. Im Laufe der Zeit wurden diese beliebtesten Rezepte der Volksküche aus China, Thailand, Indonesien und Indien immer weiter verbessert und verfeinert. Und nun ist es Zeit für den kulinarischen Export dieser Best-of-Asia-Gerichte! Schmecken Sie es selbst!!!

Immer authentisch kochen – mit Ersatzzutaten geht's ganz leicht: Schrecken Sie nicht zurück, wenn Sie in der Zutatenliste spezielle Zutaten entdecken, die Sie nicht kennen. Wenn Sie keine Zeit für den nächsten Asienshop haben, blättern Sie einfach ins Glossar, S. 282 – 285. Dort finden Sie für alle diese Zutaten eine passende Alternative. Entweder Sie haben ihn sowieso im Haus oder es gibt ihn im nächsten Supermarkt.

Wokking ist so einfach: Sie brauchen dazu nur einen guten Wok und einen Holzlöffel zum Rühren. Allerdings sollten Sie wirklich einen qualitativ hochwertigen Wok kaufen, denn alle, die mit billiger Importware anfingen, haben sie bald wegwerfen müssen. So brauchen Sie z.B. zuviel Öl, weil das Material nicht beschichtet ist und die Lebensmittel ankleben. Das Ding rostet und so weiter. ... Bringen Sie sich auch keinen Wok aus Asien mit, denn die haben oft runde Böden und werden über Propangasflaschen mit spezieller Halterung gehängt.

Wokspezialisten halten diese Vorbereitungs-Methode für optimal: Zutaten vorbereiten, dann den Wok erhitzen. Vom Herd ziehen und mit dem Backpinsel etwas Öl darin verstreichen. Wieder auf die Kochplatte geben und wieder ganz heiß werden lassen. Erst dann das im Rezept angegebene Öl dazugeben. Wenn man – so vorbereitet – mit dem Garen beginnt, haften auch panierte Zutaten nicht mehr an. Zwischendurch öfters mit dem Kochlöffel rühren – so gart alles gleichmäßig. Deshalb gab es zur Einführungszeit des Wok vor etwa 15 Jahren für diesen Vorgang auch das etwas amtsdeutsch klingende Wort »Pfannenrühren«.

So – das wär's eigentlich. Mehr ist zu dieser angenehm einfachen Sache nicht zu sagen. Vielleicht noch eins: nicht den Kopf über den Wok halten, wenn Sie feuchte Zutaten ins heiße Öl geben, es könnte gefährliche Spritzer geben. Und nun – viel Spaß beim Wokking!

VORSPEISEN & SUPPEN

Aus Westchina · Braucht etwas Zeit

Hühnerküchelchen

Zha Ma Su Ji Gao

Zutaten für 4 Portionen, für 1 Auflaufform oder 1 feuerfesten Teller von etwa 20 cm Ø:
75 g Sesam, ungeschält
250 g Hühnerbrust, ohne Haut und Knochen
Salz · 1 Ei
1 EL Reiswein
1 Prise weißer Pfeffer, frisch gemahlen
5 EL Speisestärke
150 g Salatblätter
½ l neutrales Pflanzenöl zum Fritieren
½ TL Sesamöl
Öl für Form oder Teller
Für den Dip:
2 TL Salz
1 TL Sichuan-Pfeffer, frisch gemahlen
nach Belieben: Möhrenscheiben und Korianderblättchen zum Garnieren
außerdem: ein Bambusdämpfer von etwa 22 cm Ø

Zubereitungszeit: 50 Min.

Pro Portion: 2100 kJ/500 kcal

1 Sesam in einem Topf bei schwacher Hitze unter Rühren etwa 2 Min. rösten. Herausnehmen und etwas abkühlen lassen. Hühnerbrust waschen, trockentupfen und mit einem Küchenbeil oder im Blitzhacker fein hacken. Dann alles in einer Schüssel mit Sesam, Salz, Ei, Reiswein, Pfeffer, 2 EL Speisestärke und 2 EL Wasser vermischen, dabei die Masse etwa 1 Min. in einer Richtung rühren.

2 Auflaufform oder Teller mit etwas Öl einfetten. Hühnermasse 2–2½ cm dick darin bzw. darauf verstreichen. Form oder Teller in einen Bambusdämpfer stellen. Dämpfer schließen. ½ l Wasser in einem Wok aufkochen, Bambusdämpfer darauf setzen. Hühnermasse etwa 12 Min. bei starker Hitze dämpfen.

3 Hühnermasse herausnehmen, etwas abkühlen lassen und in etwa 5 cm lange und etwa 2 cm breite Stücke schneiden. Salat putzen, waschen und trockenschwenken.

4 Für den Dip 2 TL Salz in einen Topf geben und bei schwacher Hitze erwärmen. Sichuan-Pfeffer dazugeben und unter Rühren etwa ½ Min. rösten. In ein Schüsselchen geben und beiseite stellen.

5 Pflanzenöl in einem Wok erhitzen. Es ist heiß genug, wenn an einem ins Öl getauchten Holzstäbchen Bläschen emporsteigen. Hühnerstücke in der restlichen Speisestärke wälzen. Stückweise ins Öl geben und in 2 Portionen nacheinander etwa 2 Min. fritieren, bis die Stücke leicht goldgelb sind. Herausnehmen und so lange warten, bis das Öl wieder heiß ist. Stücke nochmals ins Öl geben (jeweils etwa 5 Stücke auf einmal) und goldbraun fritieren. (Vorsicht, Spritzgefahr!)

6 Die Stücke herausnehmen, das Fett abtropfen lassen. Salat auf einem Teller anrichten. Die fritierten Hühnerküchelchen darauf verteilen und mit Sesamöl beträufeln. Nach Belieben mit Möhrenscheiben und Korianderblättchen garnieren. Zusammen mit der Mischung aus Sichuan-Pfeffer und Salz als Dip servieren.

Variante: Wenn Sie gern Fisch essen, können Sie die Hühnerbrust durch 250 g Fischfilet (z.B. Rotbarsch) ersetzen. Dazu zuerst das Fischfilet kalt abspülen, trockentupfen und mit einem Küchenbeil fein hacken. 25 g Ingwer schälen und sehr fein hacken. Fisch und Ingwer mit den anderen im Rezept angegebenen Zutaten mischen. Die restlichen Zubereitungsschritte sind gleich.

Tip! Achten Sie beim Kauf darauf, daß der Sesam ungeschält ist, denn er hat ein intensiveres Aroma als der geschälte.
Wenn Sie keinen Bambusdämpfer haben, siehe Info S. 182.

Krabbenklößchen

Aus Südchina · Festlich

Xia Ren Niang Hua Cai

Zutaten für 4 Portionen:
250 g rohe geschälte (Nordsee-) Krabben
1 EL Speisestärke
Salz
weißer Pfeffer, frisch gemahlen
1 TL Reiswein
1 Eiweiß
24 kleine Blumenkohlröschen, weiß und grün gemischt
1 ½ EL Austernsauce
1 TL dunkler Reisessig

Zubereitungszeit: 30 Min.

Pro Portion: 400 kJ/95 kcal

1 Krabben waschen, abtropfen lassen und mit einem Küchenbeil oder einem schweren Messer fein hacken, oder im Blitzhacker bzw. Mixer zerkleinern. Speisestärke mit 2 EL Wasser anrühren. Krabbenhack mit je 1 Prise Salz und Pfeffer, dem Reiswein, Eiweiß und der angerührten Stärke vermengen, bis die Masse zähflüssig wird.

2 Einen Eßlöffel in kaltes Wasser eintauchen, dann mit dem Löffel von dem Krabbenhack 24 etwa gleich große Portionen abstechen und aus der Masse mit den Händen Klößchen formen. Die Klößchen auf einen Teller legen, der in einen Bambusdämpfer paßt.

3 Die Blumenkohlröschen putzen, waschen, trockentupfen und dann vorsichtig auf die Krabbenklößchen stecken.

4 Etwa ½ l Wasser im Wok oder Topf zum Kochen bringen. Den Teller mit den Klößchen in einen Bambusdämpfer stellen, zudecken und den Dämpfer auf den Wok setzen. Die Klößchen bei starker Hitze zugedeckt etwa 5 Min. dämpfen.

5 Inzwischen die Austernsauce und den Essig in einer Schale verrühren. Wenn die Krabbenklößchen gar sind, auf einem Teller anrichten und mit der Sauce servieren.

Tip! Statt grünem Blumenkohl können Sie auch Brokkoli nehmen. Sie können den im Rezept angegebenen Dip auch durch »Sha Cha«-Sauce ersetzen oder diese als zweiten Dip servieren.
Wenn Sie keinen Bambusdämpfer besitzen, siehe Info S. 182.

Fritierter Tofu

Aus Taiwan · Gelingt leicht

Zha Dou Fu

Zutaten für 4 Portionen:
2 Stücke Tofu (etwa 500 g)
3 Zweige Koriander
3 Stengel Schnittlauch
1 Knoblauchzehe
2 rote Chilischoten
4 EL helle Sojasauce
1 TL Zucker
1 EL Reisessig
schwarzer Pfeffer, frisch gemahlen
1 kleine Salatgurke (etwa 150 g)
1/2 l neutrales Pflanzenöl zum Fritieren

Zubereitungszeit: 35 Min.

Pro Portion: 1400 kJ/330 kcal

1 Tofu kalt abbrausen und trockentupfen. Die beiden Stücke zunächst in jeweils 6 kleine Stücke schneiden, diese wiederum in jeweils 2 Dreiecke teilen.

2 Koriander und Schnittlauch waschen, trockenschütteln und fein schneiden. Knoblauchzehe häuten und fein hacken. Chilischoten waschen, aufschlitzen, Kerne entfernen, Schoten kleinhacken. Vorsicht, danach nicht mit den Händen an die Augen kommen! Koriander, Schnittlauch, Knoblauch und Chilischoten mit Sojasauce, Zucker, Essig und 1 Prise Pfeffer in einem Schälchen gut verrühren.

3 Gurke kalt abspülen, trockentupfen. Zuerst längs halbieren, dann in ganz dünne Scheiben schneiden und auf einem Teller anrichten.

4 In einem Wok oder einem Topf Öl bei starker Hitze heiß werden lassen. Wenn an einem ins Öl getauchten Holzstäbchen Bläschen aufsteigen, ist es heiß genug. Die Tofustücke ins Öl geben. Vorsicht, Spritzgefahr! Die Tofustücke im heißen Öl auf jeder Seite in 4–5 Min. goldbraun fritieren. Dann aus dem Öl nehmen, Fett abtropfen lassen und den Tofu auf den Gurkenscheiben anrichten. Mit der Sauce als Dip servieren.

Fünf-Gewürz-Fisch

Aus Nordchina · Gelingt leicht

Wu Xiang Xun Yu

Zutaten für 1 Servierteller (3 Portionen):
300 g Forellen- oder Schollenfilets
Salz
3 EL Reiswein
4–5 dünne Scheiben Ingwerwurzel
4 Knoblauchzehen (nach Belieben mehr)
2–3 Frühlingszwiebeln
½ l Pflanzenöl zum Fritieren
2 EL dunkle Sojasauce
1 TL Zucker
1 TL Fünf-Gewürz-Pulver
2 EL Sesamöl

Zubereitungszeit: 30 Min. (+ 30 Min. Ruhen)

Pro Portion: 1800 kJ/ 425 kcal

1 Fischfilet in 5 cm lange Stücke schneiden. Etwas Salz mit dem Reiswein mischen und über den Fisch gießen. Die Mischung etwa 30 Min. ziehen lassen.

2 Kurz bevor die 30 Min. vorbei sind, Ingwer und Knoblauch schälen, Frühlingszwiebeln putzen und waschen. Dann alles fein hacken.

3 Öl in einem Topf oder Wok zum Fritieren erhitzen. Fisch gründlich trockentupfen und im heißen Öl bei starker Hitze in etwa 1 Min. goldbraun fritieren. Herausnehmen und abtropfen lassen.

4 Öl bis auf einen dünnen Film (etwa 3 EL) aus dem Topf gießen. Ingwer, Knoblauch und Frühlingszwiebeln darin unter Rühren bei mittlerer Hitze anbraten.

5 Dann ¼ l Wasser angießen. Sojasauce, Zucker und Fünf-Gewürz-Pulver dazugeben. Den Fisch in die Sauce legen und alles bei starker Hitze etwa 10 Min. kochen, bis die Flüssigkeit fast verdampft ist. Abkühlen lassen und beim Essen mit Sesamöl beträufeln.

Info: Fünf-Gewürz-Pulver ist typisch für die chinesische Küche und besteht aus Anis, Zimt, Gewürznelken, Pfeffer und Fenchelsamen.

Tip! Mit chinesischem Dampfbrot (Mantou) oder auch europäischen Brötchen kann man mit dem Fisch köstliche Sandwiches zubereiten.

Gebratene scharfe Gurken

Aus Peking · Geht schnell

Qiang Huang Gua

Zutaten für 1 Servierteller (2 Portionen):
500 g zarte Gurken
4 getrocknete Chilischoten
4 EL Sesamöl
20 Sichuan-Pfefferkörner
Salz

Zubereitungszeit: 20 Min.

Pro Portion: 880 kJ/ 210 kcal

1 Gurken gründlich waschen und der Länge nach halbieren. Die Kerne herauskratzen und die Gurken in etwa 6 cm lange, dünne Streifen schneiden. Chilischoten halbieren. (Danach Hände waschen, auf gar keinen Fall in die Augen bringen!)

2 Sesamöl in einer Pfanne oder im Wok erhitzen. Sichuan-Pfefferkörner und Chilischoten hineingeben und bei starker Hitze braten, bis sie würzig duften. Pfefferkörner herausfischen.

3 Gurken in das Öl geben und unter Rühren bei starker Hitze etwa 2 Min. braten. Mit Salz abschmecken, auf einen Teller geben und abkühlen lassen.

Tip! Ohne Kerne schmecken Gurken wesentlich feiner. Nachdem Sie die Gurke der Länge nach halbiert haben, können Sie die Kerne ganz leicht mit einem kleinen, scharfkantigen Löffel herauskratzen.

Knusprige Auberginen

Aus Westchina · Gelingt leicht

Jiao Yan Qie Bing

Zutaten für 4 Portionen:
1 große Aubergine (etwa 400 g)
150 g Schweinehackfleisch
Salz
2 EL Reiswein
1 Frühlingszwiebel
1 Scheibe Ingwer, etwa 2 cm dick
1 Ei
8 EL Speisestärke
$^1/_2$ l neutrales Pflanzenöl zum Fritieren
Für den Dip:
2 TL Salz
1 TL Sichuan-Pfeffer, frisch gemahlen

Zubereitungszeit: 40 Min.

Pro Portion: 1600 kJ/380 kcal

1 Aubergine kalt abspülen und dünn abschälen. Dann in etwa 1 cm dicke Scheiben schneiden. Die Auberginenscheiben an der Seite mit einem scharfen Messer einschneiden, aber nicht durchschneiden. Sie sollen an einem Ende noch zusammenhalten.

2 Hackfleisch mit Salz und 1 EL Reiswein mischen. Die Auberginenscheiben damit füllen.

3 Frühlingszwiebel putzen und waschen. Ingwer schälen. Beides fein hacken. Ei mit Speisestärke, 1 Prise Salz, 1 EL Reiswein, Frühlingszwiebel, Ingwer und 2 EL Wasser zu einem dickflüssigen Teig mischen.

4 Für den Dip 2 TL Salz in einen Topf geben, bei schwacher Hitze erwärmen. Sichuan-Pfeffer dazugeben und unter Rühren etwa $^1/_2$ Min. rösten. In ein Schüsselchen füllen und beiseite stellen.

5 Öl in einem Wok stark erhitzen. Es ist heiß genug, wenn an einem ins Öl getauchten Holzstäbchen Bläschen emporsteigen.

6 Auberginenscheiben durch die Teigmasse ziehen. Teig abstreifen und die Auberginen portionsweise ins heiße Öl geben. Etwa 2$^1/_2$ Min. unter Wenden fritieren, bis der Teig leicht goldgelb wird. Herausnehmen und so lange warten, bis das Öl wieder heiß ist. Die Auberginen nochmals ins Öl geben (immer etwa 5 Stück) und in etwa $^1/_2$ Min. goldbraun fritieren. (Vorsicht, Spritzgefahr!) Herausnehmen und das Fett abtropfen lassen. Auberginen auf einem Teller anrichten und zusammen mit der Mischung aus Sichuan-Pfeffer und Salz als Dip servieren.

Variante: Vegetarier können das Schweinehackfleisch weglassen und etwa 500 g Auberginen für 4 Portionen nehmen. Die Auberginen werden gewaschen, geputzt und dünn geschält. Da sie nicht gefüllt werden, schneidet man sie in etwa 2 cm dicke, 2 cm breite und 5 cm lange Stücke. Die Stücke werden wie die gefüllten Auberginenscheiben durch den wie angegeben zubereiteten Teig gezogen und fritiert, wie beschrieben.

Info: Durch das zweite Mal Fritieren werden die Auberginen noch viel knuspriger.

Fritierte Wan Tan

Aus Südchina · Gelingt leicht

Zha Hun Tun

Zutaten für 4 Portionen:
250 g Wan Tan-Teig, tiefgekühlt
1 Scheibe Ingwer, etwa 2 cm dick
200 g Schweinehackfleisch
Salz
weißer Pfeffer, frisch gemahlen
1 EL Reiswein
1 TL Sesamöl
1 Ei
½ l neutrales Pflanzenöl zum Fritieren
2 EL Reisessig

Zubereitungszeit: 30 Min.

Pro Portion: 2500 kJ/600 kcal

1 Wan Tan-Teig auftauen lassen, Ingwer schälen und ganz fein hacken.

2 In einer Eßschale das Schweinehack mit Ingwer, Salz, 1 Prise Pfeffer, Reiswein, Sesamöl und Ei gut durchrühren, dann in 24 Portionen teilen.

3 Die Wan Tan-Teigscheiben vorsichtig voneinander lösen. Je eine Portion Fleisch auf die Mitte einer Teigscheibe geben, die Teigränder mit etwas Wasser anfeuchten und diagonal zu dreieckigen Täschchen zusammenklappen und Ränder gut festdrücken.

4 Das Öl im Wok oder in einem Topf bei mittlerer Hitze heiß werden lassen. Wenn an einem ins Öl getauchten Holzstäbchen Bläschen aufsteigen, ist es heiß genug. Die Wan Tan stückweise nacheinander ins Öl hineingeben, dann alle zusammen im heißen Öl etwa 3 Min. fritieren. Vorsicht, Spritzgefahr! Won Ton mit einem Schaumlöffel herausnehmen, Öl abtropfen lassen und die Wan Tan mit dem Essig als Dip servieren.

Variante: Wenn Sie gerne (Nordsee-) Krabben essen, nehmen Sie nur die Hälfte des Schweinehackfleisches und ersetzen die andere Hälfte durch gehackte Krabben. Die Füllung schmeckt dann noch feiner.
Vegetarier können die Fleischfüllung durch 180 g Chinakohl, 20 g Donggu-Pilze und 10 g Lilienblüten, beide getrennt voneinander etwa 20 Min. einweichen und dann abtropfen lassen, ersetzen. Diese Zutaten kleinhacken, mit Salz, weißem Pfeffer und Sesamöl würzen.

Info: Neben »neutralen« Ölen wie z.B. Sonnenblumenöl oder Erdnußöl, die wegen ihrer Hitzebeständigkeit in der chinesischen Küche zum Braten und Fritieren verwendet werden, setzt man Sesamöl zum Würzen und Verfeinern der Gerichte ein. Das dunkle, dickflüssige und aromatische Sesamöl wird aus hellen und dunklen Sesamsamen hergestellt. Da es auch in China sehr teuer ist, wird es fast nur tropfenweise verwendet. Bei längerer Lagerung kann dieses Öl leicht ranzig werden, also am besten nur in kleinen Mengen kaufen.

Tip! In der Regel ist Wan Tan-Teig in jedem Asienladen erhältlich. Sollten Sie den fertigen Wan Tan-Teig jedoch nicht bekommen, können Sie ihn auch selbst herstellen. Nehmen Sie 200 g Mehl, 1 Ei und 50 ml Wasser, verkneten Sie alles zu einem geschmeidigen Teig, lassen ihn etwa 30 Min. ruhen, rollen ihn danach dünn aus und schneiden ihn dann in 24 quadratische Teigscheiben von etwa 10 x 10 cm.

Feuerwerks-Rollen

Aus Peking · Braucht etwas Zeit

Bao Zhu Ji

Zutaten für 18 Rollen:
250 g rohe Puten- oder Hühnerbrust
100 g roh geräucherter, kräftig roter Schinken in dünnen Scheiben
1–2 Bund langer Schnittlauch (ersatzweise Lauchstreifen)
2 EL helle Sojasauce
1 TL Zucker
1 TL Sichuan-Pfeffer, frisch gemahlen
etwa 250 g roher magerer Schweinebauch ohne Schwarte und Knorpel (vom Metzger in 18 dünne Scheiben von 8 cm Breite und 8 cm Länge schneiden lassen.)
2 Eier
3 EL Speisestärke
Salz
½ l Pflanzenöl zum Fritieren

Zubereitungszeit: 45 Min.

Pro Rolle: 630 kJ/ 150 kcal

1 Puten- oder Hühnerbrust mit der Faser in 8 cm lange und 8 cm breite, dünne Quadrate schneiden.

2 Schinken in etwa 10 cm lange, dünne Streifen schneiden. Schnittlauch waschen und trockenschütteln oder Lauch waschen, putzen und in ca. 15 cm lange Streifen schneiden.

3 Sojasauce, Zucker und Pfeffer mischen. Geflügel und Schweinefleisch damit bestreichen.

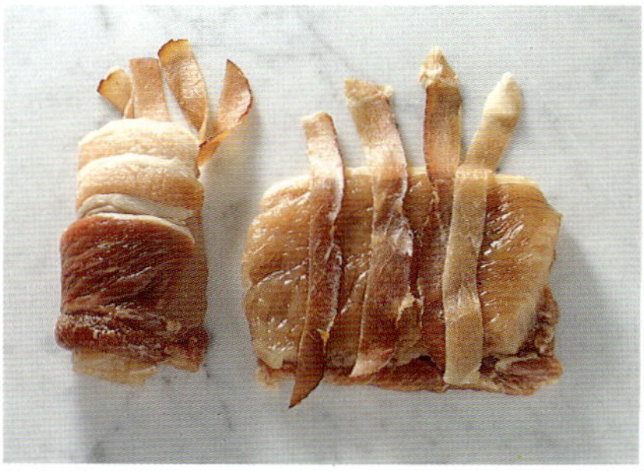

4 Schweinebauchstücke jeweils mit 1 Geflügelscheibe belegen. Die Schinkenstreifen quer dazu so auf die Scheiben legen, daß sie an einem Ende über den Rand hinausstehen. Dann die Scheiben so fest wie möglich zusammenrollen.

5 Die Rollen knapp unter dem oberen und unteren Ende mit je 2–3 Schnittlauchhalmen oder Lauchstreifen zusammenbinden.

6 Eier trennen. Eiweiß mit Stärke verrühren. Etwas Salz unterrühren. Es soll ein zähflüssiger, nicht zu dicker Teig entstehen.

7 Öl in einem Topf oder Wok erhitzen. Die Röllchen durch den Eiweißteig ziehen und so lange im Öl fritieren, bis der Eiweißteig hart wird. Abtropfen lassen, dann noch einmal kurz fritieren.

8 Eigelb mit etwas Salz verquirlen. In dünnem Strahl unter kreisendem Rühren in das heiße Öl geben und kurz garen, bis es fest wird. Wieder herausnehmen und abtropfen lassen.

9 Die Röllchen sternförmig auf einem Teller anrichten (mit den »Feuerflammen« nach außen). Die Eigelbblumen in der Mitte verteilen.

Info: Um ein Feuerwerk zu entzünden, braucht man bekanntlich Pulver. Es gehört zu den größten Erfindungen der Chinesen – neben der Erfindung von Papier, Kompaß und Drucktechnik. Pulver wurde Anfang der westlichen Han-Dynastie (206 v.Chr.–24 n.Chr.) erfunden und ursprünglich zum Jahreswechsel gezündet, um böse Geister zu verjagen.

Suppe mit Tintenfisch

You Yu Geng

Aus Taiwan · Etwas schwieriger

Zutaten für 4 Portionen:
3 getrocknete Donggu-Pilze
250 g Tintenfisch (Sepia), ohne Kopf und Fangarme
2 ½ EL Speisestärke
Salz
100 g Bambussprossen (in Stücken aus der Dose)
2 Möhren (etwa 50 g)
1 kleine rote Zwiebel
3 Zweige Koriander
2 EL neutrales Pflanzenöl
400 ml Hühnerbrühe (selbstgemacht oder instant)
1 TL helle Sojasauce
1 Prise Zucker
1 EL Reiswein

Zubereitungszeit: 45 Min.

Pro Portion: 550 kJ/130 kcal

1 Donggu-Pilze in warmem Wasser etwa 20 Min. einweichen. Inzwischen Tintenfisch waschen und trockentupfen. Die Außenhaut entfernen, dann mit einem scharfen Messer im Abstand von etwa 2 mm kreuzweise bis etwa zur Hälfte einschneiden. Tintenfisch dann in etwa 5 cm lange und 2 cm breite Stücke schneiden, ½ EL Speisestärke und 1 Prise Salz untermischen.

2 Pilze aus dem Einweichwasser nehmen, Stiele entfernen und Pilze in dünne Streifen schneiden. Wasser aufkochen, Bambussprossen darin etwa 1 Min. sprudelnd kochen lassen, herausnehmen, abtropfen lassen. Dann in etwa 5 cm lange, dünne Streifen schneiden. Möhren schälen, dann zunächst quer in 5 cm lange Stücke und anschließend längs in dünne Streifen schneiden.

3 Zwiebel schälen und fein hacken. Koriander waschen, trockentupfen, Blättchen abzupfen und ebenfalls fein hacken.

4 In einem Topf etwa 1 l Wasser zum Kochen bringen. Tintenfisch darin knapp ½ Min. sprudelnd kochen lassen. Dann mit einem Schaumlöffel herausholen und abtropfen lassen. Durch das Kochen biegen sich die Tintenfischstücke zu Röllchen. Der Tintenfisch darf nicht länger kochen, sonst wird er hart.

5 Öl in einem Wok oder einem Topf bei mittlerer Hitze in etwa 1 Min. erwärmen. Zwiebel darin unter Rühren etwa 3 Min. anbraten, bis sie leicht goldbraun ist. Herausnehmen und in eine Schale geben.

6 Hühnerbrühe in den Wok oder Topf geben und bei starker Hitze zum Kochen bringen. Donggu-Pilze, Bambussprossen und Möhren hineingeben, mit 1 Prise Salz, Sojasauce, Zucker und Reiswein würzen. Zugedeckt nochmals zum Kochen bringen. Restliche Speisestärke mit 4 EL Wasser anrühren, untermischen und gut durchrühren.

7 Tintenfischröllchen und Zwiebel hineingeben und kurz aufkochen lassen. Vor dem Servieren mit Koriander bestreuen.

Tip! Durch das sorgfältige Schneiden sieht der Tintenfisch nach dem Kochen sehr schön aus und nimmt sehr viel Geschmack auf. Wenn Sie das Schneiden zu aufwendig finden oder es einmal schnell gehen muß, können Sie den Tintenfisch schon vorgeschnitten in vielen Asienläden kaufen.

Gemüse in Kokosmilch

Aus Indonesien · Gelingt leicht

Sayur lodeh

Zutaten für 4 Portionen:
1 Zucchino · 5 Weißkohlblätter
1/4 Blumenkohl · 1 Möhre
1 gelbe Paprikaschote
1/2 Bund Frühlingszwiebeln
100 g frische Sojabohnenkeimlinge
1 kleine Dose Bambussprossen in Streifen
1 Schalotte · 3 Knoblauchzehen
4 Kemirinüsse
1/2 TL Terasi (Garnelenpaste)
1/2 TL Sambal ulek · Salz
1–2 EL Kokosöl
400 ml Kokosmilch, ungesüßt
schwarzer Pfeffer, frisch gemahlen
nach Belieben 1 EL Kecap manis (süße Sojasauce)

Zubereitungszeit: 45 Min.

Pro Portion: 2400 kJ/570 kcal

1 Zucchino vom Stielansatz befreien, längs halbieren und in Scheiben schneiden. Kohlblätter in etwa 1 cm breite Streifen schneiden. Blumenkohl in kleine Röschen zerpflücken. Möhre schälen und würfeln. Paprikaschote halbieren, von Kernen, Rippen und Stielansatz befreien und in Streifen schneiden. Frühlingszwiebeln putzen, in etwa 5 cm lange Stücke und diese in Längsstreifen schneiden. Alles Gemüse waschen. Sojabohnenkeimlinge und Bambussprossen abspülen und in einem Sieb abtropfen lassen.

2 Schalotte und Knoblauch schälen und kleinhacken. Kemirinüsse fein reiben. Terasi mit dem Löffelrücken zerdrücken. Diese Würzzutaten mit Sambal ulek und Salz zu einer dicken Paste verrühren.

3 Öl im Wok oder in einem Topf erhitzen und die Paste unter ständigem Rühren bei mittlerer Hitze etwa 3 Min. dünsten, dann mit 200 ml Wasser und der Kokosmilch ablöschen. Das Gemüse dazugeben und 10–15 Min. zugedeckt köcheln, bis es weich ist. Mit Salz, Pfeffer und nach Belieben mit Kecap manis abschmecken. Als Beilage Reis servieren.

Info: Die meisten gekochten Gemüsesorten werden als Sayur zubereitet, man läßt sie also nur kurz in Kokosmilch garen. Der natürliche Geschmack, die Farbe und die Festigkeit der Gemüsezutaten bleiben bei diesen suppenähnlichen Gerichten so am besten erhalten.

Spinatsuppe

Aus Indonesien · Vegetarisch

Bobor bayam

Zutaten für 4 Portionen:
500 g frischer Blattspinat
1 kleine Stange Lauch
1/2 Bund Frühlingszwiebeln
3 Knoblauchzehen
1 Stück frischer Ingwer (4 cm)
1 Dose Maiskörner (340 g)
2 EL Kokosöl
400 ml Kokosmilch, ungesüßt
1/2 TL Sambal ulek
Muskatnuß, frisch gerieben
Salz

Zubereitungszeit: 40 Min.

Pro Portion: 3400 kJ/810 kcal

1 Spinat waschen, verlesen und grob hacken. Lauch und Frühlingszwiebeln putzen, waschen und schräg in dünne Ringe schneiden. Knoblauch schälen und zerdrücken. Ingwer schälen und fein raspeln. Die Maiskörner abspülen und abtropfen lassen.

2 Öl im Wok oder in einem großen Topf erhitzen. Lauch, Frühlingszwiebeln, Knoblauch und Ingwer etwa 3 Min. anbraten. Die Spinatblätter tropfnaß hineingeben und dünsten, bis sie zusammenfallen. Mit Kokosmilch aufgießen, Maiskörner und Sambal ulek hinzufügen, umrühren und etwa 5 Min. köcheln. Mit Muskatnuß und Salz abschmecken. Dazu Reis und Sambal ulek, selbstgemacht oder aus dem Glas, reichen.

Variante: Spinatsuppe mit Garnelen
(Bobor bayam udang)
Dünsten Sie mit dem Gemüse 250 g gegarte, geschälte Garnelen, die Sie vorher kalt abbrausen und trockentupfen. Ansonsten verfahren Sie wie im Rezept auf dieser Seite beschrieben.

Suppe mit Tofu-Bällchen

Aus Westchina · Gelingt leicht

Dou Fu Ji Wan Tang

Zutaten für 4 Portionen:

150 g zarter Tofu (Nen Dou Fu)
50 g Hühnerbrust, ohne Knochen und Haut
1 Eiweiß
1 EL Speisestärke
1 EL Reiswein
Salz
weißer Pfeffer, frisch gemahlen
3 Tomaten (etwa 180 g)
1/2 l neutrales Pflanzenöl
+ 2 EL neutrales Pflanzenöl
3/4 l Hühnerbrühe (selbstgemacht oder instant)
2 TL feingehackter Schnittlauch

Zubereitungszeit: 40 Min.

Pro Portion: 860 kJ/200 kcal

1 Tofu und Hühnerbrust waschen und trockentupfen. Tofu und Hühnerbrust in kleine Würfel schneiden und im Blitzhacker fein pürieren. Tofu und Hühnerbrust mit dem Eiweiß, der Speisestärke, Reiswein, Salz und Pfeffer mischen.

2 Tomaten mit kochendheißem Wasser überbrühen, kalt abschrecken, häuten und in etwa 3 cm große Stücke schneiden, dabei Stielansätze entfernen.

3 Öl in einem Wok erhitzen. Es ist heiß genug, wenn an einem ins Öl getauchten Holzstäbchen Bläschen emporsteigen. Einen Teelöffel jeweils ins heiße Fett tauchen, etwas von der Tofu-Hühner-Masse abstechen und ins heiße Öl gleiten lassen. Die Bällchen portionsweise im Öl etwa 3 Min. fritieren. (Vorsicht, Spritzgefahr!) Bällchen herausnehmen und abtropfen lassen.

4 Das Öl aus dem Wok abgießen, den Wok säubern. 2 EL Öl in den Wok geben. Tomaten darin bei schwacher Hitze unter Rühren braten, bis das Öl rötlich wird. Brühe angießen und zum Kochen bringen. Bällchen hineingeben und mit Salz und Pfeffer würzen. Die Suppe etwa 1 Min. kochen lassen, dann in eine Schüssel geben. Vor dem Servieren mit Schnittlauch bestreuen.

Tip! Vegetarier können die Hühnerbrust durch feingehackte Wasserkastanien (aus der Dose) und die Hühnerbrühe durch Gemüsebrühe ersetzen.

Eierblumensuppe

Sommergericht · Geht schnell

Zha Cai Dan Hua Tang

Zutaten für 2–3 Portionen:
125 g Zha Cai (aus der Dose)
2 ganz frische Eier
Salz
1 TL Sesamöl
2 TL feingehackter Schnittlauch

Zubereitungszeit: 15 Min.

Bei 3 Portionen pro Portion:
280 kJ/67 kcal

1 Zha Cai waschen und in etwa 5 cm lange und 1/2 cm dünne Streifen schneiden. Eier in einer Schale verquirlen, dabei 1 Prise Salz hinzugeben.

2 Das feingeschnittene Zha Cai in einem Topf mit etwa 3/4 l Wasser zum Kochen bringen, dann die Hitze reduzieren. Zugedeckt etwa 3 Min. köcheln lassen.

3 Die Temperatur erhöhen und die Eier in einem dünnen Strahl in die Suppe unterrühren. Den Topf vom Herd nehmen, mit Sesamöl beträufeln, mit dem Schnittlauch bestreuen und servieren.

Wichtiger Hinweis: Bitte verwenden Sie nur ganz frische Eier von freilaufenden Hühnern, um das Salmonellenrisiko zu verringern.

Info: Da das Zha Cai an sich schon recht würzig ist, braucht man die Suppe kaum mehr zu würzen. So einfach die Zubereitung dieser Suppe ist, so lecker und appetitanregend ist sie auch. Vor allem in den heißen Sommertagen ist sie besonders empfehlenswert.

GEMÜSE, TOFU UND EIER

Gebratenes Gemüse

Aus Indonesien · Gelingt leicht

Cap cay goreng

Zutaten für 4 Portionen:
1 Kalbs- oder Schweineschnitzel
2 EL gegarte, geschälte Garnelen
1 mittelgroße Zucchini
1 kleine Stange Lauch
300 g Weißkohlblätter
300 g grüne Bohnen (frisch oder tiefgekühlt)
3 Knoblauchzehen
1 Stück frischer Ingwer (4 cm)
4–5 EL Kokosöl
1 EL Speisestärke
3 EL Sojasauce · Salz
schwarzer Pfeffer, frisch gemahlen

Zubereitungszeit: 45 Min.

Pro Portion: 950 kJ/230 kcal

1 Das Schnitzel abwaschen, abtrocknen und mit einem sehr scharfen Messer quer zur Faser fein schnetzeln. Garnelen kalt abbrausen und trockentupfen.

2 Das Gemüse waschen. Zucchini vom Stielansatz befreien, halbieren und in dünne Scheiben schneiden. Den Lauch in schräge Ringe, Weißkohlblätter in Streifen schneiden. Bohnen putzen und in etwa 4 cm lange schräge Stücke schneiden. Knoblauch schälen und durch die Presse drücken. Ingwer schälen und fein raspeln.

3 Öl im Wok oder in einem großen Topf erhitzen. Nach und nach das Fleisch darin unter Rühren etwa 2 Min. rundherum anbraten. Garnelen dazugeben und 1 weitere Min. mitbraten. Wieder herausnehmen. Knoblauch und Ingwer glasig dünsten. Die Bohnen einrühren und 5–10 Min. vorgaren (ist bei tiefgekühlten nicht nötig). Das restliche Gemüse dazugeben und weitere 5 Min. rührend braten, dann mit 300 ml Wasser ablöschen. Alles vermengen und zugedeckt bei schwacher Hitze noch weitere 5 Min. garen.

4 Inzwischen die Speisestärke mit 3 EL Wasser verrühren und nach der Garzeit mit der Sojasauce unter das Gemüse mischen. Das Ganze unter ständigem Rühren kurz weiterköcheln, damit die Sauce gebunden wird. Salzen und pfeffern. Warm zu Reis servieren.

Info: Cap cay goreng ist die indonesische Variante des chinesischen Chop suey. Das Gemüsegericht wird in jedem Restaurant aufgetischt.

Gebratener Kohl mit Ei

Aus Indonesien · Geht schnell

Dadar telur

Zutaten für 4 Portionen:
1 Bund Frühlingszwiebeln
4 Knoblauchzehen
1 Stück frischer Ingwer (4 cm)
1 kleiner Chinakohl oder Weißkohl
4 Eier · Salz
2–3 EL Kokosöl
1 ½ TL Sambal ulek
4 EL Kecap manis (süße Sojasauce)

Zubereitungszeit: 20 Min.

Pro Portion: 780 kJ/190 kcal

1 Frühlingszwiebeln putzen, waschen und schräg in dünne Ringe schneiden. Knoblauch schälen und zerdrücken. Ingwer schälen und fein raspeln. Weißkohl oder Chinakohl putzen, waschen und trockenschütteln. Vierteln, den Strunk und harte Rippen entfernen. Gemüse in etwa ½ cm breite Streifen schneiden.

2 Die Eier gut miteinander verquirlen und mit Salz würzen.

3 Öl im Wok oder in einem großen Topf erhitzen. Frühlingszwiebeln, Knoblauch und Ingwer darin etwa 1 Min. bei starker Hitze dünsten. Den Kohl dazugeben und unter ständigem Rühren etwa 3 Min. mitbraten. Mit 50 ml Wasser ablöschen. Die Hitze reduzieren und zugedeckt weitere 3 Min. garen. Sambal ulek und Kecap manis einrühren. Dann die verquirlten Eier über den Kohl gießen und so lange weiterbraten, bis die Eier zu stocken beginnen. Reis getrennt dazu reichen.

Pfannengerührtes Gemüse

Aus Thailand · Gelingt leicht

Pad Paak Ruamit

Zutaten für 4 Portionen:
200 g Broccoli
150 g grüne Bohnen
200 g Mini-Maiskölbchen
200 g Chinakohl
300 g kleine Frühmöhren
3 Frühlingszwiebeln
5 Knoblauchzehen
5 EL Öl
3 EL Fischsauce
3 EL Austernsauce
1 EL Zucker
4 EL Reiswein
nach Belieben: 1 Schale Chilisauce mit Koriander (S. 280) oder 1 Schale Peperoni in Essig

Zubereitungszeit: 40 Min.

Pro Portion: 820 kJ/200 kcal

1 Broccoliröschen abschneiden, Stiele schälen und in dünne Streifen schneiden. Bohnen von den Enden befreien und halbieren.

2 Dickeres Ende der Maiskölbchen abschneiden, Maiskölbchen quer halbieren, dickere Kölbchen auch längs halbieren. Chinakohl putzen und in mundgerechte Stücke schneiden. Möhren gründlich putzen und der Länge nach vierteln. Diese Viertel nochmals quer halbieren.

3 Frühlingszwiebeln putzen, der Länge nach halbieren und in etwa 3 cm lange Stücke schneiden. Alle Gemüse gründlich waschen und gut abtropfen lassen. Frühlingszwiebeln und Chinakohl getrennt vom anderen Gemüse waschen und abtropfen lassen, da sie kürzer gegart werden.

4 Knoblauch schälen und fein hacken. Öl in einer großen Pfanne oder im Wok erhitzen, Knoblauch darin bei starker Hitze etwa 1 Min. anbraten. Broccoli, Möhren, Bohnen und Maiskölbchen dazugeben und unter ständigem Rühren etwa 2 Min. bei starker Hitze scharf anbraten. Frühlingszwiebeln, Chinakohl, Fisch- und Austernsauce sowie Zucker untermischen.

5 Mit Reiswein ablöschen und nochmals etwa 1 Min. bei mittlerer Hitze unter ständigem Rühren weiterbraten, bis das Gemüse gegart, aber noch knackig ist.

Variante: Sie können für dieses Gericht alle Gemüsesorten verwenden, die Sie gerade auf dem Markt finden. Besonders gut eignen sich auch grüner Spargel, Spinat, Pilze, Staudensellerie, Zuckerschoten und Blumenkohl. Achten Sie dabei auf die unterschiedlichen Garzeiten.

Info: Das Pfannenrühren ist bei den Thailändern eine beliebte Garmethode, denn das Gemüse behält seine frische Farbe und bleibt knackig. Zum Rühren wird ein großer Spatel oder spezielle Stäbchen verwendet. Natürlich können Sie auch einen Holzlöffel benutzen.

Tip! Reichen Sie einmal Chilisauce mit Koriander (S. 280) oder Peperoni in Essig dazu!

Weißkohl mit Erbsen

Aus Indien · Gelingt leicht

Bandha Gobi

Zutaten für 4 Portionen:
½ Weißkohl (etwa 500 g)
250 g Kartoffeln, festkochend
2 mittelgroße Tomaten
5 EL Ghee, ersatzweise Butterschmalz
3 Lorbeerblätter
½ TL Kreuzkümmelsamen
1 TL Kurkumapulver
½ TL Chilipulver
1½ TL Kreuzkümmelpulver
1 TL Korianderpulver
Salz · ½ TL Zucker
150 g Erbsen, tiefgefroren
etwas Joghurt mit Chilipulver

Zubereitungszeit: 50 Min.

Pro Portion: 910 kJ/220 kcal

1 Vom Weißkohl die äußeren Blätter und den Strunk entfernen, Kohl waschen, abtropfen lassen und fein hobeln. Kartoffeln waschen, schälen und in etwa 1 cm große Würfel schneiden. Tomaten waschen, vom Stielansatz befreien und kleinschneiden.

2 Ghee in einer Karai, einem Wok oder einem Topf erhitzen, Lorbeerblätter und Kreuzkümmelsamen hineingeben und bei mittlerer Hitze etwa 1 Min. anbraten.

3 Weißkohl und Kartoffelwürfel dazugeben und etwa 3 Min. unter ständigem Rühren braten. Hitze etwas reduzieren.

4 Kurkuma, Chilipulver, Kreuzkümmelpulver, Koriander, Tomaten, reichlich Salz und Zucker nach und nach dazugeben. Alles gut verrühren.

5 Das Gericht zugedeckt etwa 15 Min. bei schwacher Hitze schmoren. Erbsen dazugeben und in etwa 10 Min. zugedeckt garen, bis das Gemüse weich ist. Bei Bedarf etwas Wasser hinzufügen. Hin und wieder umrühren, damit das Gemüse nicht anbrennt. Weißkohl mit Reis oder indischem Brot und etwas Joghurt mit Chilipulver servieren.

Kartoffelcurry mit Mohn

Alu Posto

Aus Indien · Gelingt leicht

Zutaten für 4 Portionen:
750 g Kartoffeln, festkochend
3 frische Chilischoten
1 Stück frischer Ingwer (4 cm)
5 EL weißer Mohnsamen (ersatzweise 5 EL rote Linsen nehmen, 5 Min. kürzer mitkochen)
5 EL Senföl oder normales Öl
1½ TL Kurkumapulver
1½ TL Paprikapulver, edelsüß
¼ TL Chilipulver · Salz
nach Belieben: einige Gurkenscheiben und halbierte Zwiebelringe zum Garnieren

Zubereitungszeit: 35 Min.

Pro Portion: 1200 kJ/290 kcal

1 Kartoffeln waschen, schälen und in etwa 2 cm große Würfel schneiden. Chilischoten waschen und kleinschneiden, Stielansätze entfernen. Vorsicht, die Hände nicht an die Augen oder Schleimhäute bringen, das brennt wie Feuer. Hände sofort gründlich waschen!

2 Ingwer schälen und auf der Gemüsereibe fein reiben. Weißen Mohnsamen mit der Gewürzmühle fein mahlen.

3 Senföl in einer Karai, einem Wok oder einem Topf erhitzen. Kartoffelwürfel hineingeben und bei mittlerer Hitze etwa 5 Min. unter Rühren anbraten.

4 Chilischoten, Ingwer, Kurkuma, Paprika und Chili zu den Kartoffeln geben und etwa 3 Min. unter Rühren anbraten, bis die Gewürze dunkelbraun sind. (Sie müssen die ganze Zeit rühren, die Gewürze brennen sonst an). Notfalls den Topf von der Platte nehmen.) ½ l Wasser dazugießen, reichlich Salz dazugeben und gut verrühren. Etwa 5 Min. bei starker Hitze kochen lassen.

5 Gemahlenen Mohn darüber streuen und gut verrühren. Das Gericht bei schwacher Hitze etwa 10 Min. köcheln lassen, bis die Kartoffeln weich sind. Hin und wieder umrühren, damit das Gemüse nicht anbrennt. Das Curry mit Puri (S. 275) oder Reis servieren, nach Belieben mit Gurkenscheiben und halbierten Zwiebelringen garnieren.

Variante: Das Gericht schmeckt sehr gut, wenn Sie weniger Kartoffeln und dafür Zucchini verwenden. Sie brauchen 400 g Kartoffeln und 350 g Zucchini. Zucchini waschen und in etwa 2 cm große Würfel schneiden. Die Kartoffeln zubereiten wie oben beschrieben, die Zucchini nach dem Mohn dazugeben.

Spinat mit Zwiebeln

Aus Indien · Geht schnell

Mughlai Sag

Zutaten für 6 Portionen:
800 g frischer Spinat oder 600 g tiefgefrorener Blattspinat
2 mittelgroße Zwiebeln
1 Stück frischer Ingwer (3 cm)
2 Knoblauchzehen
4 EL Ghee, ersatzweise Butterschmalz
¼ TL Chilipulver
1 TL Kreuzkümmelpulver
1 TL Kurkumapulver
1 TL Korianderpulver
Salz · 125 g Sahne

Zubereitungszeit: 35 Min. (+ 15 Min. Garen)

Pro Portion: 660 kJ/160 kcal

1 Frischen Spinat gründlich putzen, waschen und abtropfen lassen. Nach Belieben kleinschneiden. Tiefgefrorenen Spinat evtl. auch kleinschneiden. Zwiebeln schälen und in dünne Ringe schneiden. Ingwer schälen und fein reiben. Knoblauch schälen und durch die Presse zum Ingwer drücken.

2 Ghee in einer Karai, einem Wok oder einer Pfanne erhitzen. Zwiebeln hineingeben und bei mittlerer Hitze dunkelbraun anbraten. Ingwer und Knoblauch dazugeben und etwa ½ Min. anbraten.

3 Chilipulver, Kreuzkümmel, Kurkuma und Koriander hinzufügen und bei starker Hitze etwa 1 Min. rösten. Spinat portionsweise in die Karai geben. Wenn er nach etwa ½ Min. zusammengefallen ist, die nächste Portion hinzufügen. Reichlich Salz dazugeben. Das Gericht bei mittlerer Hitze zugedeckt etwa 15 Min. köcheln lassen.

4 Zum Schluß Sahne vorsichtig unterrühren. Das Gericht mit Chapati (S. 274) oder Naan (S. 276) servieren.

Variante: Sie können statt 800 g Spinat auch 400 g Spinat und 400 g Grünkohl verwenden. Die Zubereitung ist dieselbe.

Nur in gemahlenem Zustand hat Kurkuma die kräftig gelbe Farbe.

Kurkuma

Kurkuma, auch Gelbwurz genannt, ist der Wurzelstock der in Südindien beheimateten, mit Ingwer verwandten Kurkumapflanze, die über 2 m hoch wird. Sowohl die Wurzelknollen als auch die Seitentriebe der Wurzeln werden verkauft, daher gibt es Kurkuma in runder und in langer Form. Die Wurzeln werden gesäubert, getrocknet und dann im Ganzen oder gemahlen angeboten. Gemahlenes Kurkuma hat eine kräftig gelbe Farbe und ist ein wichtiger Bestandteil des Currypulvers. Kurkuma würzt fast alle indischen Gerichte und ist auch sehr wichtig in der vegetarischen Küche. Es wird in kleinen Mengen verwendet und verleiht den Speisen ein leicht bitteres, pikantes Aroma. Kurkuma enthält 5% ätherisches Öl, Bitterstoff und Harz. In der ayurvedischen Medizin gilt Kurkuma als harntreibendes Mittel, außerdem wirkt es appetitanregend und verdauungsfördernd. Wegen seiner tiefgelben Farbe, die von dem Farbstoff Curcumin kommt, wird Kurkuma auch im Kosmetikbereich eingesetzt. Das Gewürz ist lichtempfindlich, sollte also in einem dunklen Glas aufbewahrt werden.

Gemüsebällchen in Sauce

Aus Indien · Braucht etwas Zeit

Sabji Kofta

Zutaten für 20–24 Bällchen (4–6 Portionen):

Für die Sauce:

10 mittelgroße Tomaten
1 Stück frischer Ingwer (4 cm)
2 EL Ghee, ersatzweise Butterschmalz
2 getrocknete Chilischoten
1 TL Kreuzkümmelpulver
1 TL Kurkumapulver
Salz
200 g Joghurt

Für die Bällchen:

½ Blumenkohl (etwa 250 g)
450 g Kartoffeln, festkochend
6 Stengel frischer Koriander
150 g Kichererbsenmehl, ersatzweise 100 g Mehl plus 1 Ei
1 TL Garam Masala
½ TL schwarzer Pfeffer, frisch gemahlen
Salz
300 ml Öl zum Fritieren
nach Belieben: 1 kleine Zwiebel, in Halbringe geschnitten und in etwas Öl dunkelbraun geröstet

Zubereitungszeit: 1½ Std.

Bei 6 Portionen pro Portion: 320 kJ/76 kcal

1 Tomaten waschen und in kochendem Wasser etwa 1 Min. blanchieren. In ein Sieb geben und mit kaltem Wasser abschrecken. Die Haut abschälen und Tomaten mit einem Kartoffelstampfer oder einer Gabel in einer Schüssel zerdrücken. Stielansätze herausfischen.

2 Ingwer schälen und auf der Gemüsereibe fein reiben. Ghee in einem Topf erhitzen, geriebenen Ingwer, getrocknete Chilischoten, Kreuzkümmel und Kurkuma dazugeben und bei mittlerer Hitze etwa 2 Min. anbraten.

3 Tomaten und reichlich Salz dazugeben, das Ganze bei schwacher Hitze etwa 20 Min. offen köcheln lassen. Joghurt hinzufügen, alles gut verrühren, zugedeckt beiseite stellen.

4 Blumenkohl putzen, waschen und in große Stücke schneiden. Kartoffeln waschen, schälen und vierteln. Blumenkohl und Kartoffeln etwa 15 Min. kochen lassen, dann mit der Kartoffelpresse zerdrücken. Den entstandenen Teig in eine Schüssel geben.

5 Koriander waschen, trockenschütteln, die Blättchen abzupfen und kleinschneiden. (Wer möchte, kann einige Stengel Koriander ganz lassen und extra reichen.) Kichererbsenmehl, Korianderblätter, Garam Masala, Pfeffer und Salz zu dem Gemüse in die Schüssel geben und die Mischung mit der Hand gut durchkneten. Wenn die Masse zu feucht ist, etwas mehr Kichererbsenmehl dazugeben. Aus der Masse 20–24 runde Bällchen von etwa 4 cm Durchmesser formen und auf einen Teller legen.

6 Öl in einer Karai, einem Wok oder einem Topf stark erhitzen. Die Bällchen portionsweise (je nach Größe des Topfes) mit einem Schaumlöffel hineingeben und bei starker Hitze in etwa 3 Min. goldbraun fritieren, auf Küchenpapier abtropfen lassen.

7 Die Gemüsebällchen in eine Schüssel geben und die fertige Sauce darüber gießen. Warm mit Reis, Papad (im Asienladen erhältlich) oder indischem Brot servieren. Gut schmeckt das Tomatenchutney (S. 279) dazu, außerdem geröstete Zwiebelringe und frischer Koriander.

Gemüse-Curry

Aus Indonesien · Deftig

Kari sayur

Zutaten für 4 Portionen:
5 Schalotten
3 Knoblauchzehen
1 Stück frischer Ingwer (4 cm)
2 Stengel frisches Zitronengras
1/2 TL Terasi (Garnelenpaste)
1 TL Sambal ulek
1/2 TL Kurkuma (Gelbwurzpulver)
2 TL gemahlener Koriander
2 TL gemahlener Kreuzkümmel
1 TL schwarzer Pfeffer, frisch gemahlen
Salz · 2 TL Palmzucker
300 g grüne Bohnen
300 g Kartoffeln, mehligkochend
300 g Weißkohl
2–3 EL Kokosöl
600 ml Kokosmilch, ungesüßt
2 Daun-salam-Blätter

Zubereitungszeit: 1 1/4 Std.

Pro Portion: 3500 kJ/830 kcal

1 Schalotten und Knoblauch schälen und klein würfeln. Ingwer schälen und fein reiben. Vom Zitronengras die dicken, unteren Teile der beiden Stengel kleinhacken. Terasi mit dem Löffelrücken zerdrücken. Diese Zutaten mit allen Gewürzen, Salz und Palmzucker zu einer dicken Paste verrühren.

2 Bohnen waschen, putzen und schräg in etwa 4 cm lange Stücke schneiden. Kartoffeln schälen, waschen und klein würfeln. Weißkohl putzen und waschen. Den Strunk und harte Rippen entfernen. Die Blätter in etwa 1 cm breite Streifen schneiden.

3 Öl im Wok oder in einer Kasserolle erhitzen. Die Gewürzpaste bei mittlerer Hitze unter ständigem Rühren darin 3–5 Min. dünsten. Die vorbereiteten Bohnen dazugeben und weitere 5 Min. mitbraten. Dann die Kartoffelwürfel und die Weißkohlstreifen untermischen. Mit Kokosmilch ablöschen, die Daun-salam-Blätter hinzufügen und das Gericht bei schwacher Hitze zugedeckt etwa 30–35 Min. schmoren. Dabei das Gemüse-Curry ab und zu umrühren. Daun-salam-Blätter entfernen. Gemüse-Curry mit Salz abschmecken. Dazu Reis und Sambal ulek servieren.

Auberginen-Curry

Aus Indonesien · Gelingt leicht

Terong masak santen

Zutaten für 4 Portionen:
1 EL Tamarindenmark
1 Bund Frühlingszwiebeln
5 Knoblauchzehen
1 Stück frischer Ingwer (4 cm)
1 Stengel frisches Zitronengras
1/4 TL Terasi (Garnelenpaste)
1 TL Sambal ulek
1/2 TL Kurkuma (Gelbwurzpulver)
2 TL gemahlener Koriander
2 TL gemahlener Kreuzkümmel
Salz · 2 TL Palmzucker
2 große Auberginen
5–6 EL Kokosöl
1/2 l Kokosmilch, ungesüßt
4 Zweige frisches Koriandergrün

Zubereitungszeit: 1 Std.

Pro Portion: 3000 kJ/710 kcal

1 Tamarindenmark in einer Schüssel mit 150 ml heißem Wasser einweichen.

2 Inzwischen die Frühlingszwiebeln putzen, waschen und in dünne Ringe schneiden. 1 EL davon zum Garnieren beiseite legen. Knoblauch schälen und zerdrücken. Ingwer schälen und fein raspeln. Vom Zitronengras den dicken, unteren Teil des Stengels fein hacken. Terasi mit dem Löffelrücken zerdrükken. Alle vorbereiteten Zutaten und Gewürze mit Salz und Palmzucker zu einer dicken Paste verrühren.

3 Die Auberginen waschen und der Länge nach in etwa 1 cm dicke Scheiben, dann in Würfel schneiden.

4 Tamarindenmark im Einweichwasser verrühren, bis dieses dick und braun wird, und durch ein Sieb streichen. Den Saft auffangen.

5 Öl im Wok oder in einer Kasserolle erhitzen. Auberginenwürfel portionsweise darin unter ständigem Rühren etwa 3 Min. anbraten. Die Gewürzpaste hinzufügen und kurz mitdünsten. Das Gemüse mit Tamarindensaft ablöschen, Kokosmilch angießen und das Gericht bei schwacher Hitze zugedeckt 20–25 Min. schmoren. Salzen und mit Frühlingszwiebelringen bestreuen. Warm oder kalt zu Reis und Sambal manis aus dem Glas servieren.

Auberginen in Senfsauce

Aus Indien · Scharf

Baigan Kari

Zutaten für 4 Portionen:
400 g Auberginen
Salz · 1 TL Kurkumapulver
1 frische Chilischote
1 Stück frischer Ingwer (3 cm)
2 mittelgroße Tomaten
200 ml Öl · 5 EL Senföl oder normales Öl
½ TL Chilipulver
2 TL Kreuzkümmelpulver
2 TL Paprikapulver, edelsüß
3 EL Joghurt
2 TL schwarze Senfsamen, frisch gemahlen oder 2 TL grober Senf
nach Belieben: einige Zitronenviertel

Zubereitungszeit: 45 Min.

Pro Portion:
2500 kJ/600 kcal

1 Auberginen waschen, abtrocknen, vom Stielansatz befreien und in etwa 1 cm dicke Scheiben schneiden. Diese auf einen großen Teller legen, mit reichlich Salz und ½ TL Kurkuma einreiben und etwa 10 Min. ruhen lassen.

2 Inzwischen Chilischote waschen, vom Stielansatz befreien und kleinschneiden. Vorsicht, die Hände nicht an die Augen bringen, am besten Hände sofort waschen. Ingwer schälen und auf der Gemüsereibe fein reiben. Tomaten waschen, vierteln und vom Stielansatz befreien.

3 In einer Karai, einem Wok oder in einer Pfanne Öl erhitzen. Auberginen darin portionsweise von beiden Seiten bei mittlerer Hitze je 2–3 Min. anbraten, bis sie bräunlich werden und ganz weich sind. Auf Küchenpapier abtropfen lassen.

4 Fritieröl abgießen. Senföl in der Karai oder Pfanne erhitzen. Chilischote, Chilipulver, ½ TL Kurkuma, den Kreuzkümmel, Paprika und Ingwer dazugeben. Bei schwacher Hitze etwa 5 Min. unter ständigem Rühren anbraten. Tomaten und Joghurt hinzufügen, gut verrühren und alles etwa 3 Min. schmoren, bis eine dunkelbraune Sauce entsteht. 100 ml Wasser dazugießen und zum Kochen bringen.

5 Gemahlene Senfsamen und Auberginenscheiben in die Sauce legen, Salz dazugeben und bei schwacher Hitze zugedeckt etwa 5 Min. köcheln lassen. Das Gericht sofort mit Reis, Chapati (S. 274), Lime-Pickles und evtl. Zitronenvierteln servieren.

Senf

Senf ist eine einjährige Pflanze aus der Familie der Kreuzblütler und wächst weltweit. Der Sarepta-Senf wird nur in großen Teilen Asiens und in Afrika angebaut. Die Sarepta-Art umfaßt viele verschiedene Gemüse- und Ölpflanzen. Sie werden bis zu 75 cm hoch und haben hellgrüne, etwas rauhe Blätter, die viel Vitamin C enthalten. Die jungen Blätter des Sarepta-Senfes werden als Salat gegessen, die älteren, etwas härteren als Gemüse gekocht. Aus den leuchtend gelben Blüten entwickeln sich 3–5 cm lange Früchte mit rötlichen bis violettbraunen Samen (die als »schwarze« Samen bezeichnet werden). Die Hauptnutzung der Pflanze liegt auch in Indien in der Verwendung und Weiterverarbeitung der schwarzen Samen. Sie werden für viele Masalas (Gewürzmischungen) in der Pfanne geröstet, anschließend gemahlen und als Gewürz verwendet. Außerdem stellt man aus den Senfsamen, die 35 % Öl enthalten, das würzige Senföl her, das vor allem in Zentral- und Nordindien zum Kochen und Würzen verwendet wird. Fragen Sie beim Einkauf nach indischem Senfsamen, um Verwechslungen zu vermeiden, denn es gibt noch andere Sorten schwarzen Senf, die aber anders schmecken.

Senfsamen und Senföl geben vielen Gerichten pikante Würze.

Kartoffeln süß-sauer

Aus Nordchina · Raffiniert

Suan Tian Tu Dou Si

Zutaten für 1 Servierteller (2 Portionen):

3 festkochende Kartoffeln (300–400 g)
1 Frühlingszwiebel
4–5 EL Pflanzenöl
10 Sichuan-Pfefferkörner
6 EL brauner Essig
1 TL helle Sojasauce
Salz
1–2 EL Zucker

Zubereitungszeit: 50 Min. (mit der Küchenmaschine 30 Min.)

Pro Portion: 1400 kJ/ 330 kcal

1 Kartoffeln schälen und in sehr dünne Scheiben schneiden. Dazu am besten erst an einer Seite ein Stück abschneiden, damit die Kartoffel gut auf dem Schneidebrett steht. Die Scheiben dann in streichholzdicke Streifen schneiden. Oder die Kartoffeln in der Küchenmaschine in feine Stifte teilen. Je dünner die Kartoffeln geschnitten sind, desto knuspriger schmecken sie später.

2 Die Kartoffeln 10–15 Min. in kaltes Wasser legen, um die Stärke zu entfernen. Inzwischen Frühlingszwiebel putzen, waschen und die hellgrünen und weißen Teile fein hacken.

3 Öl in einer Pfanne oder im Wok erhitzen. Sichuan-Pfefferkörner darin unter Rühren braten, bis sie würzig duften. Die Körner dann wieder herausfischen. Kartoffeln abtropfen lassen und sehr gründlich mit Küchenpapier abtrocknen.

4 Dann Kartoffeln ins Öl geben und bei starker Hitze unter Rühren etwa 5 Min. braten, bis sie gar sind. Die Hitze etwas reduzieren. Essig und Sojasauce dazugeben. Kartoffeln abschmecken und eventuell mit Salz nachwürzen. Zucker dazugeben und Kartoffeln unter Rühren noch einmal kurz braten. Mit Frühlingszwiebeln bestreut servieren.

Fritierte Auberginen

Aus Ostchina · Gelingt leicht

Jiao Yian Qie Tiao

Zutaten für 1 Servierteller (2 Portionen):
300 g Auberginen
2 Scheiben Ingwerwurzel
1 Stück Lauch (etwa 3 cm lang)
1 Ei · Salz
5 EL Speisestärke
1 TL Reiswein
½ l Pflanzenöl zum Fritieren
Zum Servieren:
Salz, gemischt mit weißem Pfeffer oder gemahlenem Sichuan-Pfeffer
nach Belieben 1 EL Sesamöl

Zubereitungszeit: 25 Min.

Pro Portion: 2400 kJ/ 570 kcal

1 Auberginen waschen, putzen und die Schale dünn abschälen. Das Auberginenfleisch dann in etwa 2 x 2 x 5 cm große Würfel schneiden. Ingwer schälen, Lauch putzen und waschen, beides fein hacken.

2 Ei mit etwas Salz und Stärke zu einem dickflüssigen Teig mischen. Evtl. etwas Wasser zugeben. Reiswein, Lauch und Ingwer untermischen.

3 Öl in einem Topf oder Wok erhitzen. Es ist heiß genug, wenn an einem ins Öl getauchten Holzstäbchen kleine Bläschen aufsteigen.

4 Auberginen durch den Teig ziehen und anschließend im Öl etwa 2 Min. fritieren, bis der Teig härter wird. Dann sofort herausnehmen.

5 Öl noch einmal erhitzen. Alle Auberginen noch einmal hineingeben und goldgelb fritieren. Dann gut abtropfen lassen.

6 Fritierte Auberginen in Salz-Pfeffer-Mischung stippen und nach Wunsch mit Sesamöl beträufeln.

Tip! Übriggebliebene Auberginenwürfel kann man am nächsten Tag mit Sojasauce, Knoblauch und etwas Zucker aufkochen. Schmeckt delikat mit Reis.

Bambus mit Zha Cai

Aus Westchina · Geht schnell

Gan Bian Dong Sun

Zutaten für 2–3 Portionen:
500 g Bambussprossen (aus der Dose)
100 g Zha Cai (aus der Dose, ersatzweise 100 g mehr Bambussprossen und 1 Prise Chilipulver)
1 Frühlingszwiebel
3 EL neutrales Pflanzenöl
1 EL Reiswein
1 Prise Salz
1/2 TL Sesamöl

Zubereitungszeit: 20 Min.

Bei 3 Portionen pro Portion: 490 kJ/120 kcal

1 Bambussprossen in einem Topf in kochendem Wasser etwa 1 Min. sprudelnd kochen, herausnehmen, abtropfen und abkühlen lassen. Dann in etwa 6 cm lange, 3 cm breite und sehr dünne Scheiben schneiden.

2 Zha Cai waschen, trockentupfen und in etwa 6 cm lange, dünne Streifen schneiden. Frühlingszwiebel putzen, waschen und fein hacken.

3 Öl in einem Wok oder einer Pfanne bei mittlerer Hitze heiß werden lassen. Frühlingszwiebel darin unter Rühren kurz anbraten.

4 Zha Cai dazugeben und unter Rüh-ren etwa 1/2 Min. braten. Dann Bambussprossen dazugeben und Reiswein angießen. Unter Rühren etwa 2 Min. garen. Eventuell mit Salz nachwürzen. Vor dem Servieren mit Sesamöl beträufeln.

Info: In China werden frische Winter-Bambussprossen verwendet. Da man diese in Deutschland nicht kaufen kann, haben wir sie durch Bambussprossen aus der Dose ersetzt.

Chinakohl mit Kastanien

Aus Westchina · Gelingt leicht

Ban Li Shao Cai Xin

Zutaten für 3–4 Portionen:
250 g Kastanien (Maronen)
500 g zarte Chinakohlblätter
300 ml neutrales Pflanzenöl
Salz
125 ml Gemüsebrühe (selbstgemacht oder instant)
1 1/2 TL Speisestärke
weißer Pfeffer, frisch gemahlen
1 TL Sesamöl

Zubereitungszeit: 50 Min.

Bei 4 Portionen pro Portion: 1100 kJ/260 kcal

1 Die Kastanien an der Spitze kreuzweise einschneiden und schälen. Dann in etwa 1 cm dicke Scheiben schneiden. Chinakohl putzen, waschen und in etwa 4 cm lange und 3 cm breite Stücke schneiden.

2 Öl in einem Wok stark erhitzen. Es ist heiß genug, wenn an einem ins Öl getauchten Holzstäbchen Bläschen emporsteigen. Kastanienscheiben darin etwa 2 Min. fritieren (Vorsicht Spritzgefahr!), herausnehmen und das Fett abtropfen lassen.

3 Die Temperatur herunterschalten. Öl bis auf etwa 3 EL aus dem Wok abgießen. Chinakohl hineingeben und mit Salz würzen. Dann unter Rühren bei mittlerer Hitze etwa 1 Min. braten, die Kastanienscheiben dazugeben, die Gemüsebrühe angießen und zugedeckt noch etwa 1 Min. garen.

4 Die Speisestärke mit 1 EL Wasser anrühren, unterziehen, mit 1 Prise Pfeffer bestreuen und mit Sesamöl beträufeln. Sofort servieren.

Info: Im Originalrezept wird zum Fritieren und Braten Schweineschmalz verwendet. Aus Rücksicht auf Vegetarier haben wir es durch Pflanzenöl ersetzt.

Scharfe Bambussprossen

Aus Peking · Gelingt leicht

La Dong Sun

Zutaten für 4 Portionen:
400 g Bambussprossen in Stücken (aus der Dose)
1 Frühlingszwiebel
1 dünne Scheibe Ingwer
20 g rote mittelscharfe Chilischoten
2 EL neutrales Pflanzenöl zum Braten
1 EL Reiswein
Salz
1 Prise Zucker
100 ml Gemüsebrühe (selbstgemacht oder instant)
1 TL Sesamöl

Zubereitungszeit: 20 Min.

Pro Portion: 400 kJ/95 kcal

1 Die Bambussprossen in ½ l kochendem Wasser etwa 1 Min. sprudelnd kochen, mit einem Schaumlöffel herausnehmen, abtropfen und abkühlen lassen. Inzwischen die Frühlingszwiebel putzen, waschen und fein hacken. Den Ingwer schälen und fein hacken.

2 Die Bambussprossen zuerst längs in etwa 5 mm dünne Scheiben schneiden, dann in etwa 5 cm lange und 2 cm breite Scheiben schneiden. Die Chilischoten waschen und quer in dünne Ringe schneiden. Vorsicht, danach nicht mit den Händen an die Augen kommen!

3 Öl in einem Wok oder in einer Pfanne bei mittlerer Hitze in etwa 3 Min. heiß werden lassen. Frühlingszwiebel, Ingwer und Chilischoten darin kurz anbraten, Bambussprossen dazugeben, mit Reiswein, Salz und Zucker würzen, gut verrühren, dann die Brühe unterrühren. Bei schwacher Hitze offen etwa 5 Min. köcheln, bis die Flüssigkeit verdampft ist. Vor dem Servieren mit Sesamöl beträufeln.

Getränk: Dazu paßt ein helles Bier.

Info: In China werden für dieses Gericht gern frische Winterbambussprossen verwendet. In Deutschland kann man diese leider nur in Konservendosen bekommen. Daher ist es notwendig, sie kurz in sprudelndem Wasser zu kochen, um den leicht säuerlichen Geschmack zu beseitigen.

Tip! Wenn Sie es lieber weniger scharf möchten, müssen Sie die Chilischoten erst von den Kernen befreien und dann weiterverarbeiten.

Glasierte Walnüsse

Aus Peking · Gelingt leicht

Liu Li Tao Ren

Zutaten für 2 Portionen:
250 g Walnußkerne
$^1/_2$ l neutrales Pflanzenöl zum Fritieren
1 TL Sesamöl
125 g Zucker

Zubereitungszeit: 30 Min.

Pro Portion: 5100 kJ/1200 kcal

1 Die Walnußkerne in einer Schüssel mit heißem Wasser etwa 10 Min. einweichen, dann die Haut abziehen und die Walnußkerne trockentupfen.

2 Das Öl im Wok bei mittlerer Hitze heiß werden lassen. Dann die Walnußkerne hineingeben, unter Rühren goldgelb fritieren. Vorsicht, Spritzgefahr! Die Walnußkerne mit einem Schaumlöffel herausnehmen und das Fett abtropfen lassen. Das Öl aus dem Wok gießen.

3 Das Sesamöl im Wok bei schwacher Hitze erwärmen, Zucker dazugeben und unter Rühren leicht anbräunen. Dann den Wok vom Herd nehmen, die Walnußkerne mit der Zuckermasse gut vermischen. Die klebrigen Walnußkerne mit einem Löffel oder mit Stäbchen einzeln herausnehmen, kurz abkühlen lassen und auf einem Teller servieren.

Variante: Man kann die Walnußkerne auch zuerst in einem Topf mit Zucker und $^1/_4$ l Wasser etwa 15 Min. bei schwacher Hitze offen köcheln lassen, bis die Flüssigkeit verdampft ist und sich um die Walnußkerne eine dünne Zuckerschicht bildet. Dann die Walnußkerne in Öl bei mittlerer Hitze fritieren, bis sie goldgeld sind. Das dauert aber insgesamt etwas länger.

Wulstlinge in Austernsauce

Aus Südchina · Geht schnell

Hao You Cao Gu

Zutaten für 4 Portionen:
200 g Broccoliröschen
500 g Wulstlingpilze (aus der Dose, ersatzweise Champignons im Glas)
Salz
2 EL neutrales Pflanzenöl
100 ml Gemüsebrühe (selbstgemacht oder instant)
1 EL Austernsauce
1 TL Zucker
1 EL Speisestärke
1 TL Sesamöl

Zubereitungszeit: 30 Min.

Pro Portion: 210 kJ/50 kcal

1 Broccoli waschen und abtropfen lassen. Wulstlingpilze aus der Dose nehmen, abtropfen lassen und dann halbieren. In einem Topf ½ l Wasser mit 1 Prise Salz und 1 EL Pflanzenöl bei mittlerer Hitze zum Kochen bringen. Broccoliröschen hineingeben und etwa 2 Min. kochen. Dann herausnehmen und abtropfen lassen.

2 Die Flüssigkeit im Topf bei mittlerer Hitze erneut zum Kochen bringen. Wulstlingpilze in den Topf geben. Etwa 1 Min. sprudelnd kochen, herausnehmen und abtropfen lassen.

3 Restliches Pflanzenöl im Wok bei mittlerer Hitze heiß werden lassen. Wulstlingpilze hineingeben und sofort mit 100 ml Gemüsebrühe ablöschen. Mit Austernsauce und Zucker würzen. Erneut bei starker Hitze zum Kochen bringen. Eventuell mit Salz abschmecken.

4 Speisestärke mit 2 EL Wasser anrühren. Unter ständigem Rühren langsam in den Wok geben und die Sauce damit binden. Wulstlingpilze herausnehmen und in eine Schale geben. Rundherum Broccoliröschen verteilen. Die Sauce daraufgeben, mit dem Sesamöl beträufeln und servieren.

Tip! Falls Sie keine Wulstlingpilze bekommen, können Sie auch 50 g getrocknete Donggu-Pilze nehmen, die Sie vorher etwa 20 Min. in warmem Wasser eingeweicht haben.

Donggu-Pilze mit Bambus

Aus Südchina · Wintergericht

Er Dong Bai Xue

Zutaten für 4 Portionen:
50 g getrocknete Donggu-Pilze
450–500 g Bambussprossen (in Stücken aus der Dose)
1 mittelgroße Möhre
200 g Zuckerschoten
4 EL neutrales Pflanzenöl
1 EL Reiswein
100 ml Gemüsebrühe (selbstgemacht oder instant)
2 gestrichene EL Speisestärke
Salz
1 TL Sesamöl

Zubereitungszeit: 30 Min.

Pro Portion: 730 kJ/170 kcal

1 Donggu-Pilze etwa 15 Min. in warmem Wasser einweichen. Winter-Bambussprossen aus der Dose nehmen, abtropfen lassen. Dann in etwa 4 cm lange, 2 cm breite und ½ cm dicke Scheiben schneiden. Möhre waschen, schälen und schräg in ½ cm dicke Scheiben schneiden. Zuckerschoten waschen und abtropfen lassen.

2 Donggu-Pilze aus dem Einweichwasser nehmen, abtropfen lassen und von den Stielen befreien. In einem Topf 1 l Wasser bei starker Hitze zum Kochen bringen. Möhrenscheiben, Zuckerschoten und Bambussprossenscheiben getrennt voneinander im kochenden Wasser jeweils etwa 1 Min. sprudelnd kochen lassen. Dann herausnehmen, abtropfen lassen.

3 Pflanzenöl im Wok bei starker Hitze heiß werden lassen. Donggu-Pilze, Bambussprossen und Möhrenscheiben hineingeben. Bei starker Hitze unter Rühren etwa 1 Min. braten. Mit Reiswein und Gemüsebrühe ablöschen. Zuckerschoten dazugeben und das Ganze etwa 1 Min. weiterkochen.

4 Speisestärke mit 4 EL Wasser anrühren und unter ständigem Rühren in den Wok geben. Alles mit 1 Prise Salz abschmecken. Erneut aufkochen lassen. Dann mit Sesamöl beträufeln und servieren.

Mu-Err-Pilze mit Bohnen

Aus China · Gelingt leicht

Mu Er Dou Jiao

Zutaten für 1 Servierteller (2 Portionen):
10 mittelgroße getrocknete Mu-Err-Pilze
4 große Knoblauchzehen (nach Belieben mehr)
300 g grüne Bohnen (eventuell tiefgefroren)
1 Filtertüte
4 EL Pflanzenöl
Salz

Zubereitungszeit: 35 Min.

Pro Portion: 1000 kJ/ 240 kcal

1 Pilze in warmem Wasser etwa 20 Min. einweichen. Inzwischen Knoblauch schälen und in dünne Scheiben schneiden. Einen Topf mit Wasser aufsetzen und zum Kochen bringen.

2 Unterdessen Bohnen putzen und waschen. Frische Bohnen 2–3 Min. in kochendem Wasser blanchieren, dann kalt abschrecken, abtropfen lassen und in etwa 3 cm lange Stücke schneiden.

3 Pilze waschen und größere Pilze in Stücke schneiden. Einweichwasser durch eine Filtertüte gießen und wieder auffangen.

4 Öl in einer Pfanne oder im Wok erhitzen. Knoblauch darin kurz braten, bis er duftet. Mu-Err-Pilze gut ausdrükken und dazugeben. Kurz braten, dann die Bohnen dazugeben und unter Rühren etwa 5 Min. garen, bis sie bißfest sind. 2–3 EL Einweichwasser von den Pilzen dazugeben. Bohnen salzen und servieren.

Tip! Dieses Gericht schmeckt auch kalt sehr gut. Sie können es also beispielsweise bei einem Fest auf dem Buffet anrichten.

Getrocknete Pilze

Als eine der ältesten Konservierungsmethoden ist das Trocknen gerade für Pilze, die saisonbedingt meist nur kurze Zeit frisch zu bekommen sind, eine ideale Methode. Im Gegensatz zu vielen anderen Lebensmitteln verlieren sie dabei nämlich nicht an Geschmack, sondern bekommen vielmehr ein ausgeprägteres Aroma.
Die bizarr aussehenden Mu-Err-Pilze wachsen im Wald an alten Baumstämmen und heißen deshalb auch Holzohren. Geschmacklich sind sie relativ neutral, deshalb harmonieren sie mit fast allen anderen Zutaten. Außer den braunen Pilzen gibt es von der gleichen Familie auch helle Sorten, die bei uns Silbermorcheln heißen, in China aber ebenfalls als Mu-Err-Pilze bezeichnet werden. Sie werden hauptsächlich für süße Gerichte, wie z. B. Silbermorchelgelee, verwendet.
Beliebt ist auch der Donggu- oder Shiitakepilz. Obwohl er in Europa und Amerika inzwischen auch auf Substraten das ganze Jahr über gezogen und vorwiegend frisch angeboten werden, bekommt man ihn in China meist getrocknet.

Hier sehen Sie (v.l.n.r.) Mu-Err-Pilze, Donggu-Pilze und Silbermorcheln.

Paprika süß-sauer

Aus Südchina · Geht schnell

Tang Cu Qing Hong Jiao

Zutaten für 4 Portionen:
8 Paprikaschoten (etwa 600 g), rote und grüne gemischt
1 Frühlingszwiebel
1 Scheibe Ingwer, etwa 1 cm dick
2 EL neutrales Pflanzenöl
2 EL dunkle Sojasauce
3 EL Zucker
4 EL dunkler Reisessig
Salz

Zubereitungszeit: 30 Min.

Pro Portion: 430 kJ/100 kcal

1 Paprikaschoten halbieren, von Kernen, Trennwänden und Stielansätzen befreien. Dann die Paprikaschoten waschen und in etwa 5 cm lange und 2 cm breite Stücke schneiden. Frühlingszwiebel putzen, waschen und fein hacken. Ingwer schälen und fein hacken.

2 Wok oder eine Pfanne bei starker Hitze in etwa 1 Min. erwärmen. Öl angießen, Frühlingszwiebel und Ingwer darin unter Rühren kurz anbraten, Paprikastücke hineingeben und unter Rühren etwa 1 Min. braten, mit Sojasauce, Zucker und 3 EL Reisessig würzen.

3 Alles unter ständigem Rühren nochmals etwa 1 Min. braten. Den Pfanneninhalt mit 150 ml Wasser ablöschen. Zugedeckt alles etwa 10 Min. bei mittlerer Hitze kochen. Vor dem Servieren mit 1 Prise Salz abschmecken und den restlichen Reisessig dazugeben, alles gut durchrühren und sofort mit Reis servieren.

Getränk: Zu diesem Gericht paßt besonders gut ein kühles Pils.

Spargel mit Mu-Err-Pilzen

Aus Südchina · Frühlingsgericht

Bai Bi Qing Yun

Zutaten für 4 Portionen:
10 g Mu-Err-Pilze
300 g frischer Spargel
Salz
1 Stück Tofu (etwa 250 g)
¹/₄ l neutrales Pflanzenöl
200 g Broccoliröschen
1 EL Reiswein
100 ml Gemüsebrühe
(selbstgemacht oder instant)
1 TL Sesamöl

Zubereitungszeit: 45 Min.

Pro Portion: 860 kJ/200 kcal

1 Mu-Err-Pilze in warmem Wasser etwa 20 Min. einweichen.

2 Spargel waschen, schälen und in etwa 4 cm lange Stücke schneiden. In einem Topf 1 l Wasser bei starker Hitze zum Kochen bringen. Leicht salzen und Spargelstücke darin etwa 15 Min. bei mittlerer Hitze kochen.

3 Inzwischen Tofu waschen, trockentupfen und in etwa 4 cm lange, 2 cm breite und 1 cm dicke Scheiben schneiden. Pflanzenöl im Wok bei starker Hitze in etwa 1 Min. heiß werden lassen. Tofu hineingeben und in etwa 3 Min. goldbraun fritieren. Herausnehmen und Fett abtropfen lassen.

4 Broccoliröschen waschen und in einem Sieb abtropfen lassen. In einem Topf ¹/₂ l leicht gesalzenes Wasser bei starker Hitze zum Kochen bringen. Broccoliröschen darin zugedeckt etwa 2 Min. sprudelnd kochen lassen. Dann herausnehmen und abtropfen lassen.

5 Spargel aus dem Topf nehmen und abtropfen lassen. Mu-Err-Pilze aus dem Einweichwasser nehmen, gründlich waschen, abtropfen lassen und in etwa ¹/₂ cm breite Streifen schneiden.

6 Öl bis auf einen dünnen Film aus dem Wok gießen. Den Ölfilm bei mittlerer Hitze erneut heiß werden lassen. Spargelstücke, Mu-Err-Pilze, Tofu und Broccoliröschen hineingeben. Unter Rühren etwa 1 Min. braten. Reiswein und Gemüsebrühe angießen. Alles unter Rühren aufkochen. Mit Salz abschmecken, mit Sesamöl beträufeln und servieren.

Scharfe Kartoffelstreifen

Su Chao La Tu Dou Si

Aus Peking · Gelingt leicht

Zutaten für 2 Portionen:
300 g Speisekartoffeln, festkochend
je 1 Stück grüne und rote Paprikaschote (je etwa 25 g)
1 Knoblauchzehe
4 EL neutrales Pflanzenöl
2 getrocknete mittelscharfe Chilischoten
10 Sichuan-Pfefferkörner
1 ½ EL helle Sojasauce
5 EL heller Reisessig

Zubereitungszeit: 45 Min.

Pro Portion: 1100 kJ/260 kcal

1 Kartoffeln schälen und in sehr dünne Scheiben schneiden. Dafür an einer Seite ein Stück abschneiden, damit die Kartoffel gut auf dem Schneidebrett steht. Die Scheiben dann in streichholzdicke Streifen schneiden. Je dünner die Kartoffeln geschnitten sind, desto knackiger schmecken sie später.

2 Die Kartoffeln zweimal abspülen und dann mit kaltem Wasser bedecken, um die Stärke zu entfernen. Die Paprikastücke waschen, eventuell Stiel und Kerne entfernen und ebenfalls in dünne Streifen schneiden. Knoblauch schälen und fein hacken. Kartoffeln abgießen und abtropfen lassen.

3 Öl in einer Pfanne oder im Wok bei mittlerer Hitze heiß werden lassen. Knoblauch, Chilischoten und Sichuan-Pfefferkörner darin unter Rühren braten, bis sie würzig duften. Dann das Öl abseihen, auffangen und zurückgießen.

4 Kartoffeln und Paprikastreifen ins Öl geben, mit Sojasauce würzen und bei starker Hitze unter schnellem Rühren etwa 3 Min. schmoren, bis sie gar sind. Die Temperatur auf schwächste Hitze reduzieren. Essig dazugeben und schnell verrühren, eventuell mit 1 Prise Salz nachwürzen.

Getränk: Dazu paßt ein kühles Pils am besten.

Tip! Anstelle des Paprikas kann man auch Frühlingszwiebeln nehmen.

Gebratener Stangensellerie

Dong Gu Chao Qin Cai

Aus Peking · Gelingt leicht

Zutaten für 2 Portionen:
20 g getrocknete Donggu-Pilze
250 g zarter Stangensellerie
3 EL neutrales Pflanzenöl
5 Sichuan-Pfefferkörner
Salz
100 ml Gemüsebrühe (selbstgemacht oder instant)

Zubereitungszeit: 20 Min.

Pro Portion: 570 kJ/140 kcal

1 Donggu-Pilze in warmem Wasser etwa 10 Min. einweichen. Inzwischen Sellerie waschen, trockentupfen und schräg in etwa 5 cm lange Stücke, dann längs in dünne Streifen schneiden. Pilze aus dem Wasser nehmen, waschen, von den Stielen befreien und in dünne Streifen schneiden.

2 In einem kleinen Topf 1 EL Öl bei schwacher Hitze erwärmen, Sichuan-Pfefferkörner darin unter Rühren etwa 1 Min. anbraten, dann das Öl abseihen, auffangen und beiseite stellen.

3 Im Wok oder in einer Pfanne 2 EL Öl bei mittlerer Hitze heiß werden lassen. Sellerie und Pilze darin unter Rühren kurz anbraten, mit Salz würzen und die Brühe angießen. Zugedeckt bei mittlerer Hitze etwa 3 Min. kochen. Nicht zu lange kochen, sonst ist der Sellerie nicht knackig. Vor dem Servieren mit dem Sichuan-Pfeffer-Öl beträufeln.

Getränk: Dazu können Sie grünen Tee servieren.

Blumenkohl mit Chilistreifen

Aus Indonesien · Sehr scharf

Tumis kembang kol

Zutaten für 4 Portionen:
1 Blumenkohl (etwa 1 kg)
3 frische rote Chilischoten
1/2 Bund Frühlingszwiebeln
3 Knoblauchzehen
1 Stück frischer Ingwer (4 cm)
1/4 TL Terasi (Garnelenpaste)
3–4 EL Kokosöl
1 EL Sojasauce
2 EL Kecap manis (süße Sojasauce)
Sambal ulek

Zubereitungszeit: 40 Min.

Pro Portion: 540 kJ/130 kcal

1 Blumenkohl vom Strunkende befreien, waschen und in mundgerechte Röschen zerteilen. Chilischoten waschen, der Länge nach halbieren, Kerne und Stiele herauslösen. Die Hälften in feine Streifen schneiden. Vorsicht, sind sehr scharf, nicht in die Nähe der Augen bringen. Frühlingszwiebeln putzen, waschen und schräg in dünne Ringe schneiden. Knoblauch schälen und zerdrücken. Ingwer schälen und fein raspeln. Terasi mit dem Löffelrücken zerdrücken.

2 Salzwasser zum Kochen bringen. Blumenkohl hineingeben. Aufkochen lassen und zugedeckt bei mittlerer Hitze in etwa 10 Min. bißfest garen. Blumenkohl in ein großes Sieb abgießen.

3 Inzwischen Öl im Wok oder in einer Kasserolle erhitzen. Chilistreifen, Zwiebeln, Knoblauch und Ingwer bei mittlerer Hitze unter ständigem Rühren in etwa 3 Min. glasig dünsten. Terasi hinzufügen. Mit den Sojasaucen und 100 ml Wasser ablöschen und die Sauce etwas eindicken lassen. Den fertig gegarten Blumenkohl untermischen und bei schwacher Hitze weitere 3 Min. ziehen lassen. Dazu Reis und Sambal ulek servieren.

Tip! Schalten Sie beim Braten der Chilistreifen Ihren Dunstabzug ein, da die Chilidämpfe sehr unangenehm sind.

Bohnen mit Chilistreifen

Aus Indonesien · Sehr würzig

Sambal goreng buncis

Zutaten für 4 Portionen:
750 g grüne Bohnen
Salz
3 frische rote Chilischoten
1/2 Bund Frühlingszwiebeln
3 Knoblauchzehen
1 Stück frischer Ingwer (4 cm)
1/4 TL Terasi (Garnelenpaste)
3–4 EL Kokosöl
3 TL Palmzucker
200 ml Kokosmilch, ungesüßt

Zubereitungszeit: 40 Min.

Pro Portion: 1600 kJ/380 kcal

1 Bohnen waschen, putzen und in leicht gesalzenes, kochendes Wasser geben. Etwa 5 Min. kochen lassen, dann in ein Sieb abgießen.

2 Chilischoten waschen, der Länge nach halbieren, Kerne und Stiele herauslösen. Die Hälften längs in feine Streifen schneiden. Vorsicht, sind sehr scharf, nicht in Nähe der Augen bringen. Frühlingszwiebeln putzen, waschen und in dünne Ringe schneiden. Knoblauch schälen und zerdrücken. Ingwer schälen und fein raspeln. Terasi mit dem Löffelrücken zerdrücken.

3 Öl im Wok oder in einer Kasserolle erhitzen. Chilistreifen, Zwiebelringe, Knoblauch und Ingwer bei mittlerer Hitze darin unter ständigem Rühren etwa 3 Min. glasig dünsten. Terasi und Palmzucker hinzufügen. Mit Kokosmilch ablöschen und die Sauce etwas eindicken lassen. Vorgegarte Bohnen untermischen und bei schwacher Hitze in etwa 5 Min. fertiggaren. Mit Salz abschmecken. Dazu Reis und Krabbenbrot (Krupuk) servieren.

Tip! Die Vielfalt der indonesischen Küche zeigt sich in den Sambals. Knusprig, scharf oder würzig lassen sie sich mit viel Phantasie aus den unterschiedlichsten Zutaten zaubern. Probieren Sie es doch einmal mit Chinakohl, Broccoli, Zucchini oder Tofu.

Mischgemüse

Aus Taiwan · Gelingt leicht

Su Cai Rou Hu

Zutaten für 3–4 Portionen:
20 g getrocknete Donggu-Pilze
75 g »Fu Zhu« (Sojamilchhaut)
10 g getrocknete Lilienblüten
150 g Mungobohnensprossen
½ grüne Paprikaschote
20 g Ingwer · 3 Zweige Koriander
3 EL neutrales Pflanzenöl
1 ½ EL helle Sojasauce · Salz
weißer Pfeffer, frisch gemahlen
1 EL Speisestärke
½ TL Sesamöl
zum Garnieren: 1 Stück Möhre, Rettichkugeln

Zubereitungszeit: 40 Min.

Bei 4 Portionen pro Portion: 440 kJ/100 kcal

1 Donggu-Pilze, »Fu Zhu« (vorher in etwa 5 cm lange Stücke brechen) und Lilienblüten getrennt voneinander in warmem Wasser je etwa 20 Min. einweichen. (Tofu oder Eierkuchenstreifen als Ersatz für Fu Zhu nicht!)

2 Inzwischen Mungobohnensprossen kalt abspülen und eventuell die grünen Hülsen entfernen. Paprika von Kernen, Trennwänden und Stielansatz befreien, Paprika waschen und in dünne Streifen schneiden. Ingwer schälen, zuerst in dünne Scheiben und dann in feine Streifen schneiden. Koriander waschen, trockentupfen, Blättchen abzupfen.

3 Donggu-Pilze, »Fu Zhu« und Lilienblüten aus dem Wasser nehmen, Pilze und Lilienblüten gut ausdrücken. Pilze von den Stielen befreien und in feine Streifen schneiden. »Fu Zhu« längs in dünne Streifen schneiden. Lilienblüten eventuell vom harten Stiel befreien.

4 Wok bei starker Hitze in etwa 1 Min. erwärmen. Pflanzenöl angießen, Donggu-Pilze, »Fu Zhu«, Lilienblüten, Mungobohnensprossen und Paprikastreifen hineingeben. Unter Rühren kurz anbraten, dann Sojasauce, je 1 Prise Salz und Pfeffer dazugeben, alles mit 75 ml Wasser ablöschen.

5 Alles zugedeckt bei starker Hitze zum Kochen bringen, Speisestärke mit 2 EL Wasser anrühren, untermischen. Mischgemüse vor dem Servieren mit Sesamöl beträufeln und mit Ingwer sowie Koriander, Möhren und Rettich garnieren.

Info: »Fu Zhu« ist die getrocknete Haut der Sojamilch, die in Stangenform in fast jedem Asienladen erhältlich ist.

Tofu mit Eifüllung

Aus Taiwan · Gelingt leicht

Dong Jiang Niang Dou Fu

Zutaten für 4 Portionen:
2 Stücke Tofu (etwa 500 g)
4 frische Eier · Salz
weißer Pfeffer, frisch gemahlen
4 EL Mayonnaise
3 EL neutrales Pflanzenöl
2 Stangen Sellerie
½ rote Paprikaschote
1 Scheibe Ingwer, etwa 1 cm dick
1 EL helle Sojasauce
150 ml Gemüsebrühe (selbstgemacht oder instant)
1 TL Speisestärke
zum Garnieren: Lauchstreifen

Zubereitungszeit: 40 Min.

Pro Portion: 1500 kJ/360 kcal

1 Backofen auf 250° vorheizen. Tofu kalt abspülen, trockentupfen und in insgesamt 4 Stücke schneiden. Mit einem Eßlöffel jeweils die Mitte so groß aushöhlen, daß ein Ei hineinpaßt. (Tofu hier durch keine andere Zutat ersetzen.)

2 Jeweils 1 Ei in die ausgehöhlte Mitte schlagen. Leicht salzen und pfeffern. Auf jedes Ei 1 EL Mayonnaise setzen.

3 Eine feuerfeste Form mit 1 EL Öl einfetten. Tofustücke hineinsetzen und im Backofen (Mitte; Umluft 220°) etwa 10 Min. backen.

4 Inzwischen Sellerie putzen, waschen und in Würfel von etwa 1 cm Kantenlänge schneiden. Paprika von Kernen, Trennwänden und Stielansatz befreien, Paprika waschen und wie den Sellerie würfeln. Ingwer schälen, fein hacken.

5 Öl im Wok bei mittlerer Hitze in etwa 1 Min. heiß werden lassen. Ingwer darin unter Rühren etwa ½ Min. anbraten. Sellerie und Paprika dazugeben, mit Sojasauce, 1 Prise Salz und Pfeffer würzen. Alles gut durchrühren. Gemüsebrühe hinzufügen und bei starker Hitze zum Kochen bringen. Speisestärke mit 2 TL Wasser anrühren, untermischen und die Sauce damit binden.

6 Tofu aus dem Backofen nehmen und auf einem Teller anrichten. Die Sauce darüber gießen und servieren. Mit den Lauchstreifen garnieren.

Zweimal gegarter Tofu

Aus China · Braucht etwas Zeit

Jin Xiang Yu

Zutaten für 1 Servierteller (2 Portionen):
100 g roher magerer Schweinebauch ohne Schwarte
5 mittelgroße getrocknete Mu-Err-Pilze
20 g getrocknete Garnelen
10 getrocknete Lilienblüten
20 g Bambussprossen
3 dünne Scheiben Ingwerwurzel
1 Frühlingszwiebel
400 g Tofu
3 EL Schweineschmalz
1 EL Reiswein
2 EL helle Sojasauce
Salz
1 EL Speisestärke, in 3 EL Wasser angerührt
weißer Pfeffer, frisch gemahlen
nach Belieben etwas Sesamöl

Zubereitungszeit: 1 Std.

Pro Portion: 2300 kJ/ 550 kcal

1 Schweinebauch in einen Topf geben, mit reichlich Wasser bedecken und zum Kochen bringen. Dann etwa 20 Min. bei mittlerer Hitze garen. Inzwischen Pilze, Garnelen und Lilienblüten waschen und getrennt je etwa 10 Min. in warmem Wasser einweichen. Dann Pilze in Streifen schneiden, Lilienblüten in Stücke schneiden. Einweichwasser der Garnelen aufbewahren. Bambus in Streifen schneiden. Ingwer schälen, Frühlingszwiebel putzen und beides hacken.

2 Schweinebauch aus dem Topf nehmen und in dünne Streifen schneiden. 200 ml von der Brühe abmessen und aufheben.

3 Tofu auf einen Teller geben und diesen in einem Topf auf eine umgedrehte Tasse stellen. Etwa 3 cm hoch Wasser angießen und zum Kochen bringen. Tofu bei starker Hitze zugedeckt etwa 5 Min. dämpfen. Dann in dünne Scheiben schneiden.

4 In einer Pfanne 2 EL Schweineschmalz erhitzen. Tofuscheiben darin bei mittlerer Hitze in etwa 5 Min. goldgelb braten. Herausnehmen und in Streifen schneiden.

5 Das übrige Schweineschmalz in einer Pfanne oder im Wok erhitzen. Fleisch darin kurz bei starker Hitze anbraten. Reiswein dazugeben. Brühe, Einweichwasser der Garnelen, Pilze, Lilien, Bambus, Frühlingszwiebel, Ingwer, Garnelen und Tofu dazugeben. Das Gericht mit Sojasauce und Salz abschmecken und zum Kochen bringen. Speisestärke zugießen und das Gericht noch einmal aufkochen lassen.

6 Das Gericht auf eine Servierplatte geben und mit Pfeffer bestreuen. Nach Belieben Sesamöl darüber träufeln. Sehr heiß servieren.

Info: Wörtlich übersetzt heißt dieses Gericht »Von Jadeblättern golden eingefaßt«, weil der Tofu nach dem Braten innen weiß ist und außen gelbe Flecken hat. Diese Kombination verbindet man in China mit Reichtum und langem Leben.
Es gibt noch ein anderes Gericht mit einem ähnlichen Namen. Die »eingefaßten Jadeblätter« werden aber auf einem Papagei mit rotem Schnabel angerichtet. Der Papagei besteht aus Spinatblättern, der Stiel, der bei chinesischem Spinat rot gefärbt ist, ist der Schnabel.

Tofu Ma-Po-Art

Aus Westchina · Geht schnell

Ma Po Dou Fu

Zutaten für 1 Servierteller (2 Portionen):
300 g Tofu
2 Knoblauchzehen (nach Belieben mehr)
1 Frühlingszwiebel
3 EL Pflanzenöl
100 g Hackfleisch (vom Schwein, Rind oder gemischt)
1–2 EL scharfe Bohnenpaste
150 ml Hühnerbrühe oder Wasser
Salz
1 EL Speisestärke, mit 3 EL Wasser angerührt
1 EL Sesamöl · 1 EL Chiliöl

Zubereitungszeit: 30 Min.

Pro Portion: 2200 kJ/ 520 kcal

1 Wasser in einem Topf zum Kochen bringen. Tofu in 1 cm große Würfel schneiden und etwa 1 Min. in kochendem Wasser blanchieren, um ihm den säuerlichen Geschmack zu nehmen. Knoblauch schälen, Frühlingszwiebel waschen und putzen. Beides fein hacken.

2 Pflanzenöl in einer Pfanne oder im Wok erhitzen. Knoblauch und Frühlingszwiebel kurz darin anbraten. Hackfleisch dazugeben und unter kräftigem Rühren bei starker Hitze braten, bis es krümelig ist.

3 Bohnenpaste und Brühe oder Wasser untermischen. Tofuwürfel dazugeben, mit Salz abschmecken und Brühe zum Kochen bringen. Hitze verringern und alles etwa 5 Min. schmoren. Angerührte Stärke dazugeben und noch einmal aufkochen, dann sofort servieren. Beim Essen Sesamöl und Chiliöl auf den Tofu geben.

Info: Ma Po Dou Fu heißt »Tofu der pockennarbigen Frau«. Während der Qing-Dynastie (1644–1911) gab es in der Stadt Cheng Du einen Tofu-Laden, dessen Besitzerin eine Frau mit Pockennarben war. Sie kochte Tofu besonders gerne auf diese Art.

Tofu

Bohnen haben in China eine mehr als 5000jährige Geschichte – kein Wunder also, daß Produkte aus Bohnen im »Land der Mitte« nahezu unzählig sind. Eines der wichtigsten ist Tofu, das leichte, zartgelbe Produkt aus gestockter Sojabohnenmilch. In China gibt es neben dem hellen Tofu noch andere Tofusorten, z.B. fritierten und eingelegten Tofu.
Die große Vielfalt der Tofugerichte ist vor allem in buddhistischen Klöstern entstanden, in denen nach Ersatz für Fisch und Fleisch gesucht wurde.
Über den gesundheitlichen Wert von Tofu hegt man in China keinen Zweifel. Tofu enthält hochwertiges Eiweiß und lebensnotwendige Fettsäuren, zudem Mineralstoffe und Vitamine. Tofu ist cholesterinfrei und hat nur wenig Kalorien.
Kaufen können Sie Tofu in Asien-Läden, Reformhäusern und Naturkostläden. Für chinesischen Geschmack ist der hiesige Tofu allerdings etwas zu säuerlich und fest. Durch kurzes Blanchieren können Sie ihn verfeinern oder Sie verwenden Instant-Tofu, der sehr viel zarter ist und dem chinesischen Geschmack eher entspricht.

In China wird Tofu auch eingelegt und getrocknet angeboten.

Tofu mit Bohnen

Deftig · Wintergericht

Dou Chi Chao Dou Fu

Zutaten für 4 Portionen:
2 Stücke Tofu (etwa 500 g)
1 Scheibe Ingwer, etwa 1 cm dick
1 Frühlingszwiebel
$\frac{1}{4}$ l neutrales Pflanzenöl
50 g fermentierte Bohnen oder trocken eingelegte Oliven, kleingehackt
2 EL dunkle Sojasauce
100 ml Gemüsebrühe (selbstgemacht oder instant) · Salz
1 Prise Zucker · 1 EL Sesamöl
zum Garnieren: 1 Stück grüne Paprika · 1 Stück Möhre
Zubereitungszeit: 30 Min.

1 Tofu waschen, trockentupfen und in etwa 5 cm lange, $2\frac{1}{2}$ cm breite und 1 cm dicke Scheiben schneiden.

2 Ingwer schälen und fein hacken. Frühlingszwiebel putzen, waschen und ebenfalls fein hacken.

3 Pflanzenöl in den Wok geben und darin bei starker Hitze in etwa 1 Min. heiß werden lassen. Anschließend den Tofu ins Öl geben und in etwa 3 Min. goldbraun fritieren. Vorsicht, Spritzgefahr! Dann den Tofu herausnehmen und das Fett abtropfen lassen.

4 Öl bis auf einen dünnen Film aus dem Wok gießen. Bei mittlerer Hitze das restliche Öl im Wok erneut heiß werden lassen. Fermentierte Bohnen, Ingwer und Frühlingszwiebel hineingeben und unter Rühren etwa 1 Min. braten. Sojasauce dazugeben und durchrühren.

5 Gemüsebrühe, je 1 Prise Salz und Zucker hinzufügen. Tofu untermischen. Das Ganze etwa 2 Min. weiterkochen. Dann bei starker Hitze die Sauce etwa 2 Min. einkochen. Vor dem Servieren mit Sesamöl beträufeln. Mit zu Blättern geschnitzter Paprika und zu Kugeln geschnittener Möhre garnieren.

Tofu mit Bambussprossen

Aus Taiwan · Gelingt leicht

Hong Shao Dou Fu

Zutaten für 3–4 Portionen:
2 Stücke Tofu (etwa 500 g)
$\frac{1}{2}$ l neutrales Pflanzenöl zum Fritieren
100 g Bambussprossen (in Stücken aus der Dose)
50 g eingelegte Gurke chinesischer Art (aus der Dose, nach Belieben)
75 g frischer Spinat
2 EL dunkle Sojasauce
150 ml Gemüsebrühe (selbstgemacht oder instant)
1 EL Speisestärke
$\frac{1}{2}$ TL Sesamöl

Zubereitungszeit: 35 Min.

Bei 4 Portionen pro Portion: 1500 kJ/360 kcal

1 Tofu waschen, trockentupfen und in etwa 3 cm breite, 6 cm lange und $1\frac{1}{2}$ cm dicke Stücke schneiden.

2 In einem Wok oder einem Topf Öl bei starker Hitze heiß werden lassen. Wenn an einem ins Öl getauchten Holzstäbchen Bläschen aufsteigen, ist es heiß genug. Die Tofustücke ins Öl geben und in etwa 3 Min. goldbraun fritieren. Dann aus dem Öl fischen und Fett abtropfen lassen.

3 Wasser aufkochen, Bambussprossen darin etwa 1 Min. sprudelnd kochen lassen, herausnehmen abtropfen lassen. Dann in etwa $2\frac{1}{2}$ cm breite, 5 cm lange und $\frac{1}{2}$ cm dünne Stücke schneiden. Gurke kalt abspülen und kleinschneiden. Spinat putzen und gründlich waschen.

4 Pflanzenöl bis auf einen dünnen Film aus dem Wok gießen. Fritierte Tofustücke, Bambussprossen, eingelegte Gurke und Spinat hineingeben, mit Sojasoße würzen. Alles gut durchrühren und mit Gemüsebrühe ablöschen. Zugedeckt bei starker Hitze etwa 5 Min. kochen. Speisestärke mit 2 EL Wasser anrühren, untermischen. Das Gericht vor dem Servieren mit Sesamöl beträufeln.

Info: Eingelegte Gurke chinesischer Art, auf Chinesisch »Hua Gua« oder »Jiang Gua«, ist in Sojasauce und anderen Gewürzen eingelegt und als Konserve in fast jedem Asienladen erhältlich. Den Spinat können Sie – falls erhältlich – durch frischen Pak-Choi-Kohl ersetzen.

Tofutäschchen

Aus Westchina · Mild

Kou Dai Dou Fu

Zutaten für 4 Portionen:
500 g Tofu
150 g Bambussprossen (aus der Dose)
200 g Chinakohlblätter
1/2 l neutrales Pflanzenöl
Salz
2 EL helle Sojasauce
1 EL Reiswein
1/2 l Gemüsebrühe (selbstgemacht oder instant)
1 EL Speisestärke
1 Prise weißer Pfeffer, frisch gemahlen

Zubereitungszeit: 40 Min.

Pro Portion: 1500 kJ/360 kcal

1 Tofu waschen, in 8 Stücke von etwa 6 cm Länge und 3 cm Dicke schneiden, trockentupfen.

2 Bambussprossen in kochendem Wasser etwa 1 Min. sprudelnd kochen, abgießen und abkühlen lassen. Dann in etwa 5 cm lange, 2 cm breite und sehr dünne Scheiben schneiden. Chinakohlblätter putzen, waschen und ebenfalls in 5 cm lange und 2 cm breite Stücke schneiden.

3 Öl in einem Wok bei mittlerer Hitze heiß werden lassen. Tofu darin unter Wenden etwa 7 Min. fritieren, bis beide Seiten goldgelb sind. (Vorsicht, Spritzgefahr!) Herausnehmen, das Fett abtropfen lassen und den Tofu abkühlen lassen.

4 An einer Seite den Tofu mit einem kleinen Messer etwas aufschlitzen und jeweils 1–2 TL Tofu, der nicht weiter verwendet wird, aus dem Innenraum herausschneiden.

5 Das Öl bis auf einen dünnen Film aus dem Wok abgießen. Bei mittlerer Hitze heiß werden lassen. Bambussprossen, Chinakohl und Tofu dazugeben, mit Salz, Sojasauce und Reiswein würzen. Die Gemüsebrühe angießen und alles zugedeckt etwa 7 Min. kochen. Die Speisestärke mit 2 EL Wasser anrühren, unterziehen und die Sauce damit binden. Vor dem Servieren mit Pfeffer bestreuen.

Info: Durch das Fritieren entstehen im Innern vom Tofu viele kleine Löcher. Wenn man den Tofu noch ein wenig aushöhlt, nimmt er bei der weiteren Zubereitung viel Flüssigkeit in sich auf. Deshalb schmeckt er besonders saftig.

Tofu mit Donggu-Pilzen

Aus Westchina · Gelingt leicht

Xiong Zhang Dou Fu

Zutaten für 3–4 Portionen:
75 g getrocknete Donggu-Pilze
500 g Tofu · 1 Frühlingszwiebel
1 Scheibe Ingwer, etwa 1 cm dick
1 Möhre (50 g)
1/2 l neutrales Pflanzenöl
3 EL Erbsen (frisch oder tiefgekühlt)
1 EL dunkle Sojasauce
1 EL Reiswein · Salz
1/2 TL Zucker
150 ml Gemüsebrühe (z.B. instant)
1 EL Speisestärke
weißer Pfeffer, frisch gemahlen

Zubereitungszeit: 40 Min.

Bei 4 Portionen pro Portion:
1700 kJ/400 kcal

1 Donggu-Pilze in warmem Wasser etwa 20 Min. einweichen. Tofu waschen, in 12 Stücke von etwa 6 cm Länge, 4 cm Breite und 1/2 cm Dicke schneiden, trockentupfen.

2 Frühlingszwiebel putzen und waschen. Ingwer schälen. Beides fein hacken. Möhre schälen und längs in etwa 4 cm lange, sehr dünne Scheiben schneiden. Donggu-Pilze aus dem Wasser nehmen, von den harten Stielen befreien und in etwa 4 cm große Stücke schneiden.

3 Öl in einem Wok bei mittlerer Hitze heiß werden lassen. Tofu darin etwa 7 Min. fritieren, bis beide Seiten goldgelb sind. (Vorsicht, Spritzgefahr!) Herausnehmen, das Fett abtropfen und den Tofu abkühlen lassen.

4 Öl bis auf einen dünnen Film aus dem Wok gießen. Frühlingszwiebel und Ingwer darin bei schwacher Hitze unter Rühren anbraten. Donggu-Pilze, Möhre, Erbsen und Tofu dazugeben, mit Sojasauce, Reiswein, Salz und Zucker würzen. Die Gemüsebrühe angießen und zugedeckt etwa 3 Min. kochen. Die Speisestärke mit 2 EL Wasser anrühren, unterziehen und die Sauce damit binden. Vor dem Servieren mit Pfeffer bestreuen.

Getränk: Zu diesem Gericht paßt ein chinesischer grüner Tee, z.B. der berühmte Drachenbrunnen-Tee (Long Jing Cha) oder Jasmin-Tee besonders gut.

Krümel-Tofu

Aus China · Gelingt leicht

Ji Zhuo Dou Fu

Zutaten für 1 Servierteller (2 Portionen):
5 getrocknete Donggu-Pilze
20 getrocknete Lilienblüten
1 Frühlingszwiebel
30 g geröstete Erdnüsse · 300 g Tofu
30 g roher geräucherter Schinken (2 dünne Scheiben)
50 g Bambussprossen
3 EL Schweineschmalz (ersatzweise 4 EL Pflanzenöl)
50 g gehacktes Schweinefleisch (evtl. weglassen und 20 g mehr Schinken nehmen) · 1 TL Reiswein
Salz · 1 EL helle Sojasauce
1 TL Speisestärke, in 3 EL Wasser angerührt · 1 TL Sesamöl

Zubereitungszeit: 40 Min.

Pro Portion: 2200 kJ/ 520 kcal

1 Pilze und Lilienblüten in heißem Wasser etwa 10 Min einweichen. Inzwischen Frühlingszwiebel putzen und fein hacken. Erdnüsse mit einem großen schweren Messer hacken. Tofu in dünne Scheiben schneiden. Dann Pilze und Lilienblüten waschen und mit Schinken und Bambussprossen in etwa 1/2 cm große Würfel schneiden.

2 In einer Pfanne oder im Wok 1 EL Schweineschmalz erhitzen. Hackfleisch darin unter Rühren bei starker Hitze etwa 1 Min. braten, bis es krümelig ist. Bambus, Pilze und Lilienblüten dazugeben und kurz mitbraten. Reiswein angießen und alles etwa 1 Min. weiterbraten, bis es duftet. Dann aus der Pfanne nehmen.

3 Restliches Schmalz erhitzen. Tofuscheiben darin bei mittlerer Hitze von beiden Seiten in etwa 5 Min. goldgelb braten. Dann mit dem Pfannenwender fein zerkrümeln. Die Fleischmischung wieder dazugeben und mit Salz und Sojasauce abschmecken. Stärke unterrühren und alles einmal aufkochen lassen.

4 Tofu in einer Schüssel anrichten und mit Sesamöl beträufeln. Schinken, Frühlingszwiebeln und Erdnüsse darüber streuen.

Info: In der Original-Übersetzung heißt dieses Gericht »Tofu pickender Hahn«, weil das Picken des Hahns der Bewegung ähnelt, die man beim feinen Zerkrümeln des Tofus macht.

Gedämpfte Eier

Aus China · Gelingt leicht

Rou Bing Zheng Dan

Zutaten für 1 Servierteller (2 Portionen):
1 Frühlingszwiebel
150 g gehacktes Schweinefleisch
2 EL Pflanzenöl
2 EL helle Sojasauce
3 Eier
Salz
200 ml Fleischbrühe oder Wasser

Zubereitungszeit: 30 Min.

Pro Portion: 2400 kJ/ 570 kcal

1 Frühlingszwiebel putzen und fein hacken. Dann mit Hackfleisch mischen.

2 Eier verquirlen und salzen. Fleischbrühe oder Wasser unterrühren und die Masse in eine hitzebeständige Schüssel geben. Die Schüssel in einen Topf auf eine umgedrehte Tasse stellen. Etwa 3 cm hoch Wasser angießen und die Eiermasse zugedeckt bei starker Hitze etwa 10 Min. dämpfen.

3 Öl in einer Pfanne oder im Wok erhitzen. Fleisch darin unter kräftigem Rühren bei starker Hitze etwa 2 Min. braten, bis es krümelig ist. Sojasauce untermischen. Hitze reduzieren und Fleisch warm halten.

4 Das Fleisch auf dem Ei verteilen und servieren.

Info: Dieses Gericht kann eine Suppe ersetzen, da sich beim Dämpfen etwas Flüssigkeit absetzt. Es wird aber in China nicht als Suppe, sondern als Suppengericht bezeichnet.

Variante: Sie können statt des Schweinefleisches auch Garnelen nehmen und diese fein hacken. Dann sollten Sie aber die Sojasauce weglassen.

Eier mit Gurke und Pilzen

Aus Peking · Gelingt leicht

Huang Gu Mu Er Chao Dan

Zutaten für 2–3 Portionen:
5 mittelgroße getrocknete Mu-Err-Pilze
10 g getrocknete Lilienblüten
1 kleine Salatgurke (etwa 250 g)
4 Eier
Salz
5 EL neutrales Pflanzenöl
100 ml Gemüsebrühe (selbstgemacht oder instant)

Zubereitungszeit: 20 Min.

Bei 3 Portionen pro Portion: 1100 kJ/260 kcal

1 Mu-Err-Pilze und Lilienblüten getrennt voneinander in warmem Wasser etwa 10 Min. einweichen, dann abgießen und anschließend gründlich waschen. Die Pilze in Streifen schneiden, die Lilienblüten von harten Stielen befreien und in Stücke schneiden. Die Gurke schälen, längs halbieren und in dünne Scheiben schneiden.

2 Die Eier in einer Schüssel aufschlagen und mit etwas Salz verquirlen. 4 EL Öl in einer Pfanne oder im Wok bei mittlerer Hitze erwärmen. Die Eier hineingeben und stocken lassen, dann grob zerteilen und so lange weiterbraten, bis die Masse goldgelb, aber nicht trocken ist. Eierstücke aus der Pfanne oder dem Wok nehmen.

3 Das restliche Öl bei mittlerer Hitze erwärmen. Gurke, Mu-Err-Pilze und Lilienblüten darin 1–2 Min. unter Rühren anbraten. Etwas Salz und die Gemüsebrühe untermischen. Eier wieder unterrühren und alles kurz aufkochen.

Variante: Statt Gurke und Mu-Err-Pilzen können Sie auch Tomaten nehmen. Dazu werden die Tomaten kurz mit kochendem Wasser überbrüht, gehäutet und in Scheiben geschnitten, dann wie oben kurz angebraten und mit Brühe und Eiern vermischt.

Lilienblüten

Lilienblüten werden nach ihrer länglichen Form und gelben Farbe auch »Goldene Nadeln« (Jin Zhen Cai) genannt. Die Blüten der »Gelben Taglilie« werden gedämpft und luftgetrocknet. In China sind auf dem Markt auch frische Lilienblüten erhältlich, von denen man aber nicht zuviel auf einmal essen sollte. Allerdings schmecken die getrockneten intensiver als die frischen. Wegen ihres schönen Duftes werden die getrockneten Lilienblüten besonders gern in der vegetarischen Küche verwendet. Sie lassen sich sehr gut mit anderen Zutaten wie z.B. Tofu, Chinakohl oder auch Fleisch kombinieren. Kleingehackt werden die Lilienblüten zusammen mit anderem Gemüse als Füllung für Teigtäschchen (Bao Zi) verwendet. Vor der Zubereitung muß man die getrockneten Lilienblüten etwa 10 Min. in warmem Wasser einweichen und dann von den harten Stielen befreien. Bei der Zubereitung darf man sie nicht zu lange kochen, sonst zerfallen sie.

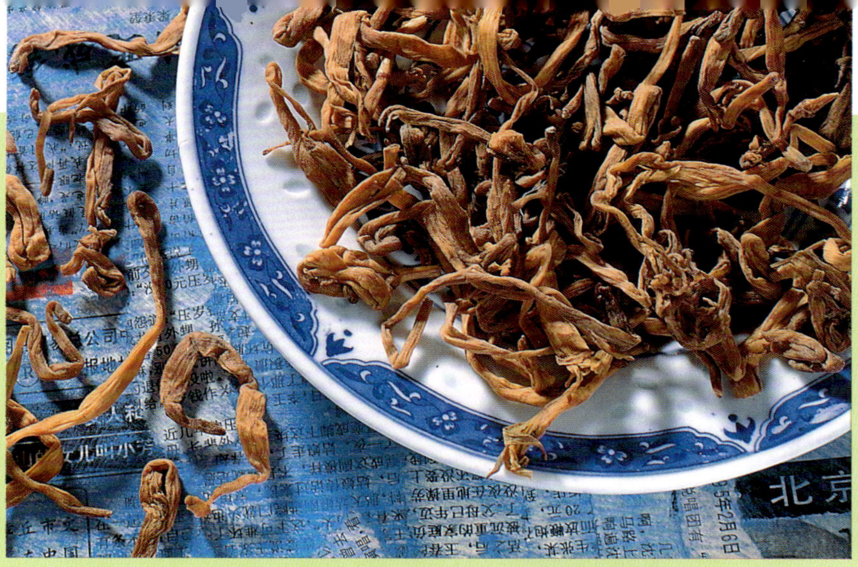

Lilienblüten sind in der vegetarischen Küche sehr beliebt.

Tomaten mit Ei

Aus China · Gelingt leicht

Xi Hong Shi Chao Dan

Zutaten für 1 Servierteller (2 Portionen):
200 g Eiertomaten
1 Frühlingszwiebel
3–4 Eier (je nach Größe)
Salz
5 EL Pflanzenöl
1 gehäufter EL Zucker

Zubereitungszeit: 30 Min.

Pro Portion:
2200 kJ/ 520 kcal

1 Tomaten mit kochendem Wasser überbrühen, kurz darin ziehen lassen, kalt abschrecken und häuten. Tomaten längs halbieren und in etwa 2 cm breite Stücke schneiden. Frühlingszwiebel putzen und in feine Streifen schneiden oder fein hacken. Eier in einer Schüssel mit etwas Salz verquirlen.

2 In einer Pfanne oder im Wok 4 EL Öl erhitzen. Eier hineingeben und bei starker Hitze stocken lassen, dann grob zerteilen und so lange weiterbraten, bis die Masse goldgelb, aber nicht trocken ist. Das dauert etwa 1 Min. Eierstücke aus der Pfanne nehmen.

3 Restliches Öl erhitzen. Frühlingszwiebel darin kurz anbraten. Tomaten dazugeben und unter Rühren bei starker Hitze 1–2 Min. braten. Salz und Zucker untermischen. Eier wieder unterrühren und kurz erwärmen.

Tip! Sehr gut eignen sich für dieses Gericht auch geschälte Tomaten aus der Dose (1 kleine Dose, 400 g; etwas Sauce wegnehmen und evtl. als Suppe verwenden). Dann etwas mehr Zucker nehmen und die gebratenen Eier nicht aus der Pfanne nehmen, sondern die Tomaten gleich dazugeben und grob zerkleinern.
Die Frühlingszwiebel können Sie auch zum Schluß roh über das Gericht streuen.

Eier mit fünf Köstlichkeiten

Aus Peking · Gelingt leicht

Liu Huang Cai

Zutaten für 1 Servierteller (2 Portionen):
25 g gegartes Hühnerfleisch
40 g roh geräucherter Schinken (2 Scheiben)
20 g Bambussprossen
3 Wasserkastanien, ersatzweise Sojasprossen
50 g Garnelen
3–4 Eier (je nach Größe)
Salz
1 EL Speisestärke, in 4 EL Wasser angerührt
200 ml Hühnerbrühe oder Wasser
3 EL Schweineschmalz (ersatzweise 4 EL Pflanzenöl)

Zubereitungszeit: 25 Min.

Pro Portion: 2200 kJ/ 520 kcal

1 Hähnchenfleisch, Schinken, Bambus und Wasserkastanien kleinschneiden. Garnelen von Kopf, Schale und Darm befreien und ebenfalls kleinschneiden. Eier verquirlen und dazugeben. Salz, Speisestärke und Brühe bzw. Wasser untermischen.

2 Schweineschmalz oder Öl in einer Pfanne oder im Wok sehr heiß werden lassen. Eiermasse hineingießen und etwas stocken lassen. Dabei die flüssige Masse von der Oberfläche immer wieder etwas an die Seite schieben, damit sie ebenfalls fester wird. Den Eierkuchen dann in mundgerechte Stücke zerteilen und bei starker Hitze etwa 1 Min. weitergaren, bis die Masse ganz gestockt ist. In einem tiefen Teller oder in einer Schüssel servieren. Nach Belieben mit Schnittlauch verzieren.

Info: Dieses Gericht ist sehr zart und relativ flüssig. Die Chinesen essen es öfter anstelle einer Suppe.

Tip! Falls Sie einmal frische Bambussprossen im Asien-Laden sehen, greifen Sie zu, denn sie sind hierzulande eine Seltenheit und schmecken unvergleichlich besser als die Sprossen aus der Dose. Roh essen dürfen Sie Bambussprossen auf keinen Fall, denn manche Sorten enthalten Blausäure. Beim Garen verschwindet die Blausäure. Vor dem Essen müssen Sie die Sprossen immer schälen und kochen oder einige Minuten braten.
Aus dem Rest – Sie brauchen für dieses Gericht ja nur wenig – können Sie Gemüse zubereiten.

Eier mit Fischfleisch

Aus Nordchina · Raffiniert

Sai Pang Xie

Zutaten für 1 Servierteller (2 Portionen):
100 g festes Fischfilet, z.B. Rotbarsch
3–4 Eier (je nach Größe)
2 EL Speisestärke
1 EL Reiswein
Salz
1 walnußgroßes Stück Ingwerwurzel
½ l Pflanzenöl zum Fritieren
50 ml Fleischbrühe oder Wasser
1–2 EL brauner Essig
nach Belieben: 1 Scheibe Rettich zum Verzieren

Zubereitungszeit: 30 Min.

Pro Portion: 2700 kJ/ 640 kcal

1 Fischfilet kalt abspülen und trockentupfen. Dann in etwa 1 cm dicke und 3 cm lange Stücke schneiden und in eine Schüssel geben. 1 Ei trennen. Eiweiß mit der Speisestärke glattrühren. Mit Reiswein und Salz unter die Fischwürfel mischen. Ingwer schälen und fein hacken.

2 Öl in einem Topf oder Wok erhitzen. Es ist heiß genug, wenn an einem hölzernen Kochlöffelstiel oder Eßstäbchen, das Sie ins heiße Fett tauchen, kleine Bläschen aufsteigen.

3 Fisch im Öl in 2–3 Portionen je etwa 2 Min. fritieren, bis die Stärkemasse fest, aber noch hell ist. Abtropfen lassen.

4 Öl bis auf einen dünnen Film ausgießen. Eier mit dem Eigelb hineingeben. Fisch hinzufügen und Eier mit einem Stäbchen ringförmig durchrühren, so daß weiße und gelbe Spuren darin zu sehen sind. Eier stocken lassen.

5 Brühe oder Wasser, Essig und Ingwer dazugeben und das Gericht sofort servieren.

Info: Krebse, die in China sehr beliebt, aber auch sehr teuer sind, werden immer mit Ingwer und Essig zubereitet. Dieses Gericht, das in der wörtlichen Übersetzung »Schmeckt genausogut wie Krebs« heißt, ist eine preiswertere Variante, die geschmacklich tatsächlich an ein Krebsgericht erinnert.

Tip! Schneiden Sie aus der Rettichscheibe einen kleinen Fisch zur Verzierung des Tellers.

Frühlings-Komposition

Aus China · Geht schnell

Thun Rhe Cai

Zutaten für 1 Servierteller (2 Portionen):
50 g Glasnudeln
200 g Sojasprossen
nach Belieben: 100 g Spinat
5–6 Stengel chinesischer Schnittlauch (ersatzweise 2 Frühlingszwiebeln)
3 Eier · Salz
5 EL Pflanzenöl
6 Sichuan-Pfefferkörner
1 EL Sesamöl

Zubereitungszeit: 25 Min.

Pro Portion: 2700 kJ/ 640 kcal

1 Glasnudeln etwa 10 Min. in lauwarmem Wasser einweichen. Inzwischen Sojasprossen waschen. Spinat verlesen, waschen, und in 4–5 cm große Stücke schneiden.

2 Spinat in sprudelnd kochendem Wasser etwa 1 Min. blanchieren, dann abtropfen lassen. Schnittlauch waschen und fein schneiden. Glasnudeln abtropfen lassen und kleiner schneiden.

3 Eier verquirlen. Mit Salz würzen. Etwa 3 EL Pflanzenöl in einer Pfanne oder im Wok erhitzen. Eiermasse darin unter Rühren bei starker Hitze knapp 1 Min. garen, bis die Masse krümelig ist. Herausnehmen.

4 Restliches Pflanzenöl erhitzen. Sichuan-Pfefferkörner hineingeben und anbraten, bis sie würzig duften. Wieder herausnehmen. Schnittlauch kurz anbraten. Sojasprossen und Glasnudeln dazugeben und 2–3 Min. unter Rühren bei starker Hitze garen, bis die Glasnudeln weich sind. Spinat und Eiermasse untermischen und alles etwa ½ Min. unter Rühren erhitzen.

5 Gericht salzen und mit Sesamöl beträufeln.

TEIGWAREN UND REIS

Pfannengerührte Nudeln

Aus Thailand · Süß-sauer

Pad Thai Gung Sott

Zutaten für 4 Portionen:
400 g mittelgroße rohe Garnelen mit Kopf und Schwanz
3 EL Fischsauce
½ TL schwarzer Pfeffer, frisch gemahlen
3 Knoblauchzehen
5 Schalotten
100 g geröstete gesalzene Erdnüsse
100 g schnittfester Tofu
500 g Sojabohnensprossen
3 große grüne Lauchblätter
2 Limetten
200 g feine Reisnudeln (½ cm breit)
6 EL Öl
50 g getrocknete Shrimps
2 Eier
2 EL Reisessig, ersatzweise milder Weinessig
2 EL Zucker
2 EL helle Sojasauce
außerdem: etwas Chilipulver
etwas Zucker
nach Belieben: 1 Schale Peperoni in Essig

Zubereitungszeit: 1 Std.

Pro Portion: 2400 kJ/570 kcal

1 Garnelen von Kopf und Schale befreien, das Schwanzende am Körper lassen. Garnelen am Rücken längs einschneiden und den Darm entfernen. Mit 1 EL Fischsauce und Pfeffer vermischen, dann etwa 10 Min. marinieren lassen. Knoblauch und Schalotten schälen und kleinhacken. Erdnüsse im Mörser oder Mixer grob zerkleinern.

2 Tofu in etwa ½ cm große Würfel schneiden. Sojabohnensprossen waschen und beiseite stellen. Lauchblätter waschen und in etwa 4 cm lange und ½ cm breite Streifen schneiden. Limetten heiß waschen und vierteln.

3 In einem Topf Wasser zum Kochen bringen, Nudeln darin etwa 2 Min. sprudelnd kochen lassen, sofort in ein Sieb gießen und kalt abspülen. Öl im Wok erhitzen, Knoblauch, Schalotten, Tofu und getrocknete Shrimps darin bei starker Hitze 1–2 Min. anbraten. Garnelen hinzufügen, etwa 1 Min. durchschwenken und dann alles an den Rand schieben.

4 Eier in die freie Fläche der Pfanne oder des Woks schlagen, verrühren und bei mittlerer Hitze etwa 3 Min. braten, bis sie leicht braun geworden sind. Anschließend mit den anderen Zutaten in der Pfanne gut vermischen. Nudeln, die Hälfte der Sojabohnensprossen, Lauch, Essig, Zucker, 2 EL Fischsauce und Sojasauce dazugeben, alles schnell verrühren, heiß werden lassen und auf einer Platte anrichten. Das Gericht mit zerkleinerten Erdnüssen bestreuen.

5 Die übrigen Sojabohnensprossen etwa 1 Min. blanchieren (sprudelnd kochen). In 2 Schälchen die Sojabohnensprossen und die Limettenviertel anrichten. Dazu wird je ein kleines Schälchen Chilipulver und Zucker gereicht, die Geschmacksrichtung ist süß-sauer.

Info: Die Thais essen zu diesem Gericht gerne Bananenblüten. Falls Sie diese im Asien-Laden bekommen, schälen Sie die lila Außenhülle ab und achteln Sie die weißen inneren Blätter der Länge nach. Damit sie nicht schwarz werden, müssen sie sofort in Zitronenwasser eingelegt werden. Achten Sie dabei auf Ihre Kleidung: Die Blüten machen hartnäckige Flecken.

Tip! Servieren Sie einmal Peperoni in Essig zu den pfannengerührten Nudeln.

Nudeln mit Rindfleisch

Aus Südchina · Braucht etwas Zeit

Niu Rou Chao Mian

Zutaten für 1 Servierteller (2 Portionen):
150 g Rinderfilet
1 TL trockene Speisestärke
30 g frische Donggu-Pilze (Shiitake)
30 g Bambussprossen (eventuell weglassen)
1–2 Frühlingszwiebeln
2 dünne Scheiben Ingwerwurzel
150 g Pak Choi, ersatzweise Spinat
250 g mitteldicke chinesische Nudeln oder Spaghetti
6 EL Pflanzenöl · 1 TL Reiswein
3 EL helle Sojasauce
5 EL Fleischbrühe oder Wasser · Salz
weißer Pfeffer, frisch gemahlen

Zubereitungszeit: 40 Min.

Pro Portion: 3500 kJ/ 830 kcal

1 Rindfleisch waschen und trockentupfen. Dann in dünne Scheiben oder Streifen schneiden und mit Stärke mischen. Pilze putzen und in Scheiben schneiden. Bambus auch in Scheiben schneiden. Frühlingszwiebel putzen und in dünne Scheiben schneiden. Ingwer schälen und hacken. Pak Choi oder Spinat waschen, putzen und in etwa 2 cm große Stücke schneiden.

2 In einem Topf reichlich Wasser zum Kochen bringen. Nudeln hineingeben und nicht ganz gar kochen (Die chinesischen Nudeln haben eine viel kürzere Garzeit als die italienischen. Sie müssen ab und zu eine Nudel probieren, und wenn Sie für Ihren Geschmack noch etwas zu viel Biß hat, herausnehmen). Abschrecken und gut abtropfen lassen. Mit 1 EL Öl mischen, damit die Nudeln nicht zusammenkleben.

3 In einer Pfanne oder im Wok 2 EL Öl erhitzen. Rindfleisch und Ingwer hineingeben und unter Rühren bei starker Hitze kurz braten. Reiswein und 1 EL Sojasauce dazugeben. Das Fleisch herausnehmen.

4 Restliches Öl erhitzen. Frühlingszwiebel, Bambus, Donggu-Pilze und Gemüse dazugeben und unter Rühren 1–2 Min. braten, bis das Gemüse bißfest ist.

5 Nudeln dazugeben und mit der Brühe bzw. Wasser, 2 EL Sojasauce, Salz und Pfeffer würzen. Fleisch wieder untermischen und nochmals erwärmen.

Nudelsorten

Ein Großteil der chinesischen Nudeln wird aus Weizenmehl, Wasser und Salz – mit oder ohne Eier – hergestellt. Daneben gibt es auch Nudeln aus Reismehl und Sojamehl. Eine Besonderheit der chinesischen Küche sind Glasnudeln, die aus gemahlenen Mungobohnen hergestellt werden. Diese Sorten bekommen Sie problemlos in Asien-Läden und großen Supermärkten. Am beliebtesten sind in China frische Nudeln, die je nach Gegend verschieden geformt sind. Bezüglich der Form können Sie zwischen unterschiedlichen Längen und Breiten wählen, beliebt sind auch »Nestnudeln«, dünn wie feine Spaghetti und zu Nestern gedreht. Dünne Nudeln verwendet man meist für Nudelsuppe. Für Gerichte mit gebratenen Nudeln eignen sich breite Nudeln, ähnlich den italienischen Bandnudeln, am besten, da sie ihre Form beim Braten nicht verlieren. Aber auch Reisnudeln – in der gleichen Breite – können Sie gut verwenden.

Ein guter Nudelmacher kann die Nudeln kilometerlang ziehen.

囍

Gebratene San-Xian-Nudeln

Aus Peking · Braucht etwas Zeit

San Xian Chao Mian

Zutaten für 2 Portionen:
20 g getrocknete Donggu-Pilze
100 g rohe ungeschälte Tiefseegarnelen
100 g Hühnerbrust, ohne Haut und Knochen
1 Eiweiß
1 TL Speisestärke · Salz
50 g Bambussprossen in Stücken (aus der Dose)
200 g mitteldicke chinesische Nudeln oder Spaghetti
2 ½ EL helle Sojasauce
4 EL neutrales Pflanzenöl zum Braten
1 EL Reiswein
weißer Pfeffer, frisch gemahlen
nach Belieben: 1 TL Sesamöl

Zubereitungszeit: 40 Min.

Pro Portion: 2800 kJ/670 kcal

1 Donggu-Pilze in warmem Wasser etwa 10 Min. einweichen. Von den Garnelen den Kopf abschneiden, Garnelen aus der Schale lösen, am Rücken entlang aufschlitzen und mit einer Messerspitze den schwarzen Darm entfernen. Die Garnelen waschen und längs halbieren. Das Hühnerfleisch waschen, trockentupfen und in etwa 4 cm lange, 1 cm breite, dünne Streifen schneiden.

2 Garnelen und Hühnerfleisch getrennt mit je ½ Eiweiß, ½ TL Stärke und 1 Prise Salz verrühren. In einem Topf Wasser zum Kochen bringen. Bambussprossen darin etwa 1 Min. sprudelnd kochen, mit einem Schaumlöffel herausnehmen, abtropfen und abkühlen lassen, dann in dünne Streifen schneiden. Die Pilze aus dem Wasser nehmen, waschen und in Streifen schneiden. Backofen auf 75° vorheizen.

3 In einem Topf reichlich Wasser zum Kochen bringen, Nudeln hineingeben und 3–5 Min. kochen. In ein Sieb abgießen, abschrecken, abtropfen lassen und in einer Schüssel mit 1 Prise Salz und 1 EL Sojasauce vermischen.

4 Einen Wok oder eine Pfanne bei mittlerer Hitze erwärmen. 2 EL Öl hineingeben und in etwa 3 Min. heiß werden lassen. Die Nudeln hineingeben und gleichmäßig verteilen. Mit 1 EL

Sojasauce würzen und gut verrühren. Den Wok leicht schwenken, damit sich das Öl gleichmäßig verteilt. Die Nudeln 2–3 Min. braten, dann wenden und weitere 3 Min. braten, dabei mit Eßstäbchen ab und zu leicht rühren. Wenn die Nudeln leicht gelbbraun sind, herausnehmen und auf zwei Teller verteilen und im Ofen (Umluft 50°) warm stellen.

5 In den Wok 1 EL Öl geben und bei mittlerer Hitze heiß werden lassen. Die Garnelen darin unter Rühren etwa 2 Min. braten, dann herausnehmen. Wieder 1 EL Öl in den Wok geben, heiß werden lassen. Das Hühnerfleisch ebenfalls unter Rühren etwa 2 Min. braten.

6 Dann die Pilze, Bambussprossen und Garnelen dazugeben, mit Salz, 1/2 EL Sojasauce und 1 Prise Pfeffer würzen. Alles unter Rühren etwa 1–2 Min. schmoren, währenddessen 100 ml Wasser dazugeben. Dann alles auf die Nudeln verteilen. Vor dem Servieren nach Belieben mit Sesamöl beträufeln.

Variante: Falls Sie Vegetarier sind, ersetzen Sie die Garnelen und die Hühnerbrust durch 4 Eier. Dazu Eier aufschlagen und mit etwas Salz verquirlen. 4 EL neutrales Pflanzenöl im Wok bei mittlerer Hitze erwärmen. Eier hineingeben, stocken lassen und klein zerteilen. Danach zusammen mit Donggu-Pilzen und Bambussprossen kurz braten.

Tip! Sie können statt der chinesischen Nudeln auch Spaghetti nehmen, die Sie etwa 7 Min. kochen.

Nudeln in Fischsauce

Aus Westchina · Gelingt leicht

Song Sao Mian

Zutaten für 4 Portionen:
250 g Fischfilet (z.B. Rotbarsch)
2 EL Reiswein · 1 Eiweiß
1 TL Speisestärke · Salz
100 g Wasserkastanien
(aus der Dose oder Sojasprossen)
1 Frühlingszwiebel
1 Scheibe Ingwer (etwa 1 cm)
4 EL neutrales Pflanzenöl
30 g scharfe Bohnenpaste
1 EL dunkle Sojasauce
250 ml Hühnerbrühe
(selbstgemacht oder instant)
400 g chinesische (Eier-)Nudeln
oder Spaghetti
nach Belieben: Schnittlauch und
Möhren zum Garnieren

Zubereitungszeit: 45 Min.
Pro Portion: 2200 kJ/520 kcal

1 Fischfilet kalt abspülen, trockentupfen und in etwa 1 cm große Würfel schneiden, dann mit 1 EL Reiswein, dem Eiweiß, der Speisestärke und 1 Prise Salz mischen. Wasserkastanien ebenfalls in etwa 1 cm große Würfel schneiden. Frühlingszwiebel putzen und waschen. Ingwer schälen. Beides fein hacken.

2 In einem Wok oder in einer Pfanne 3 EL Öl bei mittlerer Hitze heiß werden lassen. Fischwürfel samt Marinade hineingeben, unter Rühren etwa 1 Min. braten und mit 1 EL Reiswein würzen. Wasserkastanien dazugeben und etwa 1 Min. mitbraten. Dann beides herausnehmen.

3 Restliches Öl in den Wok oder die Pfanne geben. Frühlingszwiebel und Ingwer darin unter Rühren kurz anbraten, Bohnenpaste und Sojasauce dazugeben und die Brühe dazugießen. Aufkochen lassen, dann Fischwürfel und Kastanien hineingeben, durchrühren und zugedeckt bei mittlerer Hitze etwa 1 Min. kochen, dann beiseite stellen.

4 In einem Topf etwa 1 ½ l Wasser zum Kochen bringen. Nudeln hineingeben und darin etwa 2–3 Min. offen kochen, zwischendurch 2–3mal umrühren. Herausnehmen, abtropfen lassen und in einem Topf mit der Fischsauce mischen. In 4 Schalen verteilen und servieren. Nach Belieben mit Schnittlauch und Möhren garnieren.

Wasserkastanien

Wasserkastanien kann man in Europa nur in der Dose kaufen.

Die Wasserkastanien, auf chinesisch »Bi Ji« oder auch »Ma Ti«, sind Früchte einer Wasserpflanze, die ursprünglich aus Indien nach China gekommen ist und einer Seerose ähnelt. Wasserkastanien erhalten sehr viel Stärke und haben einen besonders erfrischenden Geschmack und eine knackige Konsistenz. In China werden die frischen Wasserkastanien, die Anfang Winter geerntet werden, als Obst gegessen oder als Gemüse zubereitet. Als Gemüse sind die Wasserkastanien recht vielseitig. Man kann sie zusammen mit verschiedenen anderen Zutaten kurz in heißem Öl braten oder schmoren. Außerdem werden sie feingehackt als Zutat für Füllungen verwendet. In der chinesischen Medizin gelten sie ihrer Temperaturausstrahlung nach als »kalt«, d.h., sie sind gut gegen »innere Hitze«. In Europa gibt es sie in Dosen und auch als Mehl.

Curry-Nudeln

Aus Indonesien · Scharf

Mie kuah

Zutaten für 4 Portionen:
2 Stengel frisches Zitronengras
3 Knoblauchzehen
1 Stück frischer Ingwer (4 cm)
1 Bund Frühlingszwiebeln
1 TL Sambal ulek
1/2 TL Kurkuma (Gelbwurzpulver)
2 TL gemahlener Koriander
Salz
250 g Hühnerbrustfilet
2–3 EL Kokosöl
400 ml Kokosmilch, ungesüßt
250 g Sojabohnenkeimlinge
250 g Eiernudeln (Mie)
2–3 EL Kecap manis (süße Sojasauce)

Zubereitungszeit: 45 Min.

Pro Portion: 1600 kJ/380 kcal

1 Vom Zitronengras die dicken, unteren Teile der Stengel kleinhacken. Knoblauch schälen und zerdrücken.

2 Ingwer schälen und zuerst in feine Scheiben, diese dann in winzigkleine Würfel schneiden. Frühlingszwiebeln putzen, waschen und in dünne Ringe schneiden. Alle vorbereiteten Zutaten mit Sambal ulek, Kurkuma, Koriander und Salz zu einer dicken Paste verrühren. Das Hühnerbrustfilet kalt abspülen, trockentupfen und in 1,5 cm große Würfel schneiden.

3 Öl im Wok oder in einer Kasserolle erhitzen. Gewürzpaste 2–3 Min. rührend braten. Nach und nach das Fleisch unter Rühren bei starker Hitze 5–10 Min. anbraten. Mit Kokosmilch ablöschen, dann die Sauce etwas eindicken lassen. Das Gericht bei schwacher Hitze weitere 3–5 Min. zugedeckt ziehen lassen.

4 Inzwischen die Sojabohnenkeimlinge mit kochendem Wasser überbrühen.

5 Einen Topf mit Salzwasser aufsetzen. Nudeln in das kochende Wasser geben, Nester auseinanderziehen und nach Kochanweisung auf der Packung garen. Abgießen, mit kaltem Wasser abschrecken.

6 Sojabohnenkeimlinge in den Wok bzw. die Kasserolle einrühren und etwa 2 Min. köcheln lassen. Zum Schluß die fertigen Nudeln und Kecap manis untermischen. Warm oder kalt servieren.

Variante: Curry-Nudeln mit Tofu
(Mie tahu)
Bereiten Sie die Curry-Nudeln wie angegeben zu, geben aber zusätzlich 250 g in etwa 1 cm dicke Scheiben geschnittenen Tofu zusammen mit den Sojabohnenkeimlingen in die Sauce. Vorsichtig umrühren, damit der Tofu nicht zerfällt.

Tip! Um die Gewürzpaste herzustellen, können Sie Arbeit und Zeit sparen, wenn Sie sämtliche Zutaten im Mixer, evtl. unter Zugabe von etwas Öl, pürieren.

Glasnudeln mit Hackfleisch

Aus China · Gelingt leicht

Ma Yi Shang Shu

Zutaten für 1 Servierteller (2 Portionen):
100 g gehacktes Schweinefleisch
1 EL Reiswein · 1 Stange Lauch
3 dünne Scheiben Ingwerwurzel
2–3 Knoblauchzehen
400 g Pflanzenöl zum Fritieren
75 g Glasnudeln
1 EL scharfe Bohnenpaste
2 EL helle Sojasauce

Zubereitungszeit: 30 Min.

Pro Portion: 2500 kJ/ 600 kcal

1 Hackfleisch mit der Hälfte des Reisweins mischen. Lauch putzen, waschen und erst in etwa 4 cm lange Stücke, dann längs in Streifen schneiden. Ingwer und Knoblauch schälen und fein hacken.

2 Öl in einem Topf oder Wok stark erhitzen. Trockene Glasnudeln etwas auseinanderreißen, in 3 Portionen hineingeben und jede Portion 1–2 Min. fritieren, bis die Nudeln aufgehen und nicht mehr durchsichtig sind. Dann die Glasnudeln vorsichtig herausnehmen.

3 Aus dem Topf oder Wok 2 EL Öl nehmen und in einer Pfanne erhitzen. Hackfleisch darin unter Rühren bei starker Hitze braten, bis es krümelig ist. Bohnenpaste, Lauch, Ingwer und Knoblauch dazugeben und etwa 2 Min. weiterrühren.

4 Restlichen Reiswein und Sojasauce dazugeben. 1/4 l Wasser angießen. Glasnudeln hinzufügen und unter Rühren bei starker Hitze etwa 2 Min. kochen, bis die Flüssigkeit verdampft ist.

Nudeln mit Fleischwürfeln

Aus Nordchina · Raffiniert

Zha Jiang Mian

Zutaten für 1 Servierteller (3 Portionen):
1 EL getrocknete Garnelen
4–5 getrocknete Donggu-Pilze
100 g roher magerer Schweinebauch ohne Schwarte und Knorpel
30 g Bambussprossen
2 dünne Scheiben Ingwerwurzel
1 Frühlingszwiebel
1 Stück Gurke (etwa 10 cm lang)
2 EL Pflanzenöl
100 g »süße« Bohnenpaste (wird nur im Vergleich zur scharfen süß genannt)
1 TL Zucker · 1 TL Reiswein
250 g breite chinesische oder italienische Nudeln
1 EL Sesamöl

Zubereitungszeit: 40 Min.

Pro Portion: 2300 kJ/ 550 kcal

1 Garnelen und Donggu-Pilze getrennt in heißem Wasser etwa 20 Min. einweichen. Inzwischen Schweinebauch und Bambus sehr klein würfeln. Ingwer schälen, Frühlingszwiebel putzen und beides fein hacken. Gurke gründlich waschen und möglichst schräg in Scheiben, dann in Streifen schneiden.

2 Garnelen und Donggu-Pilze aus dem Wasser nehmen, waschen und klein schneiden.

3 In einem Topf Wasser zum Kochen bringen. Nudeln ins kochende Wasser geben und etwa 10 Min. garen.

4 Inzwischen Pflanzenöl in einer Pfanne oder einem Wok erhitzen. Ingwer und Frühlingszwiebel darin unter Rühren anbraten. Fleisch, Bambussprossen, Garnelen und Pilze dazugeben und unter Rühren etwa 1 Min. anbraten. Bohnenpaste dazugeben und die Mischung aufkochen lassen. Dann die Hitze verringern. Zucker und Reiswein unter die Sauce rühren und etwa 2 Min. unter Rühren kochen lassen. Wenn die Sauce zu dick wird, etwas Wasser untermischen.

5 Nudeln abtropfen lassen und in den Servierteller füllen. Gurkenstreifen darüber geben, mit Sauce bedecken und mit Sesamöl beträufeln.

Tip! Von der Sauce können Sie auch gleich eine größere Menge zubereiten, denn sie hält sich gut verschlossen im Kühlschrank mindestens 1 Woche.

Reisnudeln mit Tintenfisch

Aus Thailand · Geht schnell

Guai Thiau Plaah Mük

Zutaten für 4 Portionen:
500 g Tintenfisch (ohne Kopf und Fangarme), küchenfertig vorbereitet
200 g Broccoli
5 Knoblauchzehen
2 mittelgroße Zwiebeln
200 g Reisnudeln (1–2 cm breit)
8 EL Öl
2 EL süße Sojasauce
3 EL Fischsauce
1 EL Zucker
außerdem: 1 Schale Peperoni in Essig
etwas Zucker
etwas Chilipulver

Zubereitungszeit: 25 Min.

Pro Portion: 1900 kJ/450 kcal

1 Tintenfisch unter fließendem Wasser säubern und der Länge nach vierteln. Tintenfischviertel kreuzweise einschneiden, dann in etwa 5 cm lange und 2 cm breite Streifen schneiden.

2 Broccoli putzen, in Röschen teilen und waschen. Stiele schälen, von holzigen Stellen befreien und in feine Scheiben schneiden. Knoblauch schälen und fein hacken. Zwiebeln schälen und vierteln.

3 In einem Topf reichlich Wasser zum Kochen bringen. Nudeln in etwa 3 Min. blanchieren (sprudelnd kochen), in ein Sieb gießen, mit kaltem Wasser abspülen und gut abtropfen lassen. Öl in einer Pfanne oder im Wok erhitzen, Knoblauch, Zwiebelviertel und Tintenfischstücke hineingeben und bei starker Hitze etwa 1 Min. braten. Dabei ständig rühren.

4 Broccoli dazugeben, alles nochmals etwa 2 Min. braten. Nudeln, Soja- und Fischsauce sowie den Zucker dazugeben, alles gut verrühren und heiß werden lassen.

5 Am Tisch werden zu diesem Gericht nach Belieben eine Portion Peperoni in Essig und je ein kleines Schälchen Zucker und Chilipulver gereicht; jeder schmeckt nach Belieben ab.

Tip! Die gekochten Nudeln dürfen keinesfalls trocken werden, da sie sonst nicht mit den anderen Zutaten zu vermischen sind. Daher müssen Sie bei Arbeitsschritt 3 und 4 zügig arbeiten.

Eiernudeln mit Sojasprossen

Aus Thailand · Mild

Bamie Pad

Zutaten für 4 Portionen:
300 g chinesische Eiernudeln
200 g Sojabohnensprossen
2 Frühlingszwiebeln
3 Knoblauchzehen
50 g roher Schinken
3 EL Öl
2 EL Fischsauce
2 EL Austernsauce
1 EL Zucker

Zubereitungszeit: 20 Min.

Pro Portion: 1700 kJ/400 kcal

1 In einem Topf reichlich Wasser zum Kochen bringen. Nudeln hineingeben und etwa 4 Min. (nach Packungsvorschrift) garen. In ein Sieb gießen, mit kaltem Wasser kurz abspülen und gründlich abtropfen lassen.

2 Sojabohnensprossen waschen, evtl. braune Enden abschneiden. Frühlingszwiebeln putzen, der Länge nach halbieren, waschen und in etwa 3 cm lange Stücke schneiden. Knoblauch schälen und fein hacken. Schinken in kleine Würfel schneiden.

3 Öl in einer Pfanne oder im Wok erhitzen, Knoblauch und Schinken darin bei mittlerer Hitze etwa 1 Min. anbraten. Abgetropfte Nudeln dazugeben, gut untermischen und alles etwa 1 Min. braten.

4 Sojabohnensprossen, Frühlingszwiebeln, Fisch- und Austernsauce sowie den Zucker hinzufügen, alles gut vermischen und bei mittlerer Hitze etwa 2 Min. garen, bis die Zutaten heiß sind. Die Sojabohnensprossen sollten noch knackig sein. Das Gericht sofort servieren.

Info: Die braune Austernsauce (Naam Manhoy) ist relativ dickflüssig und wird aus fermentierten Austern und Fischen hergestellt. Sie wird meist zum Abschmecken bestimmter Gerichte verwendet, bei denen man eine Sauce erhalten möchte. Eher selten dient sie zum Nachwürzen am Tisch.

Rettichkuchen

Aus Südchina · Gelingt leicht

Luo Bo Gao

Zutaten für 4 Portionen, für 1 hitzebeständige Form von etwa 5 cm Höhe, 12 cm Breite und 18 cm Länge:

1 mittelgroßer Rettich (etwa 750 g)
1 Zwiebel
2 chinesische Würstchen (La Chang), ersatzweise 100 g Schinkenspeck
150 g getrocknete Garnelen (Xia Mi)
3 EL neutrales Pflanzenöl
Salz
weißer Pfeffer, frisch gemahlen
500 g Reismehl (Zhan Mi Fen)

Zubereitungszeit: 45 Min.

Pro Portion: 3100 kJ/740 kcal

1 Rettich schälen, waschen und raspeln, in einen Topf geben und mit 75 ml Wasser bei mittlerer Hitze etwa 5 Min. zugedeckt dünsten, bis die Rettichraspeln glasig und weich werden.

2 Zwiebel schälen und fein hacken. Chinesische Würstchen fein würfeln. Getrocknete Krabben ebenfalls fein hacken. 2 EL Öl in einem Wok bei mittlerer Hitze heiß werden lassen. Zwiebel hineingeben und bei mittlerer Hitze etwa 1 Min. dünsten. Würstchen und getrocknete Krabben hinzufügen und weitere 3 Min. braten. Mit Salz und Pfeffer abschmecken.

3 Reismehl mit 170 ml Wasser gut vermengen und zu den Rettichraspeln geben. Zwiebel, Würstchen und Krabben hinzufügen. Das Ganze gut durchmischen und bei schwacher Hitze unter ständigem Rühren etwa 4–5 Min. köcheln lassen. Mit Salz und Pfeffer abschmecken.

4 In einem Wok 1/2 l Wasser erhitzen. Den noch halbflüssigen Teig in die Form füllen, in einen Bambusdämpfer setzen, Dämpfer zudecken, auf den Wok setzen und zugedeckt bei mittlerer Hitze etwa 20 Min. dämpfen. Herausnehmen und abkühlen lassen. Wenn Sie keinen Bambusdämpfer haben, siehe Info S. 182.

5 Vor dem Servieren den Rettichkuchen in etwa 7 cm lange, 5 cm breite und 1 1/2 cm dicke Scheiben schneiden und mit 1 EL Öl in einem Wok bei schwacher Hitze in etwa 2 Min. braun braten.

Reismehl und Reisnudeln

Reismehl ist die Basis für frische und getrocknete Reisnudeln.

In Südchina ist Reis das Hauptnahrungsmittel. Um Abwechslung auf dem Speisezettel zu bekommen, werden die Reiskörner auch zu Reismehl und Reisnudeln verarbeitet. Es gibt verschiedene Sorten von Reismehl. Meistens wird das Reismehl aus Klebreis gewonnen, wobei es grundsätzlich zwei Herstellungsmethoden gibt. Bei der einen wird Klebreis zuerst in Wasser eingeweicht und zusammen mit dem Wasser gemahlen. Die so gewonnene Masse wird dann getrocknet. Diese ist besonders fein und wird in erster Linie für Süßspeisen wie gefüllte Klößchen verwendet. Bei der anderen Methode wird der Reis ohne Einweichen gemahlen, was ein nicht so feines Produkt ergibt. Traditionell wird der Reis noch mit einer Steinmühle gemahlen. Der Trend geht jedoch dahin, daß immer mehr industriell gefertigtes Reismehl gekauft wird. Aus Reismehl und Wasser werden Reisnudeln hergestellt. Die verschiedenen Sorten von Reisnudeln werden gern mit anderen Zutaten wie Gemüse oder Fleisch zusammen gebraten. Vor der Zubereitung muß man die Reisnudeln in kaltem oder lauwarmem Wasser einweichen. Reismehl und Reisnudeln sind in hiesigen Asienläden erhältlich.

Gebratene Reisnudeln

Chao Mi Fen

Aus Taiwan · Gelingt leicht

Zutaten für 4 Portionen:
400 g Reisnudeln
20 g getrocknete Donggu-Pilze
150 g mageres Schweinefleisch
1 TL Speisestärke
1 EL Reiswein · Salz
weißer Pfeffer, frisch gemahlen
250 g Mungobohnensprossen
½ grüne Paprikaschote
4 EL neutrales Pflanzenöl
3 EL dunkle Sojasauce · 1 TL Sesamöl
zum Garnieren: 1 Stück Lauch, 1 Scheibe Möhre

Zubereitungszeit: 45 Min.

Pro Portion: 1800 kJ/430 kcal

1 Reisnudeln in lauwarmem Wasser etwa 30 Min. einweichen. Donggu-Pilze in warmem Wasser etwa 20 Min. einweichen.

2 Inzwischen Schweinefleisch kalt abspülen, trockentupfen und in etwa 5 cm lange und ½ cm breite Streifen schneiden. In einer Schale Speisestärke, Reiswein, je 1 Prise Salz und Pfeffer vermischen, Fleisch untermengen.

3 Mungobohnensprossen in einem Sieb kalt abspülen und abtropfen lassen. Paprikaschote von Kernen, Trennwänden und Stielansatz befreien, waschen und in etwa 5 cm lange, dünne Streifen schneiden. Pilze aus dem Einweichwasser nehmen, von den Stielen befreien und in dünne Streifen schneiden. Reisnudeln aus dem Wasser nehmen, abtropfen lassen.

4 In einem Wok 2 EL Pflanzenöl bei starker Hitze in etwa 1 Min. erwärmen. Schweinefleisch darin unter Rühren etwa 2 Min. braten, Donggu-Pilze, Mungobohnensprossen und Paprikastreifen dazugeben, mit je 1 Prise Salz und Pfeffer abschmecken. Unter Rühren etwa 1 Min. braten, dann herausnehmen.

5 Restliches Pflanzenöl in den Wok gießen, Reisnudeln dazugeben. Mit Sojasauce würzen. Bei mittlerer Hitze und unter Rühren 5–6 Min. braten. Dann Fleisch und Gemüse untermengen. Alles mit Sesamöl beträufeln. Mit Lauch und Möhre garnieren.

Variante: Statt Schweinefleisch können Sie auch geschälte (Nordsee-) Krabben nehmen. Vegetarier können auf Fleisch oder Krabben als Zutaten auch ganz verzichten.

Gebratener Reis

Aus Südchina · Geht schnell

Huo Tui Dan Chao Fan

Zutaten für 4 Portionen:
250 g Langkornreis
100 g gekochter Schinken, ohne Schwarte
1–2 Möhren (etwa 50 g)
2 frische Eier · Salz
4 EL neutrales Pflanzenöl
50 g Erbsen (tiefgekühlt)
weißer Pfeffer, frisch gemahlen
zum Garnieren: Gurkenscheiben, 1 Stück Möhre

Zubereitungszeit: 40 Min.
Pro Portion: 1600 kJ/380 kcal

1 Den Reis mit der doppelten Menge Wasser zum Kochen bringen und zugedeckt bei schwacher Hitze etwa 20 Min. quellen, dann abkühlen lassen.

2 Schinken in Würfel von etwa 1 cm Kantenlänge schneiden. Möhren schälen, waschen und wie den Schinken würfeln.

3 Eier in einer Schüssel verquirlen und mit 1 Prise Salz würzen. Einen Wok oder eine Pfanne bei starker Hitze in etwa 1 Min. erwärmen. 2 EL Öl angießen und Eiermasse darin unter Rühren 1–2 Min. braten, Eiermasse dabei mit dem Kochlöffel zerkleinern.

4 Schinken, Möhren und Erbsen dazugeben. Unter Rühren etwa 1 Min. braten. Reis dazugeben, mit 1/2 TL Salz und 1 Prise Pfeffer würzen und unter Rühren etwa 2 Min. braten. Anschließend sofort servieren. Gurkenscheiben und Möhrenstück dekorativ schnitzen und das Gericht z.B. mit einer »Gurken-Möhren-Blume« garnieren.

Tip! Probieren Sie dieses milde Gericht einmal mit Duftreis, der ein sehr schönes Aroma hat und in fast jedem Asienladen erhältlich ist. Er wird genauso wie der Langkornreis zubereitet.

Reis mit Meeresfrüchten

Aus Thailand · Gelingt leicht

Khao Pad Talee

Zutaten für 4 Portionen:
500 g gemischte Meeresfrüchte (Garnelen, Tintenfisch, Filets von Meeresfischen), küchenfertig vorbereitet
8 Knoblauchzehen
3 Frühlingszwiebeln
2 mittelgroße Tomaten
3 Stengel frischer Koriander
1 Salatgurke · 5 EL Öl
750 g gekochter, abgekühlter Reis (aus 250 g ungekochtem thailändischem Reis)
3 EL Fischsauce
2 EL Tomatenketchup
1 TL Zucker
1 Schale Chilisauce mit Koriander (S. 280)

Zubereitungszeit: 25 Min. (+ 20 Min. für den Reis + 15 Min. für die Sauce)

Pro Portion: 3800 kJ/900 kcal

1 Meeresfrüchte waschen und gut abtropfen lassen. Knoblauch schälen und fein hacken, Frühlingszwiebeln waschen, der Länge nach halbieren und in etwa 3 cm lange Stücke schneiden. Tomaten waschen und achteln, dabei den Stielansatz entfernen. Koriander waschen, trockenschütteln und grob hacken. Gurke schälen und in etwa ½ cm dicke Scheiben schneiden.

2 Öl in einer Pfanne oder im Wok erhitzen, Knoblauch darin bei mittlerer Hitze in etwa 2 Min. goldgelb braten. Meeresfrüchte hinzugeben und bei starker Hitze etwa 2 Min. durchschwenken. Reis, Fischsauce, Tomatenketchup, Tomatenachtel, Frühlingszwiebel und Zucker beigeben, alles etwa 2 Min. unter ständigem Rühren weiterschmoren.

3 Das Gericht auf einer Platte anrichten, mit den Gurkenscheiben garnieren, Koriander darüber streuen. Servieren Sie zu diesem Gericht Chilisauce mit Koriander.

Tip! Gebratener Reis ist in Thailand sehr beliebt und wird an jeder Straßenecke frisch und sehr phantasievoll zubereitet. Damit der Reis beim Braten nicht klebrig wird, ist es wichtig, daß er vollkommen abgekühlt war. Besonders schnell lassen sich Gerichte mit gebratenem Reis zubereiten, wenn Sie schon am Vortag die entsprechende Menge mehr kochen.

Reissorten

Diese Akha-Frau worfelt geschickt den Reis, um ihn zu entspeltzen.

Reis ist das Grundnahrungsmittel Nummer eins für die Thais. Er wird in so großen Mengen angebaut, daß Thailand auch noch als Reisexporteur weltweit an erster Stelle steht. Die ertragreichsten Reisfelder liegen in der Zentralebene auf beiden Seiten des Chao-Phraya-Flusses. Aber auch in den anderen Regionen des Landes wird Reis angebaut und bestimmt noch heute den Lebenszyklus der ländlichen Bevölkerung. Es werden zwei bis drei Ernten pro Jahr eingebracht. Im zentralen Tiefland und in Südthailand essen die Menschen am liebsten thailändischen Duftreis (Khao Hom), den wir Ihnen auch empfehlen. Sie bekommen diesen Langkornreis in Asien-Läden, er ist zwar etwas teurer als andere Sorten, aber dafür schmeckt er am allerbesten und macht auch seinem Namen alle Ehre: Beim Kochen verströmt er einen wunderbaren Duft. Die Thais im Norden und Nordosten des Landes bevorzugen einen Rundkornreis, den Klebreis (Khao Niau). Dieser Klebreis spielt übrigens bei der Zubereitung von Desserts in ganz Thailand eine große Rolle.

Nasi goreng

Gebratener Reis

Aus Indonesien · Gut vorzubereiten

Zutaten für 4 Portionen:
200 g Langkornreis
Salz
4 Schalotten
2 Knoblauchzehen
1/4 TL Terasi (Garnelenpaste)
1 EL Kokosöl
+ 4 EL Öl zum Reisbraten
4 Eier
3 EL Kecap manis (süße Sojasauce)
1 EL Tomatenketchup
1–2 TL Sambal ulek
nach Belieben 1 Zweig frisches Koriandergrün

Zubereitungszeit: 45 Min.

Pro Portion: 1600 kJ/380 kcal

1 Den Reis waschen, bis das Wasser klar bleibt, dann in einem Topf mit fest schließendem Deckel in 375 ml Salzwasser aufsetzen. Sobald das Wasser kocht, die Hitze stark verringern und den Reis bei sehr schwacher Hitze zugedeckt 15–20 Min. garen. Wenn alles Wasser aufgesogen und die Oberfläche trocken ist, den Topf vom Herd nehmen. Reis vor der Weiterverarbeitung etwa 10 Min. zugedeckt quellen lassen.

2 Schalotten und Knoblauch schälen und fein hacken. Terasi mit dem Löffelrücken zerdrücken.

3 In einer Pfanne 1 EL Öl erhitzen. Die Eier aufschlagen und bei mittlerer Hitze 4 Spiegeleier braten, salzen und beiseite stellen.

4 Wenn der Reis gar ist, das restliche Öl im Wok oder in einer großen Pfanne erhitzen. Schalotten, Knoblauch und Terasi glasig dünsten. Den Reis hinzufügen und bei starker Hitze etwa 3 Min. rührend braten. Dann Kecap manis, Tomatenketchup und Sambal ulek unter den Reis mischen und alles unter ständigem Rühren in weiteren 3 Min. fertigbraten.

5 Den gebratenen Reis auf vier Teller verteilen und auf jede Portion ein Spiegelei legen. Nach Belieben mit frischem Koriandergrün bestreuen und mit Gurkenscheiben, Röstzwiebeln oder Krabbenbrot (Krupuk) verzieren.

Kecap manis

Kecap manis ist ein indonesisches Sojaprodukt mit süßlicher Note.

Die Briten haben das indonesisch-chinesische Wort kecap aus Malaysia mitgebracht und bei uns eine inzwischen in aller Welt berühmt gewordene Tomatensauce danach benannt: den Ketchup. Bei kecap handelt es sich aber nicht um eine Tomatensauce, sondern um eine aus fermentierten Sojabohnen hergestellte indonesische Sojasauce, Basisgewürz für fast alle indonesischen Saucen und Marinaden. Die Indonesier benutzen zwei Sorten: Kecap asin heißt die salzigere Sorte, die sich auch durch chinesische oder japanische Sojasauce ersetzen läßt. Kecap manis dagegen ist dickflüssig, dunkel und süß. Es ist für die indonesische Küche unverzichtbar und verleiht den meisten Gerichten eine braune Farbe und die typische, leicht süßliche Note. Kecap manis hält sich fast unbegrenzt. Die süße Sojasauce sollte aber immer erst am Ende des Kochvorgangs zugefügt werden, da sie leicht anbrennt.

Gebratener Reis mit Gemüse

Indonesisches Nationalgericht

Nasi goreng istimewa

Zutaten für 4 Portionen:
200 g Langkornreis
Salz · 250 g Rindfleisch- oder Geflügelfilet
4 Schalotten
2 Knoblauchzehen
1/4 TL Terasi (Garnelenpaste)
100 g Chinakohl
1 große Möhre
100 g frische enthülste Erbsen (ersatzweise tiefgekühlt)
100 g frische Sojabohnenkeimlinge
200 g gegarte, geschälte Garnelen
3–4 EL Kokosöl
3 EL Kecap manis (süße Sojasauce)
1 EL Tomatenketchup
1–2 TL Sambal ulek

Zubereitungszeit: 45 Min.

Pro Portion: 1600 kJ/380 kcal

1 Den Reis waschen, bis das Wasser klar bleibt, dann in einem Topf mit fest schließendem Deckel in 375 ml Salzwasser aufsetzen. Sobald das Wasser kocht, die Hitze stark verringern und den Reis bei schwacher Hitze zugedeckt 15–20 Min. garen. Wenn alles Wasser aufgesogen und die Oberfläche trocken ist, den Topf vom Herd nehmen. Reis vor dem Weiterverarbeiten noch etwa 10 Min. zugedeckt quellen lassen.

2 Inzwischen das Fleisch kalt abbrausen, abtrocknen und quer zur Faser in feine Streifen schneiden. Schalotten und Knoblauch schälen und kleinhacken. Terasi mit dem Löffelrücken zerdrücken. Chinakohl putzen, waschen und in etwa 1 cm breite Streifen schneiden. Möhre putzen, schälen, waschen und in streichholzfeine, etwa 5 cm lange Stifte schneiden. Erbsen, Sojabohnenkeimlinge und Garnelen nacheinander in einem Sieb mit kaltem Wasser abspülen und gut abtropfen lassen.

3 Öl im Wok oder in einer großen Pfanne erhitzen. Nach und nach das Fleisch darin unter Rühren etwa 2 Min. bei starker Hitze anbraten. Garnelen dazugeben und 1 weitere Min. mitbraten. Wieder herausnehmen. Schalotten und Knoblauch glasig dünsten. Terasi untermischen. Die Erbsen einrühren und etwa 5 Min. vorgaren (ist bei tiefgekühlten nicht nötig). Möhrenstifte hineingeben und etwa 2 Min. rührend braten. Das restliche Gemüse hinzufügen und unter ständigem Rühren weitere 2 Min. dünsten. Schließlich den Reis unter das Gemüse mischen und gut durchbraten. Das Gericht mit Kecap manis, Tomatenketchup, Sambal ulek und Salz würzen. Alles vermengen und unter ständigem Rühren nochmals 2–3 Min. garen.

4 Mit Omelettestreifen, Gurkenscheiben, knusprigen Röstzwiebeln und Krabbenbrot (Krupuk) können Sie nach Belieben den gebratenen Reis appetitanregend verzieren.

Tip! Kochen Sie den Reis am besten am Vortag, damit er bei der Weiterverarbeitung schön trocken ist. Dieses Gericht ist hervorragend geeignet, um Geflügel- und Fleischreste aufzubrauchen. Lassen Sie bei den Gemüsezutaten Ihrer Phantasie freien Lauf. Zum Servieren jeweils eine Portion Nasi goreng istimewa fest in eine chinesische Reisschale drücken und auf einen Teller stürzen.

Variante: Gebratene Nudeln
(Bakmie goreng)
Nehmen Sie anstelle von Reis 250 g Eiernudeln (Mie). Nudeln in kochendes Wasser geben, Nester auseinanderziehen. Die Kochzeit richtet sich nach der Nudelart (Kochanweisung auf der Packung beachten). Abgießen, mit kaltem Wasser abschrecken und wie im Rezept beschrieben weiter zubereiten.

Beilagentip: Omelettestreifen
2 Eier gründlich verquirlen. In einer geölten Pfanne Omelettes backen. Erkalten lassen und in feine Streifen schneiden. Reis, Nudeln oder Suppen damit verzieren.

Reis mit Ei und Schinken

Aus Südchina · Gelingt leicht

Huo Tui Dan Chao Fan

Zutaten für 1 Servierteller (2 Portionen):
1 Frühlingszwiebel
50 g roh geräucherter Schinken, oder luftgetrockneter (2 dicke Scheiben) oder chinesische Wurst Xiang Chang
3–4 Eier (je nach Größe)
Salz
5–6 EL Pflanzenöl
300 g gegarter Reis vom Vortag

Zubereitungszeit: 25 Min.

Pro Portion: 4600 kJ/ 1100 kcal

1 Frühlingszwiebel putzen und fein schneiden. Schinken würfeln. Eier verquirlen und mit Salz abschmecken.

2 In einer Pfanne oder im Wok 2 EL Öl erhitzen. Eiermasse hineingeben und bei mittlerer Hitze stocken lassen. Dann zerteilen und etwa 1 Min. weitergaren, bis die Stücke goldgelb, aber nicht trocken sind (wie bei europäischem Rührei). Anschließend die Masse herausnehmen.

3 Restliches Öl in der Pfanne oder im Wok erhitzen. Frühlingszwiebel und Schinken darin unter Rühren bei starker Hitze anbraten. Reis dazugeben und mit den Kochstäbchen oder einem Löffel auseinanderlösen, bis er nicht mehr klebrig ist. Reis salzen und einige Minuten unter Rühren braten.

4 Eier wieder untermischen, dann das Gericht in einer Glasschüssel anrichten und servieren.

Variante: Dieses Gericht ist ein Grundrezept, das Sie vielfältig abwandeln können. Sehr beliebt ist gebratener Reis mit 8 Kostbarkeiten, das sind Garnelen, Schinken, Pilze, Bambus, Gurken, Möhren, Erbsen und rote Zwiebeln.

Reiskrusten mit Austernpilzen

Aus Nordchina · Geht schnell

Mo Gu Guo Ba

Zutaten für 1 Servierteller (2 Portionen):
5 mittelgroße getrocknete Mu-Err-Pilze
100 g rohe Garnelen
150 g Austernpilze
1 Frühlingszwiebel
300 g Pflanzenöl zum Fritieren
150 g getrocknete Reiskrusten (Zubereitung S. 106)
1 TL Reiswein · Salz
150 ml Hühnerbrühe oder Wasser
1 TL Speisestärke, mit 2 EL Wasser angerührt

Zubereitungszeit: 25 Min. (+ 30 Min.–12 Std. Trocknen)

Pro Portion: 2400 kJ/ 570 kcal

1 Mu-Err-Pilze etwa 10 Min. in warmem Wasser einweichen. Inzwischen Garnelen von Kopf, Schale und Darm befreien, putzen und würfeln. Austernpilze putzen und in Stücke reißen.

2 Mu-Err-Pilze kalt abspülen, vom Stiel befreien und eventuell auseinanderreißen. Austernpilze etwa 1 Min. in kochendem Wasser blanchieren. Dann gründlich trockentupfen. Frühlingszwiebel putzen und in Scheiben schneiden.

3 Öl in einer Pfanne oder im Wok erhitzen. Reiskrusten darin etwa 2 Min. fritieren, bis sie etwas aufgegangen und leicht gebräunt sind. Abtropfen lassen und eventuell etwas auseinanderbrechen.

4 Öl bis auf etwa 2 EL ausgießen. Garnelen unter Rühren kurz im verbliebenem Öl bei starker Hitze braten. Beide Pilzsorten dazugeben und ebenfalls kurz braten. Reiswein, Salz und Brühe oder Wasser dazugeben und zum Kochen bringen. Speisestärke dazugeben und alles noch einmal aufkochen.

5 Pilze in eine Schüssel geben und mit der Frühlingszwiebel bestreuen. Reiskrusten getrennt dazu servieren oder in die Schüssel geben.

Reiskrusten mit Garnelen

Aus Peking · Braucht etwas Zeit

San Xian Guo Ba

Zutaten für 3–4 Portionen:
150 g Rundkornreis
5 getrocknete Donggu-Pilze
100 g mageres Schweinefleisch (etwa 2 cm dick)
Salz
Reiswein
2 EL Speisestärke
100 g rohe geschälte Tiefseegarnelen
1 Eiweiß
1 Frühlingszwiebel
1 dünne Scheibe Ingwer
50 g Champignons
2 EL neutrales Pflanzenöl zum Braten
300 ml Hühnerbrühe (selbstgemacht oder instant)
50 g tiefgefrorene Erbsen
weißer Pfeffer, frisch gemahlen
$\frac{1}{2}$ l neutrales Pflanzenöl zum Fritieren

Zubereitungszeit: 40 Min. (+ 30 Min.–12 Std. Trocknen)

Bei 4 Portionen pro Portion: 1800 k/430 kcal

1 Den Reis mit $\frac{1}{4}$ l Wasser in einem Topf zum Kochen bringen, dann bei schwacher Hitze offen garen. Kurz bevor die Flüssigkeit verdampft ist, zudecken und bei schwächster Hitze etwa 5 Min. ausquellen lassen.

2 Den Reis etwas abkühlen lassen, dann in einer etwa 5 mm dicke Schicht auf ein Stück Backpapier legen. Entweder 1 Tag lang an einer luftigen Stelle trocknen oder im Backofen bei 50° (Umluft niedrigste Stufe) etwa 30 Min. anbacken, dann in grobe Stücke brechen.

3 Die Donggu-Pilze in warmem Wasser etwa 10 Min. einweichen, dann herausnehmen, waschen und kleinschneiden. Das Schweinefleisch waschen und in einem Topf mit 300 ml Wasser zugedeckt bei mittlerer Hitze etwa 5 Min. kochen. Dabei 1 Prise Salz und 1 Schuß Reiswein dazugeben. Dann herausnehmen, abkühlen lassen und in etwa 3 cm lange, dünne Scheiben schneiden.

4 Speisestärke mit 4 EL Wasser anrühren. Die Garnelen mit 1 Prise Salz, Eiweiß, 1 EL Reiswein und $\frac{1}{2}$ TL von der angerührten Stärke in einer

Schüssel verrühren. Die Frühlingszwiebel putzen, waschen und fein hacken. Den Ingwer schälen und fein hacken. Champignons putzen, waschen und in Scheiben schneiden.

5 Im Wok oder in einer Pfanne 2 EL Öl bei mittlerer Hitze heiß werden lassen. Die Garnelen aus der Marinade nehmen, kurz abtropfen lassen, ins Öl geben und etwa 2 Min. unter Rühren anbraten, dann herausnehmen. In dem Restöl Frühlingszwiebel und Ingwer kurz anbraten, 1 EL Reiswein und die Brühe angießen, Donggu-Pilze, Erbsen, Champignons, Schweinefleisch und Garnelen hinzufügen, mit Salz und 1 TL Reiswein sowie 1 Prise Pfeffer würzen. Bei mittlerer Hitze zugedeckt zum Kochen bringen. Die restliche angerührte Stärke untermischen. Alles einmal aufkochen und 2–3 Min. rühren, bis die Sauce gebunden ist, dann in eine vorgewärmte Schüssel geben.

6 Öl zum Fritieren in einem Topf bei starker Hitze heiß werden lassen, bis an einem ins Öl getauchten Holzstäbchen kleine Bläschen aufsteigen. Die Reiskrusten hineingeben und etwa ½ Min. fritieren, bis sie goldgelb sind. Die Reiskrusten aus dem Öl nehmen und auf einen Teller legen. Beim Servieren das Garnelenragout über die Reiskrusten gießen.

Info: Wenn die heißen Reiskrusten mit dem Garnelenragout in Berührung kommen, entsteht ein zischendes Geräusch, daher wird das Gericht auch »Zischender Reis« genannt.

Tip! Am besten läßt man das Öl für das Fritieren der Reiskrusten in einem Topf schon auf einer anderen Platte heiß werden, kurz bevor man mit der Zubereitung des Garnelenragouts fertig wird, denn dieses Gericht muß sofort serviert werden.

Gefüllte Reisröllchen

Aus Indonesien · Gut vorzubereiten

Lemper ketan

Zutaten für 20 Reisrollen:
1 großes Bananenblatt (tiefgekühlt)
250 g Klebreis (Ketan)
400 ml Kokosmilch, ungesüßt
500 g Hühnerbrustfilet
1/2 Bund Frühlingszwiebeln
3–4 Knoblauchzehen
4 Kemirinüsse
1/4 TL Terasi (Garnelenpaste)
2–3 EL Kokosöl
1/2–1 TL Sambal ulek
1/2 TL Kurkuma (Gelbwurzpulver)
2 TL gemahlener Koriander
1 TL Palmzucker · Salz
schwarzer Pfeffer, frisch gemahlen
etwas Pflanzenöl zum Einpinseln
10 Holzspießchen

Zubereitungszeit: 1 Std.

Pro Stück: 330 kJ/79 kcal

1 Tiefgekühltes Bananenblatt auftauen lassen, dann kurz in kochendes Wasser tauchen und trockentupfen.

2 Den Reis waschen, bis das Wasser klar bleibt, und abtropfen lassen. Von der Kokosmilch 300 ml abnehmen und mit dem Klebreis und 400 ml Wasser in einem Topf mit fest schließendem Deckel bei schwacher Hitze zugedeckt 15–20 Min. garen. Wenn die Flüssigkeit aufgesogen und die Oberfläche trocken ist, den Topf vom Herd nehmen. Reis etwa 10 Min. zugedeckt quellen lassen.

3 Inzwischen das Hühnerbrustfilet kalt abbrausen, abtrocknen und quer zur Faser sehr fein schnetzeln. Die Frühlingszwiebeln putzen, waschen und schräg in dünne Ringe schneiden. Knoblauch schälen und zerdrücken. Kemirinüsse fein reiben. Terasi mit dem Löffelrücken zerdrücken.

4 Öl im Wok oder in einer Pfanne erhitzen. Frühlingszwiebeln und Knoblauch 1–2 Min. glasig dünsten. Nach und nach das geschnetzelte Hühnerfleisch darin unter Rühren etwa 2 Min. bei starker Hitze anbraten.
Kemirinüsse, Gewürze und Palmzucker dazugeben. Restliche Kokosmilch angießen und die Sauce etwas eindicken lassen.
Mit Salz und Pfeffer abschmecken.

5 Klebreis und Fleischmischung etwas abkühlen lassen. Inzwischen das Bananenblatt in 20 Rechtecke (etwa 10 x 15 cm) schneiden. Diese innen mit etwas Pflanzenöl einpinseln. Holzspießchen halbieren.

6 Die Blattstücke jeweils mit 1 EL Klebreis und 1 TL Fleischmischung füllen. Dann die Rechtecke locker aufrollen und die offenen Enden mit den Holzspießchenhälften zustecken.

Tip! Die Päckchen lassen sich gut einen Tag vorher zubereiten. Sie werden kalt, 15 Min. über Wasserdampf in Dampfkörbchen erhitzt oder gegrillt serviert. Gefüllte Reisröllchen in der Mitte schäg aufschneiden. Sambal ulek, selbstgemacht oder aus dem Glas, dazu reichen. Die Bananenblätter dienen nur als Hülle und sollten nicht gegessen werden.

Frühlingsrollen

Aus Peking · Braucht etwas Zeit

San Si Chun Juan

Zutaten für 4 Portionen, für 12 Stück:

5 getrocknete Donggu-Pilze
150 g mageres Schweinefleisch
Salz · schwarzer Pfeffer, frisch gemahlen
2 EL Reiswein
2 EL Stärke
1 mittelgroßer Chinakohl (etwa 300 g)
1 ½ EL Sesamöl
1 Päckchen tiefgefrorene Teigblätter (ersatzweise Teig wie auf S. 111 beschrieben, zubereiten)
1 Ei
1 l neutrales Pflanzenöl

Zubereitungszeit: 1 Std. 20 Min.

Pro Stück: 630 kJ/150 kcal

1 Pilze in warmem Wasser etwa 20 Min. einweichen. Das Fleisch in etwa 5 mm dicke und 5 cm lange Streifen schneiden, mit Salz und Pfeffer würzen. Reiswein und 1 gestrichenen EL Stärke untermischen. Das Fleisch etwa 10 Min. marinieren. Pilze waschen, abtropfen lassen und dann in feine Streifen schneiden. Chinakohl waschen, längs halbieren und quer in etwa 5 mm dicke Streifen schneiden.

2 Sesamöl im Wok erhitzen, das Fleisch darin bei starker Hitze unter Rühren etwa 2 Min. anbraten, dann herausnehmen. Chinakohl und Donggu-Pilze in den Wok geben, bei mittlerer Hitze unter Rühren 5–10 Min. anbraten, bis sie weich sind. Fleisch dazugeben, mit Salz und Pfeffer abschmecken.

3 Restliche Stärke mit etwas kaltem Wasser anrühren und unter Rühren in die Pfanne geben. Gemüse und Fleisch damit binden. Anschließend das Ganze aus der Pfanne herausnehmen und abkühlen lassen.

4 Aufgetaute Teighüllen auseinandernehmen. Eine Teigplatte flach auf die Arbeitsfläche legen. 2 EL von der Füllung ordentlich auf eine Seite der Teighülle legen, an den Rändern Platz lassen. Das Ei verquirlen. Die Teigränder mit der Eiermasse bestreichen, beide Enden einschlagen, aufrollen und mit etwas Eiermasse verschließen. Auf diese Weise alle Frühlingsrollen füllen.

5 Öl in einem Topf oder Wok stark erhitzen, bis an einem ins Öl getauchten Holzstäbchen Bläschen aufsteigen. Frühlingsrollen darin etwa 5 Min. goldbraun fritieren. Vorsicht, Spritzgefahr! Dann herausnehmen und servieren.

Vegetarische Teigtaschen

Su Cai Bao Zi

Aus Peking · Braucht etwas Zeit

Zutaten für 12 Stück:
250 g Mehl
1/2 Päckchen Trockenhefe
50 g Glasnudeln
5 getrocknete Donggu-Pilze
5 g getrocknete Lilienblüten
1 mittelgroßer Chinakohl (etwa 300 g)
Salz
3 EL Sesamöl
schwarzer Pfeffer, frisch gemahlen
50 g Mehl für die Arbeitsfläche

Zubereitungszeit: 1 1/2 Std.

Pro Stück: 490 kJ/120 kcal

1 Mehl in eine Schüssel geben. Hefe in gut 1/8 l lauwarmem Wasser auflösen und dazugeben. Teig gründlich verkneten, bis er glatt und elastisch ist und nicht mehr an den Fingern klebt. Teig mit einem feuchten Tuch bedecken, an einem warmen Ort etwa 20. Min. gehen lassen.

2 Glasnudeln, Donggu-Pilze und Lilienblüten getrennt in warmem Wasser etwa 20 Min. einweichen. Chinakohl waschen und ganz klein schneiden. Leicht salzen, nach etwa 10 Min. die Flüssigkeit abpressen. Glasnudeln, Pilze und Lilienblüten waschen, abtropfen lassen, kleinschneiden und mit Sesamöl unter den Chinakohl mischen, salzen und pfeffern.

3 Teig noch einmal gut durchkneten. Dann auf einer mit Mehl bestäubten Arbeitsfläche zu einer Rolle von etwa 2 cm Durchmesser formen, dann in 12 gleich große Stücke schneiden.

4 Die Teigstücke zu runden Teigplättchen von etwa 8 cm Durchmesser ausrollen. Die Mitte soll dicker als der Rand sein. Die Teigplättchen in eine Hand nehmen und etwas Füllung in der Mitte verteilen. Den Teigrand an einem Ende nach oben ziehen. Den Teig nun in Falten um die Füllung zusammenlegen. Zum Schluß das obere Ende etwas zusammendrehen.

5 In einen Wok 3–4 cm hoch Wasser geben und zum Kochen bringen. Einen Bambusdämpfer mit einem feuchten Tuch auslegen. Die Teigtaschen mit mindestens 2 cm Abstand voneinander hineingeben. Den Dämpfer schließen und vorsichtig auf den Wok stellen. Dann die Teigtaschen bei starker Hitze über dem heißen Dampf etwa 20 Min. dämpfen. Wenn Sie keinen Bambusdämpfer haben, siehe Info S. 182.

Gefüllte Pasteten

Indonesisches Nationalgericht

Samosas

Zutaten für 4 Portionen (16 Pasteten):
Für die Füllung:
4 mittelgroße Kartoffeln, festkochend
½ Blumenkohl (etwa 250 g)
1 Stück frischer Ingwer (4 cm)
2–3 EL Ghee, ersatzweise Butterschmalz
½ TL Kreuzkümmelsamen
½ TL Kala Jeera (schwarzer Kreuzkümmel)
¼ TL Chilipuler
1 TL Korianderpulver
1 TL Paprikapulver, edelsüß
100 g Erbsen, tiefgefroren und aufgetaut
1 TL Garam Masala
Salz

Für den Teig:
300 g Weizenmehl
4 EL Ghee, ersatzweise Butterschmalz
¼ TL Thymiansamen (Ajwain oder getrockneter Thymian)
1 TL Salz
1 l Öl zum Fritieren + etwas Öl für die Arbeitsfläche

Zubereitungszeit: 1¼ Std.

Pro Portion: 3800 kJ/900 kcal

1 Für die Füllung Kartoffeln waschen, schälen und in etwa 1 cm große Würfel schneiden. Blumenkohl waschen und in möglichst kleine Röschen teilen, größere Röschen halbieren. Ingwer schälen und fein reiben.

2 Ghee in einem Topf erhitzen, Kreuzkümmel und schwarzen Kreuzkümmel bei mittlerer Hitze etwa 1 Min. darin anbraten. Dann unter ständigem Rühren den Ingwer und alle anderen Gewürze außer dem Garam Masala und Salz dazugeben.

3 Kartoffelwürfel, Blumenkohl und Erbsen dazugeben, alles etwa 5 Min. anbraten, dabei gelegentlich umrühren. Die Hitze reduzieren, den Deckel auflegen und das Gemüse etwa 10 Min. schmoren lassen, bis es weich ist. Bei Bedarf etwas Wasser (50–100 ml) hinzufügen. Garam Masala und Salz darüber streuen, kurz umrühren und kalt stellen.

4 Für den Teig Mehl, Ghee, Thymiansamen, Salz und 175 ml Wasser in eine Schüssel geben. Alle Zutaten zu einem Teig vermengen und diesen etwa 15 Min. kneten, bis er fest und geschmeidig ist. Den Teig mit einem feuchten Tuch zudecken und etwa 10 Min. ruhen lassen.

5 Teig in 8 Kugeln teilen. Ein großes Holzbrett einölen, jede Teigkugel auf diesem Brett zu einem runden Fladen von etwa 20 cm Durchmesser ausrollen. Fladen in der Mitte durchschneiden.

6 Den halbierten Teigfladen zu einer Tüte formen. Dazu den halbierten Fladen in der Mitte (der langen Kante) falten, die lange Kante mit angefeuchteten Fingern gut zusammendrücken.

7 Etwa 2 TL Füllung in die Tüte geben und die Ränder ebenfalls mit angefeuchteten Fingern verschließen. Alle Samosas auf diese Art zubereiten.

8 Öl in einem Topf, einem Wok oder einer Karai auf mittlere Hitze erwärmen. Samosas portionsweise ins heiße Öl legen und 1–2 Min. fritieren, dann wenden und auf der anderen Seite ebenfalls 1–2 Min. fritieren, bis sie goldgelb sind. Auf Küchenpapier entfetten.

9 Samosas warm mit Lime-Pickles, Apfelchutney (S. 278) oder Minzsauce (S. 281) servieren.

Info: Sie können die Füllung für Samosas auch mit anderen Gemüsesorten oder Hackfleisch zubereiten.

FLEISCH UND GEFLÜGEL

Fleisch in Eihülle

Aus Nordchina · Braucht etwas Zeit

Bai Zhi Dan Jiao

Zutaten für 1 Servierteller (3–4 Portionen):
4–5 Eier (etwa 200 g)
100 g rohe Garnelen
1 Stück Lauch (etwa 10 g)
2 dünne Scheiben Ingwerwurzel
200 g gehacktes Schweinefleisch
Salz
2 TL Reiswein
1 TL trockene Speisestärke
+ 1 TL Speisestärke, in 2 EL Wasser angerührt
nach Belieben:
30 g Bambussprossen
50 g roh geräucherter Schinken
50 g Schweineschmalz
200 ml Pflanzenöl zum Fritieren
200 ml Fleischbrühe oder Wasser
30 g enthülste Erbsen (frisch oder tiefgefroren)

Zubereitungszeit: 1½ Std.

Bei 4 Portionen pro Portion: 2700 kJ/ 640 kcal

1 2 Eier trennen. Je 1 Eiweiß in eine Schüssel geben. Garnelen von Kopf, Schale und Darm befreien und fein hakken. Lauch putzen und waschen, Ingwer schälen und beides fein zerkleinern.

2 Hackfleisch mit Salz, Ingwer, Lauch und 1 TL Reiswein zu 1 Eiweiß geben und mischen. Alles in eine Richtung rühren, bis der Fleischteig bindet. Dann zu kleinen Klößchen formen.

3 Garnelen zum anderen Eiweiß geben und mit Salz und der trockenen Speisestärke verrühren. Bambus und Schinken in erbsengroße Würfel schneiden.

4 Restliche Eier und Eigelbe mit Salz und der Hälfte der angerührten Stärke verquirlen.

5 Pfanne erhitzen. Etwas Schweineschmalz darin zerlaufen lassen. 1 EL Eierteig in die Pfanne geben und dünn verteilen. Den Eierkuchen bei mittlerer Hitze stocken lassen.

6 Ein Fleischklößchen auf eine Hälfte des Eierteiges legen, die andere Hälfte darüber klappen. Die Ränder kleben dabei zusammen. Klößchen im Teig vorsichtig aus der Pfanne nehmen und auf einen hitzebeständigen Teller legen.

7 Alle Fleischklößchen auf diese Weise zubereiten. In einen großen Topf eine umgedrehte Tasse stellen, 3–4 cm hoch Wasser einfüllen und zum Kochen bringen. Den Teller mit den Klößchen darauf stellen. Das Ganze zugedeckt bei starker Hitze etwa 5 Min. dämpfen.

8 Öl bei mittlerer Hitze in einer Pfanne oder einem Wok erwärmen. Garnelen hineingeben und durchrühren. Garen, bis das Eiweiß weiß wird, dann herausfischen und abtropfen lassen.

9 Öl bis auf einen dünnen Film aus der Pfanne gießen. Bambus, Schinken und Erbsen darin kurz braten. Übrigen Reiswein dazugeben, Brühe oder Wasser angießen, mit Salz abschmecken und die Garnelen dazugeben. Restliche angerührte Stärke dazugeben und die Sauce einmal aufkochen lassen. Sauce über die Fleischklößchen gießen.

Tip! Besonders hübsch sieht der Servierteller aus, wenn Sie den Rand mit halbierten Gurkenscheiben verzieren.

Fleisch im Kartoffelnest

Aus Südchina · Braucht etwas Zeit

Que Chao Niu Rou

Zutaten für 4 Portionen:
300 g mageres Rindfleisch
1 EL neutrales Pflanzenöl
+ 1/2 l neutrales Pflanzenöl zum Fritieren
1 Eiweiß
2 TL Speisestärke
2 EL dunkle Sojasauce
2 EL Reiswein
je 1/2 rote und grüne Paprikaschote
500 g Kartoffeln, festkochend
2 EL Weizenmehl · Salz
200 g Blattsalat oder Chinakohl
1 Frühlingszwiebel
1 Scheibe Ingwer, etwa 1 cm dick
1 Prise weißer Pfeffer, frisch gemahlen
80 ml Hühnerbrühe (selbstgemacht oder instant)
1/2 TL Sesamöl

Zubereitungszeit: 1 Std.

Pro Portion: 1900 kJ/450 kcal

1 Rindfleisch kalt abspülen, trockentupfen und in etwa 5 cm lange und sehr dünne Scheiben schneiden. 1 EL Öl und Eiweiß in einer Schüssel mit 1 TL Speisestärke verquirlen, dann mit dem Rindfleisch, 1 EL Sojasauce und 1 EL Reiswein mischen. Paprikahälften putzen, waschen und in 2–3 cm große Stücke schneiden.

2 Kartoffeln waschen, schälen und raspeln, mit Weizenmehl und 50 ml Wasser vermischen, leicht mit Salz würzen. Ein kleines Metallsieb ohne Plastikstiel (etwa 12 cm Durchmesser) gründlich mit Kartoffelmasse auslegen und anschließend ein zweites Sieb auf das erste mit der festgedrückten Kartoffelmasse setzen.

3 In einem Wok 1/2 l Öl bei starker Hitze heiß werden lassen, bis an einem ins Öl getauchten Holzstäbchen kleine Bläschen emporsteigen. Die Siebe mit der Kartoffelmasse dazwischen hineintauchen. Das Kartoffelnest etwa 8 Min. fritieren, bis es goldbraun und knusprig ist. (Vorsicht, Spritzgefahr!) Dann die Siebe herausnehmen und das Nest aus dem unteren Sieb auf Küchenpapier gleiten und abtropfen lassen. Alle Nester auf diese Weise fritieren.

4 Salat oder Chinakohl putzen, waschen und trockenschwenken. Die Nester auf Tellern anrichten und Salat- oder Chinakohlblätter rundum verteilen. Frühlingszwiebel putzen, waschen und fein hacken. Ingwer schälen und fein hacken.

5 Das Fritieröl noch einmal stark erhitzen. Rindfleischscheiben und Paprika hineingeben, etwa 1 1/2 Min. fritieren, herausnehmen und das Fett abtropfen lassen. Öl bis auf einen dünnen Film aus dem Wok gießen.

6 Temperatur herunterschalten. Frühlingszwiebel und Ingwer bei mittlerer Hitze im verbliebenen Öl unter Rühren kurz anbraten, Rindfleisch und Paprika dazugeben, mit 1 EL Reiswein, 1 EL Sojasauce, Pfeffer und 1 Prise Salz würzen, dann mit der Hühnerbrühe ablöschen. Alles aufkochen lassen. 1 TL Speisestärke mit 2 EL Wasser anrühren, unterrühren und die Sauce damit binden.

7 Alles in die Kartoffelnester füllen, mit Sesamöl beträufeln und servieren.

Tip! Sie können für das Nest statt Kartoffeln auch vorgekochte schmale Nudeln verwenden. Sehr schön sieht es aus, wenn Sie das Kartoffelnest mit einer »Rettich-Rose« zusammen auf einem Teller servieren.

Schweinefilet in Sojasauce

Aus Indonesien · Gelingt leicht

Babi kecap

Zutaten für 4 Portionen:
750 g Schweinefilet
4 Schalotten
3–4 Knoblauchzehen
1 Stück frischer Ingwer oder Galgant (4 cm)
3 EL Sojasauce
½ TL Sambal ulek · Salz
weißer Pfeffer, frisch gemahlen
3–4 EL Kokosöl
5 EL Kecap manis (süße Sojasauce)

Zubereitungszeit: 45 Min.
(+ 1 Std. Marinieren)

Pro Portion: 1700 kJ/400 kcal

1 Schweinefilet kalt abspülen, trokkentupfen und quer zur Faser in 1 cm breite Scheiben schneiden. Schalotten schälen, halbieren und in dünne Scheiben schneiden. Knoblauch schälen und zerdrücken. Ingwer oder Galgant schälen und fein raspeln. Die vorbereiteten Zutaten in eine Schüssel geben, mit Sojasauce, Sambal ulek, Salz und Pfeffer vermengen und das Ganze zugedeckt mindestens 1 Std. marinieren, bis das Fleisch von der Marinade vollständig durchdrungen ist.

2 Öl im Wok oder in einer Kasserolle erhitzen. Das eingelegte Fleisch bei starker Hitze portionsweise 5–10 Min. rundherum anbraten. Die Hitze reduzieren, Kecap manis und 100 ml Wasser dazugeben und das Gericht unter gelegentlichem Rühren zugedeckt etwa 20 Min. köcheln lassen, bis die Sauce etwas eingedickt ist. Dazu Reis und Gurkensalat servieren.

Variante: Lammfleisch in Sojasauce
(Kambing kecap)
Sie können anstelle von Schweinefilet auch mageres Lammfleisch verwenden. Statt Wasser gießen Sie die gleiche Menge Kokosmilch an.

Schweinefleisch »Bali«

Aus Indonesien · Gelingt leicht

Babi asam manis

Zutaten für 4 Portionen:
1 EL Tamarindenmark
2 große Fleischtomaten
750 g mageres Schweinefleisch
2 Schalotten
2–3 Knoblauchzehen
1 Stück frischer Ingwer (4 cm)
3–4 EL Kokosöl
½–1 TL Sambal ulek
2 EL Sojasauce · 5 TL Palmzucker

Zubereitungszeit: 45 Min.

Pro Portion: 1900 kJ/450 kcal

1 Tamarindenmark in einer Schüssel mit 150 ml heißem Wasser einweichen.

2 Inzwischen Tomaten überbrühen, enthäuten, Stielansätze und Kerne entfernen. Fruchtfleisch kleinhacken. Das Schweinefleisch kalt abspülen, trockentupfen und quer zur Faser schnetzeln. Schalotten schälen, halbieren und in dünne Scheiben schneiden. Knoblauch schälen und zerdrücken. Ingwer schälen und fein raspeln.

3 Tamarindenmark im Einweichwasser verrühren, bis dieses dick und braun wird, und durch ein Sieb streichen. Den Saft auffangen.

4 Öl im Wok oder in einer Kasserolle erhitzen. Schalotten, Knoblauch, Ingwer und Sambal ulek unter ständigem Rühren darin etwa 3 Min. dünsten. Dann das Fleisch portionsweise bei starker Hitze 5–10 Min. rundherum anbraten. Gehackte Tomaten untermischen. Mit Tamarindensaft ablöschen. Die Hitze reduzieren, Sojasauce und Palmzucker hinzufügen und das Gericht bei schwacher Hitze zugedeckt weitere 30–45 Min. köcheln lassen. Mit Reis servieren.

Schweinefleisch mit Bambus

Aus Thailand · Gelingt leicht

Pad Phet Muh Sei Noh Mai

Zutaten für 4–6 Portionen:
400 g Schweinefleisch (Oberschale oder Nuß)
3 EL Fischsauce
½ TL schwarzer Pfeffer, frisch gemahlen
1 Dose ganze Bambussprossen (540 ml)
je ½ rote und grüne Paprikaschote
5 EL Pflanzenöl
2 EL Gelbe Currypaste (S. 281, selbstgemacht und S. 282, fertig gekaufte)
2 EL Zucker

Zubereitungszeit: 30 Min. (+ 25 Min. für die Paste)

Bei 6 Portionen pro Portion: 1200 kJ/290 kcal

1 Schweinefleisch in etwa 1 cm breite und 4 cm lange Streifen schneiden, mit 1 EL Fischsauce und Pfeffer vermischen und etwa 10 Min. marinieren lassen.

2 Inzwischen Bambussprossen in ein Sieb geben, kalt abspülen und in feine Streifen schneiden. Paprikahälften waschen, von Stielansatz, Trennwänden und Kernen befreien und ebenfalls in feine Streifen schneiden.

3 Öl in einer Pfanne oder im Wok erhitzen, Schweinefleisch bei mittlerer Hitze etwa 2 Min. anbraten. Gelbe Currypaste dazugeben und gut unter das Fleisch mischen. Hitze erhöhen, Bambussprossen, Paprikastreifen, 2 EL Fischsauce, Zucker und etwas Wasser hinzufügen. Alles bei starker Hitze etwa 2 Min. weiterdünsten. Dabei ständig umrühren.

Variante: Sie können anstelle der Schweinefleischstreifen Hühnerbrustfilet oder Rinderfilet verwenden.

Bambussprossen

Aus den Wurzeln einer bestimmten Bambusart, die in Thailand weit verbreitet ist, wachsen oberirdisch die spitzkegelförmigen Schößlinge. Sie werden geschnitten, sobald sie 15–20 cm aus der Erde ragen. Die braune bis schwarze Schale wird entfernt, der weiß-gelbliche Innenteil ist zart und kann gegessen werden. In Asien-Läden sind Bambussprossen oft frisch erhältlich. Da sie frisch aber ziemlich streng riechen, bevorzugen die meisten Europäer die bereits vorgekochten aus der Dose. Achten Sie bei Dosenware darauf, daß sie ganze, also nicht in Scheiben oder Streifen geschnittene Bambussprossen enthält. Sie sind knackiger und von besserer Qualität. Wenn Sie den Inhalt einer Dose nicht gleich verbrauchen, sollten Sie die Sprossen in ein Glas- oder Plastikgefäß umfüllen und täglich mit frischem Wasser bedecken. So halten sie sich über eine Woche im Kühlschrank.

Bambussprossen werden geschnitten, sobald sie etwa 20 cm lang sind.

Schweinefilet mit Ananas

Aus Thailand · Gelingt leicht

Muh Ob Sapparot

Zutaten für 4–6 Portionen:
4 große Scheiben Ananas (frisch oder aus der Dose)
800 g Schweinefilet
1 TL Salz
½ TL schwarzer Pfeffer, frisch gemahlen
1 EL Mehl
2 EL süße Sojasauce
2 EL brauner Zucker
2 EL Reisessig, ersatzweise milder Weinessig
10 EL Ananassaft
3 EL Öl
2 Lorbeerblätter
einige Salatblätter
2 Tomaten zum Garnieren

Zubereitungszeit: 30 Min. (+ 1 Std. Marinieren)

Bei 6 Portionen pro Portion: 1500 kJ/360 kcal

1 Frische Ananas schälen, 4 Scheiben von etwa 1 cm Dicke abschneiden, den Strunk aus der Mitte herausschneiden. Ananasscheiben aus der Dose abtropfen lassen, Saft dabei auffangen. Schweinefilet kalt abwaschen und trockentupfen. Dann enthäuten und quer zur Faser in etwa 1 cm dicke Scheiben schneiden, leicht klopfen und mit Salz, Pfeffer, Mehl, Sojasauce, Zucker, Essig und Ananassaft vermischen. Etwa 1 Std. zugedeckt im Kühlschrank marinieren lassen.

2 Öl in einer Pfanne oder im Wok erhitzen, Fleisch hineingeben, Marinierflüssigkeit darüber gießen und Lorbeerblätter dazugeben. Mit geschlossenem Deckel bei mittlerer Hitze etwa 3 Min. schmoren lassen, dann Fleischscheiben wenden und Ananasscheiben hinzugeben. Bei mittlerer Hitze mit geöffnetem Deckel etwa 3 Min. unter gelegentlichem Umrühren schmoren lassen, bis der Fond eingedickt ist.

3 Salatblätter waschen und trockenschütteln. Tomaten waschen, vierteln und Stielansätze entfernen.

4 Ananasscheiben auf eine Servierplatte legen, Filetscheiben darauf geben und das Gericht mit Salatblättern und geviertelten Tomaten garnieren.

Variante: Sehr gut eignet sich für dieses Gericht auch Rinderfilet. Sie können es genauso zubereiten wie das Schweinefilet, auch die Garzeiten bleiben gleich.

Tip! Am besten nehmen Sie Eissalatblätter, da sie sehr knackig sind.

Süß-saure Fleischbällchen

Aus Thailand · Gelingt leicht

Pad Priau Wan Luukschin Sapparot

Zutaten für 4–6 Portionen:
5 Knoblauchzehen
½ TL schwarzer Pfeffer, frisch gemahlen
1 TL Salz
500 g gemischtes fein durchgedrehtes Hackfleisch
1 kleine frische Ananas
je ½ rote und grüne Paprikaschote
3 EL Fischsauce
2 EL Reisessig, ersatzweise milder Weinessig
3 EL Zucker
1 TL Speisestärke
10 EL Öl

Zubereitungszeit: 45 Min.

Bei 6 Portionen pro Portion: 1800 kJ/430 kcal

1 Knoblauch schälen, mit Pfeffer und Salz im Mörser zerstoßen. Hackfleisch mit dieser Paste vermischen, sehr gründlich durchkneten und zu etwa 25 glatten Bällchen von etwa 2 cm Durchmesser formen. Die Bällchen dürfen keine Risse haben.

2 Ananas schälen, braune Augen herausstechen, der Länge nach vierteln, den Strunk entfernen und das Fruchtfleisch in grobe Würfel schneiden. Paprikaschotenhälften waschen, Stiel, weiße Rippen und Kerne entfernen, Schoten vierteln und in feine Streifen schneiden. Für die Sauce Fischsauce, Reisessig, 5 EL Wasser, Zucker und Speisestärke in einer kleinen Schüssel glattrühren.

3 Öl in einer großen Pfanne oder im Wok erhitzen. Die Schweinefleischbällchen bei mittlerer Hitze etwa 3 Min. rundum braun braten. Überschüssiges Öl abgießen, Ananasstreifen und Paprikastreifen zu den Fleischbällchen geben und etwa 1 Min. bei starker Hitze durchbraten. Vorbereitete Sauce dazugießen, einmal kurz aufkochen lassen und vorsichtig rühren, damit die Bällchen die Sauce annehmen.

Tip! Damit die Hackfleischbällchen beim Braten nicht auseinanderfallen, sollten Sie möglichst sehr fein durchgedrehtes Hackfleisch verwenden. Evtl. können Sie das Fleisch vor der Zubereitung auf einem Brett feiner durchhacken.

Pikanter Schweinerücken

Aus Südchina · Frühlingsgericht

Zui Pai Gu

Zutaten für 4 Portionen:
400 g Schweinerücken, ohne Knochen · Salz
weißer Pfeffer, frisch gemahlen
90 g Speisestärke
100 g Wasserkastanien (aus der Dose) · 1 Bund Schnittlauch
2 Knoblauchzehen
1 EL dunkle Sojasauce
1 1/2 EL Zucker
2 EL dunkler Reisessig
1/2 EL Tomatenmark
1/2 EL Currypaste
1/2 EL Sesampaste
200 ml Fleischbrühe (selbstgemacht oder instant)
2 EL Orangensaft, frisch gepreßt
1 Salatgurke (etwa 200 g)
1/4 l neutrales Pflanzenöl zum Fritieren
zum Garnieren: 1 Stück Möhre und Lauch

Zubereitungszeit: 30 Min.
Pro Portion: 3100 kJ/740 kcal

1 Schweinerücken kalt abbrausen, trockentupfen. Das Fleisch zuerst in etwa 1 1/2 cm dicke Scheiben schneiden und mit dem Rücken des Küchenbeils oder mit einem Fleischklopfer leicht klopfen. Dann in etwa 3 cm lange und 1 1/2 cm breite Stücke schneiden. Die Fleischstücke in einer Schale mit je 1 Prise Salz und Pfeffer sowie 1 EL Speisestärke vermengen.

2 Wasserkastanien abtropfen lassen und in etwa 1 cm dicke Scheiben schneiden. Schnittlauch waschen, fein hacken, Knoblauchzehen häuten, durch die Knoblauchpresse drücken, beides zusammen mit Sojasauce, Zucker, Reisessig, Tomatenmark, Currypaste, Sesampaste, Fleischbrühe und Orangensaft in einer Eßschale zur Würzsauce vermischen.

3 Gurke waschen, zuerst längs halbieren, dann in etwa 6 cm lange, 3 cm breite und 1/2 cm dicke Scheiben schneiden und auf einem Teller anrichten.

4 Öl im Wok bei starker Hitze heiß werden lassen. Es ist heiß genug, wenn an einem ins Öl getauchten Holzstäbchen Bläschen aufsteigen. Schweinefleisch und Wasserkastanien in restlicher Speisestärke wenden, nacheinander ins Öl geben und bei starker Hitze fritieren, bis die Fleisch- und Wasserkastanienstücke goldbraun und knusprig sind. Vorsicht, Spritzgefahr! Zuerst die Wasserkastanien, dann das Fleisch mit einem Schaumlöffel herausnehmen. Fett abtropfen lassen.

5 Fleisch- und Wasserkastanienstücke einzeln nacheinander für ein paar Sekunden in die Würzsauce tauchen, herausnehmen und mit einer »Möhren-Lauch-Blume« garniert anrichten.

Schwein mit Sojabohnen

Aus Taiwan · Deftig

Dou Chi Rou Ding

Zutaten für 4 Portionen:
300 g Schweinerücken, ohne Knochen
2 EL helle Sojasauce
5 EL Reiswein
1 Eiweiß
1 EL Speisestärke
1 TL Sesamöl
Salz
weißer Pfeffer, frisch gemahlen
1 EL schwarze fermentierte Sojabohnen (Dou Chi, nach Belieben)
1 Stück Ingwer, etwa 4 ½ cm dick
2 Frühlingszwiebeln
1 scharfe rote Peperoni
2 Knoblauchzehen
5 EL neutrales Pflanzenöl
½ EL Zucker

Zubereitungszeit: 40 Min.

Pro Portion: 2100 kJ/500 kcal

1 Schweinefleisch kalt abbrausen, trockentupfen. Mit einem Fleischklopfer beide Seiten klopfen, Fleisch in Würfel von etwa 2 cm Kantenlänge schneiden. 1 EL Sojasauce mit 1 EL Reiswein, Eiweiß, Speisestärke und Sesamöl verrühren. Fleischwürfel untermengen. Mit je 1 Prise Salz und Pfeffer würzen und etwa 15 Min. marinieren.

2 Schwarze Sojabohnen waschen und abtropfen lassen. Ingwer schälen, in 3 Scheiben schneiden und in 3 EL Reiswein einlegen, Sojabohnen dazugeben und alles etwa 15 Min. ziehen lassen.

3 Inzwischen Frühlingszwiebeln putzen, waschen und in etwa 1 cm große Stücke schneiden. Peperoni waschen, halbieren, entkernen. Vorsicht, danach nicht mit den Händen an die Augen kommen. Knoblauch häuten, mit der Peperoni fein hacken.

4 Öl im Wok bei starker Hitze in etwa 1 Min. heiß werden lassen. Fleischwürfel hineingeben und unter Rühren etwa 2 Min. braten, bis das Fleisch nicht mehr rosa ist. Dann herausnehmen und Fett abtropfen lassen.

5 Bis auf einen dünnen Film Öl aus dem Wok gießen. Schwarze Sojabohnen aus der Marinade nehmen, abtropfen lassen und zusammen mit Frühlingszwiebeln, Peperoni und Knoblauch in den Wok geben, bei mittlerer Hitze unter Rühren etwa 1 Min. braten, mit 1 EL Sojasauce und 1 EL Reiswein ablöschen. Fleischwürfel zu den Sojabohnen in den Wok geben. Zucker hinzufügen. Bei starker Hitze durchrühren. Mit Salz und Pfeffer abschmecken und servieren.

Tip! Zur Garnierung hauchdünn geschnittene Peperoni und Frühlingszwiebeln mit einem Schnittlauchhalm bündeln.

Schweinebauch mit »Fu Ru«

Aus Südchina · Deftig

Fu Ru Rou

Zutaten für 4 Portionen:
750 g Schweinebauch, mit Schwarte, ohne Knochen
2 EL neutrales Pflanzenöl
2 EL Reiswein
2 EL »Fu Ru« (roter fermentierter Tofu, ersatzweise Sojasauce)
1 EL Zucker · Salz
250 g frischer Spinat
zum Garnieren: 1 Möhrenscheibe

Zubereitungszeit: 1 Std.

Pro Portion: 2800 kJ/670 kcal

1 Schweinebauch kalt abspülen, trockentupfen und in Würfel von etwa 4–5 cm Kantenlänge schneiden. Wok bei starker Hitze in etwa 1 Min. heiß werden lassen. 1 EL Öl angießen, Schweinebauchstücke hineingeben, unter Rühren etwa 3 Min. braten, Reiswein angießen und kurz zudecken.

2 Fermentierten Tofu, Zucker und Salz dazugeben. Unter Rühren nochmals etwa 3 Min. braten, dann 1/4 l Wasser dazugießen. Bei starker Hitze zum Kochen bringen und zugedeckt bei mittlerer Hitze etwa 45 Min. köcheln. Zwischendurch 2- bis 3mal umrühren.

3 Inzwischen Spinat putzen und gründlich waschen. In einem Topf etwa 1/2 l Wasser zum Kochen bringen, 1 EL Öl und 1 Prise Salz dazugeben. Spinat darin etwa 1 Min. sprudelnd kochen lassen, herausnehmen, abtropfen lassen und auf einem Teller anrichten. Schweinebauch aus dem Wok nehmen, auf dem Spinat anrichten, Sauce darüber geben und mit der dekorativ geschnitzten Möhre servieren.

Fermentierter Tofu

Fermentierter Tofu verfeinert den Geschmack vieler Speisen.

Ausgangsprodukt für die Herstellung von Tofu ist die Sojabohne, die viel pflanzliches Eiweiß enthält und in der chinesischen Küche sehr beliebt ist. Da Sojabohnen selbst oft schwer verdaulich sind und auf Dauer wenig abwechslungsreich, werden sie meist zu verschiedenen Produkten weiterverarbeitet. So wird z.B. aus in Wasser eingeweichten Sojabohnen Sojamilch hergestellt und die Sojamilch zu verschiedenen Tofusorten verarbeitet. Fermentierter Tofu, auf chinesisch »Fu Ru« oder »Dou Fu Ru« genannt, wird, wie der Name schon besagt, aus Tofu gewonnen. Dabei wird der Tofu zuerst in kleine Stücke geschnitten, 2–3 Tage warm gehalten, dann mit Salz bestreut. Je nach Sorte wird er anschließend mit Hefe, fermentiertem Klebreis und Schnaps vermischt. Bei Zimmertemperatur ist der Tofu erst nach 5–6 Monaten reif. Es gibt grundsätzlich drei verschiedene Sorten fermentierten Tofu: milden weißen und roten sowie scharfen weißen. Alle drei Sorten werden gern zum Frühstück zu Reisbrei oder als Aufstrich für Mantou (eine Art Dampfnudeln) serviert; die rote Sorte, der beim Fermentieren eine Art roter Reis beigemischt wird, dient auch als Gewürz für Fleisch oder für Bambussprossen. In europäischen Ländern ist der fermentierte Tofu in den meisten Asienläden erhältlich.

Schälrippchen süß-sauer

Aus Taiwan · Gelingt leicht

Yang Shao Pai Gu

Zutaten für 2–3 Portionen:
250 g Schälrippchen, vom Metzger in etwa 4 cm lange Stücke hacken lassen
1 kleines Ei · Salz
weißer Pfeffer, frisch gemahlen
1 EL Reiswein · 1 EL weißer Sesam
4 Salatblätter
¼ l neutrales Pflanzenöl zum Fritieren · 50 g Speisestärke
1 EL Tomatenmark · 2 EL Zucker
3 EL dunkler Reisessig

Zubereitungszeit: 30 Min.

Bei 3 Portionen pro Portion: 1600 kJ/380 kcal

1 Schälrippchen kalt abspülen, trockentupfen. Das Ei mit je 1 Prise Salz und Pfeffer sowie mit Reiswein in einer Eßschale mischen. Unter die Rippchenstücke mengen. Sesam in einem Topf bei mittlerer Hitze unter Rühren etwa 2 Min. rösten, beiseite stellen. Salat waschen, trockenschleudern und auf einem Teller anrichten.

2 Öl im Wok bei starker Hitze in etwa 1 Min. heiß werden lassen. Rippchenstücke einzeln in der Speisestärke wenden, dann bei starker Hitze in etwa 3 Min. im Öl goldbraun fritieren. Vorsicht, Spritzgefahr! Dann herausnehmen und Öl abtropfen lassen.

3 Öl bis auf einen dünnen Film aus dem Wok gießen. Das Tomatenmark und den Zucker in den Wok geben, unter Rühren bei schwacher Hitze erwärmen, bis der Zucker geschmolzen ist. Essig dazugeben, nochmals gut durchrühren.

4 Rippchenstücke hineingeben, unter ständigem Rühren bei starker Hitze kurz heiß werden lassen, bis die Sauce dickflüssig wird. Die Rippchen mit dem Sesam bestreuen und auf den Salatblättern anrichten.

Getränk: Dazu paßt ein kühles Pils.

Schwein mit Erdnüssen

Aus Südchina · Geht schnell

Hua Sheng Hui Li Ji

Zutaten für 3 Portionen:
50 g rohe Erdnüsse, ohne Schale (s. Info)
200 g mageres Schweinefleisch (z.B. Schweinerücken ohne Knochen)
Salz · 1 TL Reiswein
1 Eiweiß
2 EL Speisestärke
½ grüne Paprikaschote
1 kleine Möhre (etwa 20 g)
3 EL neutrales Pflanzenöl
weißer Pfeffer, frisch gemahlen
150 ml Fleischbrühe (selbstgemacht oder instant)
zum Garnieren: Möhrenscheiben

Zubereitungszeit: 35 Min.

Pro Portion: 840 kJ/200 kcal

1 Erdnüsse in warmem Wasser etwa 15 Min. einweichen. Inzwischen Schweinefleisch kalt abspülen, trockentupfen und in Würfel von etwa 1 ½ cm Kantenlänge schneiden. Das Fleisch in einer Eßschale mit 1 Prise Salz, Reiswein, Eiweiß und 1 EL Speisestärke mischen und etwa 10 Min. marinieren.

2 Paprika von Kernen, Trennwänden und Stielansatz befreien, waschen und in etwa ½ cm große Rauten schneiden. Möhre waschen, schälen und ebenfalls in ½ cm große Rauten schneiden. Erdnüsse aus dem Einweichwasser nehmen und die Haut entfernen.

3 Öl im Wok bei mittlerer Hitze in etwa 2 Min. heiß werden lassen. Fleisch hineingeben, unter Rühren etwa 2 Min. braten, dann herausnehmen. Paprika- und Möhrenstücke im Restöl unter Rühren etwa 1 Min. braten. Erdnüsse und Fleisch dazugeben, mit Salz und 1 Prise Pfeffer würzen und mit der Fleischbrühe ablöschen. Alles gut durchrühren und bei starker Hitze zum Kochen bringen. 1 EL Speisestärke mit 2 EL Wasser anrühren, in den Wok geben, verrühren, Sauce damit binden. Gericht servieren. Mit den z.B. zu Drachen ausgestochenen Möhrenscheiben garnieren.

Info: Rohe Erdnüsse ohne Schale sind in vielen Asienläden erhältlich. Notfalls kann man sie durch geröstete oder nur gesalzene Erdnüsse ersetzen. Bei letzteren muß das Gericht kaum noch gesalzen werden.

Hackfleisch mit Glasnudeln

Aus Westchina · Gelingt leicht

Ma Yi Shang Shu

Zutaten für 4 Portionen:
150 g Glasnudeln
100 g Staudensellerie
1 Bund Frühlingszwiebeln
1 Scheibe Ingwer, etwa 1 cm dick
4 EL neutrales Pflanzenöl
1 TL scharfe Bohnenpaste
200 g Schweinehackfleisch
2 EL dunkle Sojasauce · Salz
150 ml Hühnerbrühe (z.B. instant)
1/2 TL Sesamöl
Korianderblättchen zum Garnieren

Zubereitungszeit: 35 Min.
Pro Portion: 1200 kJ/290 kcal

1 Glasnudeln in warmem Wasser etwa 15 Min. einweichen. Inzwischen Staudensellerie und Frühlingszwiebeln putzen, waschen und fein hacken. Ingwer schälen und fein hacken.

2 Öl in einem Wok bei mittlerer Hitze heiß werden lassen. Bohnenpaste, Frühlingszwiebeln und Ingwer darin unter Rühren kurz anbraten, Hackfleisch dazugeben und unter Rühren 3–4 Min. braten, bis das Fleisch nicht mehr zusammenklebt.

3 Mit Sojasauce und Salz würzen, dann mit der Hühnerbrühe ablöschen. Glasnudeln aus dem Wasser nehmen, abtropfen lassen und nach Belieben ein paarmal zerschneiden.

4 Die Brühe aufkochen lassen, die Glasnudeln dazugeben, Sellerie untermengen, gut durchrühren und alles noch etwa 2 Min. zugedeckt garen. Vor dem Servieren mit Sesamöl beträufeln und mit Koriander garnieren.

Variante: Sie können die Glasnudeln auch ganz kurz (15 Sek.–1/2 Min.) in heißem Öl fritieren (ohne sie vorher einzuweichen) und dann mit den anderen Zutaten kochen.

Schweinehack mit Tofu

Aus Westchina · Sehr scharf

Ma Po Dou Fu

Zutaten für 4 Portionen:
500 g Tofu · 3 Knoblauchzehen
1 Scheibe Ingwer, etwa 2 cm dick
2 Frühlingszwiebeln
Event. 10 g fermentierte schwarze Bohnen (Dou Chi, aus dem Glas)
3 EL neutrales Pflanzenöl
2 EL scharfe Bohnenpaste
200 g Schweinehackfleisch
1 EL Reiswein
2 EL dunkle Sojasauce · Salz
200 ml Hühnerbrühe (selbstgemacht oder instant)
1 1/2 EL Speisestärke
1/2 TL Sichuan-Pfeffer, frisch gemahlen
1 TL Sesamöl

Zubereitungszeit: 30 Min.
Pro Portion: 1100 kJ/260 kcal

1 Tofu kalt abspülen, trockentupfen und in etwa 2 cm große Würfel schneiden. Knoblauch häuten, Ingwer schälen, beides fein hacken. Frühlingszwiebeln putzen, waschen und fein hacken. Die fermentierten Bohnen ebenfalls fein hacken.

2 Tofu in kochendem Wasser etwa 1/2 Min. sprudelnd kochen, herausnehmen und abtropfen lassen. Einen Wok erhitzen. Öl bei mittlerer Hitze darin heiß werden lassen. Bohnenpaste, fermentierte Bohnen, Ingwer und Knoblauch darin unter Rühren etwa 1 Min. anbraten. Hackfleisch dazugeben und bei starker Hitze unter Rühren etwa 2 Min. braten.

3 Temperatur herunterschalten. Das Fleisch mit Reiswein, Sojasauce und Salz würzen, dann Tofuwürfel und Hühnerbrühe dazugeben. Alles bei mittlerer Hitze zum Kochen bringen. Die Speisestärke mit 3 EL Wasser anrühren, untermischen und die Sauce damit binden.

4 Die Frühlingszwiebeln untermischen. Mit Sichuan-Pfeffer bestreuen und mit Sesamöl beträufeln. Sofort servieren.

Info: Dieses Gericht zählt zu den berühmtesten und beliebtesten der Sichuaner Küche.

Tips! Falls es im Asienladen verschiedene Sorten von Tofu gibt, nehmen Sie für dieses Gericht bitte die zarteste Sorte. Verwenden Sie unbedingt frisch gemahlenen Sichuan-Pfeffer, denn er ist ganz wichtig für den typischen Geschmack dieses Gerichts.

Schweinefleisch mit Zha Cai

Aus Südchina · Geht schnell

Zha Cai Rou Si

Zutaten für 4 Portionen:
300 g mageres Schweinefleisch
4 EL neutrales Pflanzenöl
2 EL Reiswein
1 EL Speisestärke
+ 1 TL Speisestärke · Salz
50 g Zha Cai (aus der Dose)
2 Frühlingszwiebeln
1/2 TL Sesamöl

Zubereitungszeit: 30 Min.

Pro Portion:
750 kJ/180 kcal

1 Fleisch kalt abspülen, trockentupfen und in etwa 5 cm lange und 1/2 cm dünne Streifen schneiden. Dann in einer Schüssel mit je 1 EL Öl, Reiswein und Speisestärke, mit 1 Prise Salz sowie 2 EL Wasser mischen. Dann Fleisch etwa 10 Min. marinieren.

2 Zha Cai abbrausen, trockentupfen und ebenfalls in etwa 5 cm lange und 1/2 cm dünne Streifen schneiden. Frühlingszwiebeln putzen, waschen und in etwa 7 cm lange, dünne Streifen schneiden.

3 In einem Wok bei starker Hitze 2 EL Öl heiß werden lassen. Schweinefleisch darin unter Rühren etwa 2 Min. braten, bis es nicht mehr zusammenklebt, dann herausnehmen.

4 Restliches Pflanzenöl in den Wok gießen, Zha Cai darin unter Rühren etwa 1/2 Min. braten, Frühlingszwiebeln und 1 EL Reiswein dazugeben. Alles unter Rühren etwa 1/2 Min. weiterbraten. Schweinefleisch dazugeben. 1 TL Speisestärke mit 1 EL Wasser anrühren, untermischen und die Sauce damit binden. Alles gut durchrühren. Vor dem Servieren mit Sesamöl beträufeln.

Info: In China werden für dieses Gericht statt Frühlingszwiebeln Keimlinge vom chinesischen Schnittlauch »Jiu Huang« verwendet. Da diese in Deutschland nicht zu kaufen sind, haben wir sie durch Frühlingszwiebeln ersetzt, die vom Geschmack her ähnlich sind.

Zha Cai

Das eingelegte Gemüse »Zha Cai«, auf deutsch wörtlich »gepreßtes Gemüse«, ist eine Spezialität aus Sichuan. Das Zha Cai aus der Stadt Fu Ling, dessen hervorragende Qualität in ganz China berühmt ist, wird auch exportiert. Das Ausgangsprodukt von Zha Cai sind die Knollen einer Art Senfgemüse, die zuerst in Salz eingelegt und dann gepreßt werden. Erst danach werden die Knollen in einer Mischung aus Chilipulver, Salz und anderen Gewürzen eingelegt. Das eingelegte Gemüse hat nun einen salzig-scharfen Geschmack und wird in der Regel nur in kleinen Mengen verwendet, damit die Gerichte einen würzigen Geschmack bekommen. Außerdem bereichert es das Essen durch seine knackige Konsistenz. Man kann es nicht nur zusammen mit kleingeschnittenem Fleisch oder Gemüse wie z.B. Chinakohl braten, sondern es ist auch gut geeignet als Zutat für Suppen. Zha Cai gibt es in den meisten Asienläden in der Dose. Nach dem Öffnen hält es sich, in einem Glas gut verschlossen und kühl aufbewahrt, gut 2 Wochen.

Zha Cai hat einen ganz speziellen salzig-scharfen Geschmack.

Schweinshaxe in Sojasauce

Aus Westchina · Braucht etwas Zeit

Dong Po Jin Jiao

Zutaten für 4 Portionen:
1 Schweinshaxe (etwa 1,2 kg)
2 EL Reiswein
3 EL dunkle Sojasauce
1 Scheibe Ingwer, etwa 2 cm dick
1 l neutrales Pflanzenöl zum Fritieren
1 Prise Sichuan-Pfeffer, frisch gemahlen
3 Sternanis · Salz
1 TL Zucker
200 g Broccoliröschen
100 g Möhren
400 ml Hühnerbrühe (selbstgemacht oder instant)

Zubereitungszeit: 1 1/2 Std.

Pro Portion: 2900 kJ/690 kcal

1 Schweinshaxe kalt abspülen. In einem Topf 3/4 l Wasser aufkochen. Fleisch hineingeben (es soll knapp bedeckt sein), 1 EL Reiswein dazugießen und bei mittlerer Hitze etwa 20 Min. zugedeckt kochen. Herausnehmen, kurz abkühlen lassen, mit 1 1/2 EL Sojasauce bestreichen und etwa 5 Min. ziehen lassen. Die Brühe beiseite stellen. Ingwer schälen und in dünne Scheiben schneiden.

2 Öl in einem Wok bei starker Hitze heiß werden lassen. Es ist heiß genug, wenn an einem ins Öl getauchten Holzstäbchen Bläschen emporsteigen. Die Schweinshaxe hineingeben und etwa 2 Min. fritieren. (Vorsicht, Spritzgefahr!) Das Fleisch herausnehmen und gleich in die beiseite gestellte Brühe geben.

3 Die Temperatur herunterschalten und das Öl bis auf einen dünnen Film aus dem Wok abgießen. Ingwer darin bei mittlerer Hitze unter Rühren kurz anbraten, Sichuan-Pfeffer, Sternanis, restliche Sojasauce und Reiswein, 1 Prise Salz und Zucker dazugeben und leicht durchrühren. Dann über die Schweinshaxe in die Brühe geben. Die Brühe zum Kochen bringen und das Fleisch darin zugedeckt bei schwacher Hitze etwa 45 Min. garen.

4 Broccoli waschen. Möhren schälen, quer in etwa 4 cm lange Stücke schneiden, dann längs in feine Scheiben. Hühnerbrühe aufkochen, Gemüse darin 1–2 Min. sprudelnd kochen, herausnehmen und beiseite stellen. Fleisch aus der Brühe nehmen. Die Brühe offen bei starker Hitze einkochen lassen, bis sie etwas dickflüssig ist. Die Sternanis entfernen und 5–6 EL von der Brühe auf die Schweinshaxe gießen. Broccoli und Möhren rundherum anrichten.

Schweinewürfel

Aus Westchina · Gelingt leicht

Sui Za Rou Ding

Zutaten für 4 Portionen:
250 g mageres Schweinefleisch
250 g eingelegtes Sichuan-Gemüse (siehe S. 280)
50 g Cashewnüsse
6 frische rote Chilischoten
4 EL neutrales Pflanzenöl
1 EL scharfe Bohnenpaste · Salz
1 TL Zucker · 1 EL Reiswein
75 ml Gemüsebrühe (selbstgemacht oder instant)

Zubereitungszeit: 30 Min.
Pro Portion: 670 kJ/160 kcal

1 Schweinefleisch waschen, trockentupfen und in etwa 1 cm große Würfel schneiden. Eingelegtes Sichuan-Gemüse abtropfen lassen und kleinhacken. Cashewnüsse nach Belieben grob hacken. 2 Chilischoten von Stielen und Kernen befreien, waschen und fein hacken. Vorsicht, danach nicht mit den Händen an die Augen kommen!

2 In einem Wok 3 EL Öl bei mittlerer Hitze heiß werden lassen. Fleisch und Sichuan-Gemüse hineingeben und unter Rühren etwa 3 Min. braten, dann herausnehmen und beiseite stellen.

3 Restliches Öl in den Wok geben, gehackte Chilischoten und Bohnenpaste darin unter Rühren kurz anbraten, Fleisch und Sichuan-Gemüse dazugeben. Unter Rühren etwa 1/2 Min. braten, die Cashewnüsse, Salz, Zucker und Reiswein dazugeben, dann mit der Brühe ablöschen. Bei mittlerer Hitze zugedeckt noch etwa 1/2 Min. garen. Mit den restlichen Chilischoten garniert servieren.

Pikantes Schweinefilet

Aus Westchina · Scharf

Yu Xiang Rou Si

Zutaten für 3 Portionen:
6 getrocknete Mu-Err-Pilze
100 g Bambussprossen (aus der Dose)
250 g Schweinefilet · Salz
3 EL Reiswein
1 EL Speisestärke + 1 TL Speisestärke · 1 Eiweiß
1 Frühlingszwiebel
1 Scheibe Ingwer, etwa 2 cm dick
3 Knoblauchzehen
1 EL Zucker · 1 TL Reisessig
1 EL dunkle Sojasauce
4 EL neutrales Pflanzenöl
1½ EL scharfe Bohnenpaste
½ TL Sesamöl
nach Belieben:
Chilischoten und Frühlingszwiebelröllchen zum Garnieren

Zubereitungszeit: 40 Min.
Pro Portion: 870 kJ/210 kcal

1 Die Mu-Err-Pilze in warmem Wasser etwa 15 Min. einweichen. Dann gründlich waschen und in dünne Streifen schneiden. Bambussprossen in kochendem Wasser etwa 1 Min. sprudelnd kochen, herausnehmen, abkühlen lassen und in 3–4 cm lange und ½ cm dünne Scheiben schneiden. Das Schweinefilet kalt abspülen, trockentupfen und in etwa 5 cm lange und ½ cm dünne Scheiben schneiden. Salz, 2 EL Reiswein, 1 EL Speisestärke, Eiweiß und 2 EL Wasser mischen. Fleisch darin etwa 5 Min. ziehen lassen.

2 Frühlingszwiebel putzen und waschen. Ingwer schälen, Knoblauch häuten. Alles fein hacken. Zucker mit Essig, Sojasauce, 1 EL Reiswein und 1 TL Speisestärke in einer Schale zu einer Sauce mischen, beiseite stellen.

3 Öl in einem Wok bei mittlerer Hitze heiß werden lassen. Bohnenpaste darin unter Rühren kurz anbraten, Frühlingszwiebel, Ingwer und Knoblauch dazugeben, unter Rühren ½ Min. braten.

4 Die Temperatur erhöhen, Fleisch samt Marinade in den Wok geben und bei starker Hitze unter Rühren etwa ½ Min. braten. Wenn die Fleischstreifen nicht mehr zusammenkleben, Mu-Err-Pilze und Bambussprossen untermengen, die beiseite gestellte Sauce dazugeben und alles unter Rühren noch etwa ½ Min. garen. Vor dem Servieren mit Sesamöl beträufeln. Nach Belieben mit Chilischoten und Frühlingszwiebelröllchen garnieren.

Getränk: Dazu paßt ein kühles Pils.

Schweinebauch mit Paprika

Aus Westchina · Deftig

Hui Guo Rou

Zutaten für 4 Portionen:
300 g Schweinebauch, ohne Schwarte und Knorpel
2 EL Reiswein · Salz
2 grüne Paprikaschoten
2 Frühlingszwiebeln
3 EL neutrales Pflanzenöl
2 EL Hoisin-Sauce (siehe Info)
$1^1/_2$ EL scharfe Bohnenpaste
1 TL Zucker

Zubereitungszeit: 40 Min.

Pro Portion: 1400 kJ/330 kcal

1 Schweinebauch kalt abspülen und in einem Topf mit Wasser bedeckt bei mittlerer Hitze etwa 20 Min. zugedeckt kochen, dabei 1 EL Reiswein und 1 Prise Salz dazugeben.

2 Paprikaschoten von Kernen, Trennwänden und Stielansatz befreien und in etwa 4 cm lange und 3 cm breite Stücke schneiden. Frühlingszwiebeln putzen, waschen und in 6–7 cm lange Stücke schneiden.

3 Schweinebauch aus der Brühe nehmen, abkühlen lassen und in etwa 5 cm lange und $^1/_2$ cm dünne Scheiben schneiden. 50 ml von der Brühe in einer Schale beiseite stellen.

4 Öl in einem Wok bei mittlerer Hitze heiß werden lassen. Schweinebauch darin unter Rühren etwa 2 Min. braten, Paprikaschoten und Frühlingszwiebeln dazugeben. Alles unter Rühren etwa 1 Min. braten und herausnehmen.

5 Hoisin-Sauce und scharfe Bohnenpaste im Restöl unter Rühren etwa $^1/_2$ Min. braten, mit der Brühe ablöschen. 1 EL Reiswein und Zucker dazugeben und aufkochen lassen. Schweinebauch, Paprikaschoten und Frühlingszwiebeln untermengen, unter Rühren etwa $^1/_2$ Min. garen.

Info: Statt Hoisin-Sauce können Sie auch »Tian Mian Jiang«, eine aus gegorenem Mehl gewonnene Sauce, nehmen. Wie die Hoisin-Sauce ist die »Tian Mian Jiang«-Sauce in vielen Asienläden erhältlich. Kühl und gut verschlossen aufbewahrt, sind beide monatelang haltbar. Notfalls kann man auch Sojasauce nehmen.

Rindfleisch mit Tomaten

Aus China · Gelingt leicht

Fan Qie Niu Rou

Zutaten für 1 Servierteller (2 Portionen):
250 g Rinderfilet
100 g Eiertomaten
1 Frühlingszwiebel
4 dünne Scheiben Ingwerwurzel
4 EL Pflanzenöl
1 Stück Sternanis
3 TL Zucker
Salz
1 TL Speisestärke, in 2 EL Wasser angerührt
1–2 EL Sesamöl

Zubereitungszeit: 20 Min. (+ 25 Min. Garen)

Pro Portion: 2100 kJ/ 500 kcal

1 Fleisch waschen, in einen Topf geben, mit Wasser bedecken und dieses zum Kochen bringen. Fleisch zugedeckt bei mittlerer Hitze etwa 25 Min. garen, bis es sich leicht einstechen läßt. Dann herausnehmen und etwas abkühlen lassen. Von der Brühe 100 ml abmessen und aufheben.

2 Fleisch in etwa 4 cm lange, 3 cm breite und 1 cm dicke Stücke schneiden. Tomaten waschen, vom Stielansatz befreien und vierteln. Frühlingszwiebel waschen, putzen und in 3 Stücke von je etwa 3 cm Länge schneiden. Das Stück mit der Wurzel beiseite legen. Ingwerscheiben schälen.

3 Pflanzenöl in einer Pfanne oder im Wok erhitzen. Sternanis hineingeben und unter Rühren anbraten, bis er würzig duftet. Frühlingszwiebel und Ingwer dazugeben und alles unter Rühren ½ Min. bei starker Hitze braten. Brühe angießen und aufkochen. Fleisch untermischen und alles 5 Min. kochen lassen.

4 Ingwer, Frühlingszwiebel und Anis herausfischen. Tomaten, Zucker und Salz zum Fleisch geben, Speisestärke untermischen und alles einmal aufkochen lassen, bis die Sauce dickflüssig wird. Das Gericht mit Sesamöl beträufelt servieren.

Tip! Von dem beiseite gelegten Endstück der Frühlingszwiebel die Wurzel abschneiden, dann das Stück längs bis etwa ½ cm vor dem Ende in feine Streifen schneiden. Bis zum Servieren in kaltes Wasser legen.

Stärke

Stärke ist in der chinesischen Küche sehr wichtig. Sie wird aus Getreide, Kartoffeln oder Hülsenfrüchten hergestellt, in der chinesischen Küche wird meistens Kartoffelstärke verwendet. Kleingeschnittenes Fleisch wird vor dem Braten oft in Stärke gewendet. Es bleibt dadurch schön zart und besonders aromatisch. Auch zum Andicken von Saucen wird Stärke verwendet. Dabei müssen Sie die Hitze kontrollieren, sonst wird die Sauce zu dick. Sie können den Wok ruhig kurz vom Herd ziehen. Auch für die Zubereitung von chinesischen Süßigkeiten ist Stärke sehr wichtig. Hier wird Maisstärke verwendet. Sie ist nicht so klebrig wie andere Sorten.

Maisstärke umhüllt diese zarte Süßigkeit aus Lotossamenpaste.

Der Teig für die transparente Hülle, in die viele chinesische Süßigkeiten gewickelt sind, wird aus Schweineschmalz, Maisstärke und heißem Wasser angerührt. Zum Bearbeiten des Teiges verwenden die Chinesen kein Nudelholz, sondern sie formen den Teig mit dem Küchenbeil.

Rindfleisch mit Rettich

Aus China · Geht schnell

Luo Bo Niu Rou Si

Zutaten für 1 Servierteller (2 Portionen):
200 g Rinderfilet
Salz
1 TL Speisestärke, in 2 EL Wasser angerührt
150 g weißer Rettich
15 g chinesischer Schnittlauch, ersatzweise junger Knoblauch
2–3 dünne Scheiben Ingwerwurzel
1 EL helle Sojasauce
4 EL Fleischbrühe oder Wasser
4–5 EL Pflanzenöl
1 Msp. Sichuan-Pfeffer, frisch gemahlen

Zubereitungszeit: 30 Min.

Pro Portion: 1200 kJ/ 290 kcal

1 Rindfleisch waschen und trockentupfen, dann in dünne, etwa 4 cm lange Streifen schneiden. Mit etwas Salz und einem Drittel der angerührten Speisestärke mischen.

2 Rettich schälen und ebenfalls in dünne, etwa 4 cm lange Streifen schneiden oder hobeln. Schnittknoblauch waschen und in etwa 4 cm lange Stücke schneiden. Oder Knoblauch schälen und in dünne Scheiben schneiden. Ingwer schälen und hacken. Sojasauce mit übriger Stärke und Brühe oder Wasser verrühren.

3 In einer Pfanne oder im Wok 2 EL Öl erhitzen. Rettich darin bei starker Hitze unter Rühren etwa 1 Min. anbraten, wieder herausnehmen.

4 Restliches Öl erhitzen. Fleisch darin bei starker Hitze unter Rühren etwa 1 Min. braten. Ingwer, Schnittknoblauch (oder Knoblauch) und Rettich dazugeben und alles noch einmal kurz braten. Angerührte Sauce untermischen und die Mischung einmal aufkochen lassen.

5 Rindfleisch salzen, auf einen Servierteller geben und mit Sichuan-Pfeffer bestreuen.

Variante: Dieses Gericht schmeckt auch mit grüner Paprikaschote oder Zwiebel statt Rettich. Auch ein bißchen salzige Bohnenpaste (Tian Mian Jiang, gibt es im Asien-Laden) schmeckt gut in der Sauce.

Info: Chinesische Gerichte werden häufig mit Verzierungen aus Gemüsesorten wie Möhren, Gurken oder Tomaten serviert. Für die Rettichblumen werden rohe Rettichscheiben mit der Küchenschere eingeschnitten. In die Mitte der Blumen können Sie dünne Frühlingszwiebelscheiben legen.

Rindfleisch mit Sellerie

Aus Nordchina · Gelingt leicht

Gan Bian Niu Rou Si

Zutaten für 1 Servierteller (2 Portionen):
250 g Rinderfilet
100 g zarter Stangensellerie
5-6 dünne Scheiben Ingwerwurzel
4 EL Pflanzenöl
Salz
3 EL Reiswein
2 EL scharfe Bohnenpaste
½ TL Zucker
1 Msp. Sichuan-Pfeffer, frisch gemahlen

Zubereitungszeit: 25 Min.

Pro Portion: 2000 kJ/ 480 kcal

1 Fleisch waschen, trockentupfen und in etwa 3 cm lange, dünne Streifen schneiden. Sellerie waschen, putzen und die Blätter entfernen. Falls die Stangen sehr dick sind, 1- oder 2mal längs halbieren, damit sie zur Fleischgröße passen. Dann in Stücke von etwa 3 cm Länge schneiden. Ingwer schälen und in dünne Streifen schneiden.

2 Öl in einer Pfanne oder im Wok erhitzen. Rindfleisch darin bei starker Hitze unter Rühren kurz anbraten. Salz, Reiswein und Ingwer dazugeben und kurz weitergaren, bis das Fleisch sich braun gefärbt hat.

3 Bohnenpaste untermischen und kurz weiterrühren. Dann Sellerie ebenfalls dazugeben, und alles unter Rühren noch etwa 3 Min. garen, bis der Sellerie bißfest ist.

4 Das Gericht mit Zucker abschmecken, auf den Servierteller geben und mit Sichuan-Pfeffer bestreuen.

Info: Wörtlich übersetzt heißt dieses Gericht »trocken gebratenes Fleisch«, da es keine Sauce hat.

Tip! Sehr gut schmeckt das Gericht auch mit geröstetem Sesam. Dazu müssen Sie den Sesam in einer Pfanne ohne Fett unter ständigem Rühren bei mittlerer Hitze braten, bis er würzig duftet und leicht gebräunt ist. Sie können den Sesam kurz vor dem Essen auf das Gericht streuen. Oder Sie stellen den Sesam in einem Schälchen auf den Tisch, so daß sich jeder selbst nehmen kann.

Jackfruit-Curry

Aus Indonesien · Mild

Gulai nangka

Zutaten für 4 Portionen:
500 g Rindfleisch aus der Lende
5 Schalotten · 2 Knoblauchzehen
1 Stück frischer Ingwer (4 cm)
4 Kemirinüsse
1 TL Sambal ulek
1/2 TL Kurkuma (Gelbwurzpulver)
1 TL gemahlener Koriander · Salz
1 Dose Jackfruit (540 g, 324 g Abtropfgewicht) oder Bambussprossen
3 Zweige frisches Koriandergrün
2–3 EL Kokosöl
400 ml Kokosmilch, ungesüßt
3 Daun-salam-Blätter

Zubereitungszeit: 30 Min. (+ 1 Std. Schmoren)

Pro Portion: 2900 kJ/690 kcal

1 Das Rindfleisch kalt abspülen, mit Küchenpapier abtrocknen und quer zur Faser fein schnetzeln.

2 Inzwischen Schalotten und Knoblauch schälen und kleinhacken. Ingwer schälen und fein raspeln. Kemirinüsse fein reiben. Die vorbereiteten Zutaten mit Sambal ulek und den Gewürzen zu einer Paste verarbeiten. Jackfruit oder Bambussprossen in ein Sieb geben, kalt abbrausen, abtropfen lassen und in 2 cm große Stücke schneiden. Frisches Koriandergrün waschen, trockentupfen und fein hacken.

3 Öl im Wok oder in einer Kasserolle erhitzen. Die Gewürzpaste etwa 3 Min. darin glasig dünsten, dann das Fleisch portionsweise bei starker Hitze rundherum etwa 10 Min. anbraten. Mit Kokosmilch ablöschen. Daun-salam-Blätter dazugeben. Kurz aufkochen und zugedeckt etwa 1 Std. bei schwacher Hitze schmoren. Etwa 10 Min. vor Ende der Garzeit das Gemüse hinzufügen. Mit Salz abschmecken. Daun-salam-Blätter herausnehmen und gehacktes Koriandergrün über das Jackfruit-Curry streuen. Reis und Gurkenscheiben dazu servieren.

Rindfleisch-Curry

Aus Indonesien · Scharf

Rendang

Zutaten für 4 Portionen:
1 EL Tamarindenmark
1 kg Rindfleisch von der Schulter
5 Schalotten · 5 Knoblauchzehen
1 Stück frischer Ingwer (4 cm)
4–5 EL Kokosöl
1–2 TL Sambal ulek
1/2 TL Kurkuma (Gelbwurzpulver)
2 TL gemahlener Koriander
1 TL gemahlener Kreuzkümmel
1/2 TL schwarzer Pfeffer, frisch gemahlen
2 TL Palmzucker
400 ml Kokosmilch, ungesüßt · Salz
1 Frühlingszwiebel und Koriandergrün
Röstzwiebeln

Zubereitungszeit: 30 Min.
(+ 1–1 1/2 Std. Schmoren)

Pro Portion: 1800 kJ/430 kcal

1 Tamarindenmark in einer Schüssel mit 200 ml heißem Wasser einweichen.

2 Inzwischen das Rindfleisch kalt abspülen, mit Küchenpapier abtrocknen und in 2 cm große Würfel schneiden. Schalotten und Knoblauch schälen und kleinhacken. Ingwer schälen und fein raspeln.

3 Tamarindenmark im Einweichwasser verrühren, bis dieses dick und braun wird, und durch ein Sieb streichen. Den Saft auffangen.

4 Öl im Wok oder in einer Kasserolle erhitzen. Schalotten, Knoblauch und Ingwer anbräunen. Das Fleisch darin portionsweise bei starker Hitze anbraten, alle restlichen Würzzutaten und Palmzucker untermengen und unter ständigem Rühren etwa 3 Min. mitbraten. Mit Tamarindensaft ablöschen, Kokosmilch angießen. Die Sauce zum Kochen bringen, dann unter ständigem Rühren 7–8 Min. köcheln, bis sich das Öl an der Oberfläche absetzt. Mit Salz abschmecken. Das Rindfleisch-Curry bei schwacher Hitze zugedeckt 1–1 1/2 Std. schmoren. Mit Frühlingszwiebelringen und Koriandergrün garnieren. Warm oder kalt zu Reis servieren. Dazu Krabbenbrot (Krupuk), Röstzwiebeln und Sambal ulek, selbstgemacht oder aus dem Glas, reichen.

Variante: Lamm-Curry
(Gulai kambing)
Nehmen Sie anstelle von Rindfleisch mageres Lammfleisch und fügen Sie 1–2 zerriebene Muskatblüten hinzu. Statt Ingwer frischen Galgant verwenden. Je nach Größe der Fleischstückchen vermindert sich die Schmorzeit evtl. um 1/2 Std.

Kalbsleber-Curry

Aus Indonesien · Geht schnell

Gulai hati

Zutaten für 4 Portionen:
750 g Kalbsleber
6 Schalotten
3 Knoblauchzehen
1 Stück frischer Ingwer (4 cm)
1 Stengel frisches Zitronengras
10 Kemirinüsse
1–2 TL Sambal ulek
1/2 TL Kurkuma (Gelbwurzpulver)
1 TL gemahlener Koriander
3–4 EL Kokosöl
400 ml Kokosmilch, ungesüßt · Salz
rote Chilistreifen zum Garnieren
Chili-Soja-Sauce (s. S. 282)

Zubereitungszeit: 30 Min.

Pro Portion: 1500 kJ/360 kcal

1 Kalbsleber sorgfältig enthäuten, kurz abspülen, trockentupfen und in mundgerechte Stücke schneiden. Schalotten und Knoblauch schälen und klein würfeln. Ingwer schälen und fein raspeln. Vom Zitronengras den dicken, unteren Teil des Stengels kleinhacken. Kemirinüsse fein reiben. Alle Würzzutaten zu einer dicken Paste verrühren.

2 Öl im Wok erhitzen. Leberstücke bei starker Hitze darin portionsweise 2–3 Min. rundherum anbräunen. Wieder herausnehmen. Gewürzpaste 3–5 Min. rührend braten. Mit Kokosmilch ablöschen, dann die Sauce unter ständigem Rühren weitere 5 Min. eindicken lassen. Die Leber hineingeben und bei schwacher Hitze 2–3 Min. zugedeckt ziehen lassen. Salzen. Dazu Reis, mit roten Chilistreifen garniert, Krabbenbrot (Krupuk) und Chili-Soja-Sauce reichen.

Variante: Lammleber-Curry
(Hati goreng Bali)
Bereiten Sie eine Gewürzpaste zu aus 3 gehackten Knoblauchzehen, 3 geschnittenen Schalotten, 1 TL Kurkuma, 1/2 TL Sambal ulek und 1 TL Erdnußöl. Nehmen Sie 500 g Lammleber. Leberstücke in der Gewürzpaste wenden. 2 EL Kokosöl im Wok erhitzen, Leberstücke wie im Rezept beschrieben anbräunen und mit 1/4 l ungesüßter Kokosmilch ablöschen. Sauce eindicken lassen, mit dem Saft von 1/2 Zitrone abschmecken, salzen und pfeffern.

Hähnchen-Curry

Aus Indonesien · Mild

Kari ayam

Zutaten für 4 Portionen:
1 küchenfertiges Brathähnchen
6 Schalotten · 3 Knoblauchzehen
1 Stück frischer Ingwer (4 cm)
1 Stengel frisches Zitronengras
1/4 TL Terasi (Garnelenpaste)
5 Kemirinüsse · 1 TL Sambal ulek
1/2 TL Kurkuma (Gelbwurzpulver)
1 TL gemahlener Koriander
1/2 TL schwarzer Pfeffer, frisch gemahlen · Salz · 4–5 EL Kokosöl
400 ml Kokosmilch · 2 Daun-salam-Blätter · grüne Chilischote zum Garnieren

Zubereitungszeit: 1 Std.
Pro Portion: 4500 kJ/1100 kcal

1 Hähnchen ausnehmen, in 8 Teile zerlegen und gründlich waschen, dabei alle Knochensplitter entfernen. Abtrocknen. Den größten Teil der Haut abziehen.

2 Schalotten und Knoblauch schälen und klein würfeln. Ingwer schälen und fein raspeln. Vom Zitronengras den dicken, unteren Teil des Stengels kleinhacken. Terasi mit dem Löffelrücken zerdrücken. Kemirinüsse fein reiben. Alle Würzzutaten außer den Daun-salam-Blättern zu einer dicken Paste verrühren.

3 Öl im Wok oder in einer Kasserolle erhitzen. Die Gewürzpaste bei mittlerer Hitze unter ständigem Rühren etwa 3 Min. darin dünsten. Nach und nach die Hähnchenteile von allen Seiten kräftig anbraten. Mit Kokosmilch ablöschen. Daun-salam-Blätter hinzufügen und bei schwacher Hitze zugedeckt 20–30 Min. schmoren. Dabei die Teile ab und zu wenden. Daun-salam-Blätter entfernen. Dazu Reis, Gurkenscheiben, Krabbenbrot (Krupuk) und Sambal ulek reichen. Mit eingeschnittener grüner Chilischote garnieren.

Tip! Die abgeschnittenen Reste vom Zitronengras mit schwarzem Tee aufbrühen.

Rindfleisch mit grünem Pfeffer

Aus Thailand · Gelingt leicht

Pad Nüa Prik Thai Oon

Zutaten für 4 Portionen:
500 g Rinderfilet
2 EL helle Sojasauce
1 TL schwarzer Pfeffer, frisch gemahlen
1 rote Paprikaschote
150 g frischer grüner Pfeffer
5 EL Öl
2 EL Rote Currypaste (S. 281, selbstgemacht und S. 282, fertig gekauft)
3 EL Fischsauce
2 EL Zucker

Zubereitungszeit: 30 Min. (+ 25 Min. für die Paste)

Pro Portion: 1200 kJ/290 kcal

1 Rinderfilet kurz abwaschen und trockentupfen. Dann in etwa 4 cm lange und 1 cm breite Streifen schneiden, mit Sojasauce und Pfeffer vermischt etwa 15 Min. marinieren lassen.

2 Die Paprikaschote waschen, Stiel und Trennwände entfernen, Schote vierteln und in Streifen schneiden. Grünen Pfeffer vorsichtig abspülen, Pfefferkörner sollen am Stengel bleiben. Stengel in etwa 3 cm lange Stücke teilen.

3 Öl in einer Pfanne oder im Wok erhitzen, Rote Currypaste bei mittlerer Hitze anbraten, Rindfleisch, grünen Pfeffer, Paprikastreifen, Fischsauce, Zucker und etwas Wasser dazugeben. Alles unter ständigem Rühren bei mittlerer Hitze etwa 3 Min. braten.

Info: Die Fischsauce (Naam Plaah) ist eine dünne, salzige und bräunliche Sauce, die aus Fisch, Krabben und Salz hergestellt wird. Die fermentierten Fische lagern mindestens ein Jahr in Fässern, je länger, umso besser und teurer wird die Sauce. Sie hat einen sehr intensiven Duft und wird zum Abschmecken aller Thai-Gerichte oder als Salzersatz benutzt. Die Fischsauce ist auch eine wichtige Grundlage für weitere Würzsaucen, z.B. für die Chilisauce mit Koriander (S. 280).

Tips! Sie können das Gericht mit 2 EL Kokossahne (dicke Schicht oben auf der Kokosmilch) garnieren. Sie mildert den scharfen Currygeschmack.

Rindfleisch mit grünen Bohnen

Aus Thailand · Sehr scharf

Pad Phet Tua Fak Jao

Zutaten für 4–6 Portionen:
400 g Rindfleisch aus der Hüfte
2 EL helle Sojasauce
½ TL schwarzer Pfeffer, frisch gemahlen
5 EL getrocknete Garnelen
300 g Schlangenbohnen (ersatzweise grüne Bohnen)
5 Kaffir-Zitronenblätter
5 EL Öl
2 EL Rote Currypaste (S. 281 und 282, fertige)
2 EL Fischsauce
3 EL Zucker

Zubereitungszeit: 30 Min. (+ 15 Min. Marinieren + 25 Min. für die Paste)

Bei 6 Portionen pro Portion: 1100 kJ/260 kcal

1 Rindfleisch kalt abwaschen und trockentupfen. Dann von den Sehnen befreien und quer zur Faser in etwa 4 cm lange und 1 cm breite Streifen schneiden, mit Sojasauce und Pfeffer vermischen und etwa 15 Min. zugedeckt im Kühlschrank marinieren lassen. Inzwischen Shrimps im Mörser oder Mixer fein zerkleinern und beiseite stellen.

2 Einen großen Topf mit 1 l Wasser zum Kochen bringen, währenddessen Bohnen putzen, in etwa 4 cm lange Stücke schneiden und waschen. Zitronenblätter waschen, längs aufrollen und in hauchdünne Streifen schneiden. Bohnen in sprudelnd kochendem Wasser etwa 1 Min. blanchieren, dann in ein Sieb gießen und kalt abspülen.

3 Öl in einer Pfanne oder im Wok stark erhitzen, Rindfleischstreifen etwa 2 Min. scharf anbraten, dann die Hitze reduzieren. Rote Currypaste, Shrimps, Bohnen, Fischsauce und Zucker hinzufügen und alles bei mittlerer Hitze in etwa 4 Min. durchbraten. Gelegentlich umrühren. Gericht auf einer Platte anrichten, Zitronenblätterstreifen darüber streuen.

Variante: Selbstverständlich können Sie auch Schweinefleisch oder Hühnerbrustfilet in Streifen geschnitten verwenden.

Tip! Sie können die Bohnen auch in etwa 8 cm lange Stücke teilen, wie im Rezept angegeben blanchieren und nach dem Abkühlen die einzelnen Stücke vorsichtig verknoten. Das sieht nett aus.

Geröstetes Rinderfilet

Aus Peking · Etwas schwieriger

Gan Bian Niu Rou Si

Zutaten für 2 Portionen:
250 g Rinderfilet
30 g Stangensellerie
1 Frühlingszwiebel
2 dünne Scheiben Ingwer
6 Sichuan-Pfefferkörner
2 EL neutrales Pflanzenöl
Salz
1/2 TL scharfe Bohnenpaste
1 EL Sojasauce
1 Prise Zucker
1 EL Reiswein
1 EL dunkler Reisessig

Zubereitungszeit: 30 Min.

Pro Portion: 1000 kJ/240 kcal

1 Das Rindfleisch quer zur Faser in dünne Scheiben, dann in etwa 5 cm lange, feine Streifen schneiden. Den Sellerie und die Frühlingszwiebel putzen, waschen und in etwa 3 cm lange Stücke schneiden, eventuell noch ein- oder zweimal längs durchschneiden. Den Ingwer schälen und in feine Streifen schneiden. Die Sichuan-Pfefferkörner im Mörser zerstoßen.

2 Das Öl im Wok oder in einer Pfanne in etwa 3 Min. stark erhitzen. Das Rindfleisch hineingeben und unter schnellem Rühren braten, dann 1 Prise Salz dazugeben. Wenn das Fleisch bräunlich geworden ist, die Bohnenpaste, Sojasauce, Zucker und Reiswein dazugeben und unter Rühren noch etwa 2–4 Min. schmoren. Wenn nicht mehr viel Flüssigkeit im Wok ist, den Sellerie untermischen, gut umrühren, kurz danach die Frühlingszwiebel und den Ingwer dazugeben. Mit Essig beträufeln. Unter Rühren noch etwa 1/2 Min. garen.

3 Das Rindfleisch (ohne Sellerie oder Frühlingszwiebel) auf einem Teller anrichten, mit zerstoßenem Sichuan-Pfeffer bestreuen und servieren.

Tip! Um das Fleisch richtig fein schneiden zu können, sollten Sie es vorher etwa 2 Std. anfrieren.

Schweineschmorbauch

Aus Peking · Braucht etwas Zeit

Kou Rou

Zutaten für 4 Portionen:
500 g Schweinebauch, am Stück, mit Schwarte, ohne Knochen
Salz
Reiswein
2 $^1/_2$ EL dunkle Sojasauce
1 Frühlingszwiebel
1 etwa walnußgroßes Stück Ingwer (20 g)
200 g Broccoli
1 l neutrales Pflanzenfett zum Fritieren
2 Sternanis
1 Zimtstange (etwa 7 cm)
1 TL Zucker
nach Belieben: Möhrenscheibchen zum Garniern

Zubereitungszeit: 50 Min.

Pro Portion: 2800 kJ/670 kcal

1 In einem kleinen Topf $^1/_2$ l Wasser zum Kochen bringen, das Fleisch hineingeben, 1 Prise Salz und 1 Schuß Reiswein dazugeben und bei mittlerer Hitze zugedeckt etwa 20 Min. kochen. Das Fleisch herausnehmen, die Fleischbrühe zur weiteren Verwendung aufheben. Das Fleisch etwas abkühlen lassen, mit 1 EL Sojasauce bestreichen und etwa 5 Min. ziehen lassen. Inzwischen Frühlingszwiebel putzen, waschen und in etwa 10 cm lange Stücke schneiden. Ingwer schälen und in dünne Scheiben schneiden. Broccoli waschen und in Röschen teilen.

2 Öl in einem Wok bei starker Hitze heiß werden lassen, bis an einem ins Öl getauchten Holzstäbchen Bläschen aufsteigen. Das Fleisch darin etwa 3 Min. fritieren, dabei einmal vorsichtig wenden. Vorsicht, Spritzgefahr! Dann das Fleisch herausnehmen und in die Fleischbrühe geben.

3 Frühlingszwiebel, Ingwer, Sternanis, Zimtstange und Zucker auf das Fleisch geben, 2 EL Reiswein und die restliche Sojasauce darüber gießen. Zugedeckt bei schwacher Hitze etwa 20 Min. schmoren. Broccoliröschen in einem Topf mit Wasser bedeckt etwa 3 Min. sprudelnd kochen, abgießen, abtropfen lassen, dann mit 1 Prise Salz würzen.

4 Nach Ende der Schmorzeit Frühlingszwiebel, Ingwer, Sternanis und Zimtstange entfernen. Das Fleisch herausnehmen, abkühlen lassen, mit der Schwarte nach unten auf ein Hackbrett legen, in etwa 1$^1/_2$ cm dicke Scheiben schneiden. Das Fleisch auf einem Teller anrichten, die Broccoliröschen um das Fleisch legen und 2–3 EL Sauce über das Fleisch gießen. Nach Belieben mit Möhrenscheiben – geschnitzt oder ausgestochen – garnieren.

Info: Das Gericht schmeckt mit Schwarte zubereitet besonders gut.

Rind mit Cashewnüssen

Aus Taiwan · Geht schnell

Xiang Gen Niu Song

Zutaten für 4 Portionen:
300 g Rinderhackfleisch
1 Eiweiß
1 TL Austernsauce
1 EL Sojasauce
1 TL Reiswein
weißer Pfeffer, frisch gemahlen
½ TL Sesamöl
1 TL Speisestärke
4 EL neutrales Pflanzenöl
20 g Cashewnüsse
1 Bund Koriander
1 Kopfsalat
4 EL Hühnerbrühe (selbstgemacht oder instant)

Zubereitungszeit: 30 Min.

Pro Portion: 1200 kJ/290 kcal

1 Das Hackfleisch in einer Eßschale mit Eiweiß, Austernsauce, Sojasauce, Reiswein, 1 Prise Pfeffer, Sesamöl und Speisestärke vermengen.

2 Einen Wok bei mittlerer Hitze anwärmen. 1 EL Öl angießen, Cashewnüsse hineingeben und unter Rühren bei schwacher Hitze etwa 3 Min. rösten. Dann herausnehmen, abkühlen lassen und fein hacken oder zerstoßen.

3 Koriander waschen und fein hacken. Kopfsalat putzen, waschen, trockenschleudern und auf einen Teller geben.

4 Den Wok bei mittlerer Hitze erwärmen. 3 EL Öl angießen und in etwa 1 Min. heiß werden lassen. Rinderhack und Koriander hineingeben, unter Rühren kurz anbraten, die Hühnerbrühe darüber gießen, bei starker Hitze zum Kochen bringen. Dann bei mittlerer Hitze so lange kochen, bis nicht mehr viel Flüssigkeit im Wok ist. Rinderhack in eine Schüssel geben und servieren.

5 Zum Essen je 1 Salatblatt auf den Teller legen, etwa 1 ½ EL Hackfleisch darauf geben und mit Cashewnüssen bestreuen. Alles im Salatblatt einwickeln und aus der Hand essen.

Variante: Die Füllung schmeckt auch mit Schweinehackfleisch oder feingehackten (Nordsee-) Krabben. Sie können zu dem Rinderhack noch Reis geben und im Salatblatt mit einwickeln.

In Südchina werden Austern in großen Mengen gezüchtet.

Austernsauce

In der südchinesischen Küche werden gerne wohlduftende, kräftig schmeckende Saucen und Dips verwendet. Sie werden entweder zu den einzelnen Speisen gereicht, und jeder bedient sich davon nach seinem Geschmack, oder die Gerichte werden beim Kochen damit gewürzt, wodurch ihr Aroma unterstrichen, jedoch nie überlagert wird. Ein wichtiges Würzmittel in der Küche von Guangdong (Kanton) ist Austernsauce, die z.B. für das berühmte Rezept »Rindfleisch in Austernsauce« (S. 154) verwendet wird. Diese Sauce stellt man aus frischen Austern, Mehl, Sesam, Zucker, Salz und weiteren Gewürzen her. Dafür werden die Zutaten zunächst geröstet, dann gedämpft und schließlich noch gekocht. Mit Austernsauce mariniert man Fleisch, Fisch und Geflügel, und da sie sehr nahrhaft ist, reicht man sie auch gerne als Dip. Auch Gemüse erhalten einen intensiveren Geschmack, wenn man sie nach dem Blanchieren mit Austernsauce vermengt.

Rindfleisch in Austernsauce

Aus Südchina · Gelingt leicht

Hao You Niu Rou

Zutaten für 4 Portionen:
200 g mageres Rindfleisch
1 1/2 EL Speisestärke
3 TL Reiswein · Salz
je 1/2 rote und grüne Paprikaschote
1 Zwiebel (etwa 100 g)
1 Frühlingszwiebel
1 Scheibe Ingwer, etwa 1 cm dick
1 Knoblauchzehe
1 EL helle Sojasauce
1 EL Austernsauce
1 TL Zucker
1/2 TL Sesamöl
weißer Pfeffer, frisch gemahlen
4 EL neutrales Pflanzenöl
zum Garnieren: Gurkenstreifen

Zubereitungszeit: 45 Min.

Pro Portion: 760 kJ/180 kcal

1 Das Rindfleisch kalt abspülen, trockentupfen und zuerst in sehr dünne Scheiben schneiden, dann in etwa 3 cm lange und 2 cm breite Stücke teilen.

2 Speisestärke in einer Eßschale mit 2 EL Wasser anrühren. In einer anderen Eßschale 1 TL Reiswein mit 1 Prise Salz und 1/3 der angerührten Speisestärke vermischen.

3 Das Fleisch mit dieser Mischung vermengen, 2–3 EL Wasser dazugeben, nochmals durchrühren und zugedeckt 8–10 Min. in den Kühlschrank stellen.

4 Inzwischen Paprikaschoten von Kernen, Trennwänden und Stielansätzen befreien, waschen, dann in etwa 2 cm lange und 1 1/2 cm breite Stücke schneiden. Zwiebel schälen und in etwa 2 cm große Stücke schneiden. Frühlingszwiebel putzen, waschen und fein hacken. Ingwer schälen, Knoblauch häuten, beides fein hacken.

5 Sojasauce mit Austernsauce, 2 TL Reiswein, Zucker, Sesamöl sowie je 1 Prise Salz und Pfeffer mischen. Die restliche angerührte Speisestärke untermengen.

6 Öl im Wok oder in einer Pfanne bei starker Hitze in etwa 1 Min. heiß werden lassen. Das Rindfleisch hineingeben und unter Rühren etwa 1 Min. braten, bis es leicht braun ist. Dann herausnehmen.

7 Frühlingszwiebel, Ingwer und Knoblauch im Restöl bei mittlerer Hitze unter Rühren kurz anbraten, Paprikastücke und Zwiebel dazugeben, zusammen unter Rühren 2–3 Min. braten. Das Fleisch dazugeben. Die angerührte Austern-Sojasauce nochmals durchrühren und angießen, dann alles bei starker Hitze unter Rühren einmal aufkochen dann sofort auf einer mit Gurkenstreifen garnierten Platte servieren.

Variante: Entenfleisch in Austernsauce (Hao You Men Ya)
Für 4 Portionen eine küchenfertig vorbereitete Ente (1,2 kg) kalt abspülen, trockentupfen und mit Haut und Knochen in etwa 3 cm breite und 5 cm lange Stücke hacken. (Wem das zu aufwendig ist, der kann auch nur das Entenfleisch kleinschneiden.) 1 Scheibe Ingwer, etwa 2 cm dick, schälen, 2 Knoblauchzehen häuten und beides fein hacken. 2 Frühlingszwiebeln putzen, waschen und in etwa 5 cm lange Stücke schneiden. In einem Wok bei starker Hitze 2 EL Pflanzenöl in etwa 1 Min. heiß werden lassen. Entenstücke hineingeben und unter Rühren 3–5 Min. braten, dann herausnehmen. Im Wok wiederum 2 EL Öl bei mittlerer Hitze heiß werden lassen. Ingwer und Knoblauch darin kurz anbraten, Entenstücke dazugeben und alles mit 1 Prise Salz, 2 TL Zucker, 4 EL Austernsauce und 1 EL dunkler Sojasauce würzen, alles gut durchrühren. Mit 3 EL Reiswein ablöschen und kurz zudecken. Dann $\frac{1}{4}$ l Hühnerbrühe (selbstgemacht oder instant) über die Ente gießen, zum Kochen bringen und bei mittlerer Hitze etwa 40 Min. zugedeckt köcheln. Nach etwa 35 Min. Frühlingszwiebeln dazugeben, mit 1 Prise weißem Pfeffer bestreuen. 2 EL Speisestärke mit 4 EL Wasser anrühren, gleichmäßig über die Entenstücke verteilen und unter Rühren einmal aufkochen. Vor dem Servieren mit 1 TL Sesamöl beträufeln.

Info: Bei dem Gericht »Rindfleisch in Austernsauce« ist es wichtig, das Fleisch nicht zu lange zu braten, da es sonst zäh wird. Damit das Fleisch zart bleibt, wird in China 1 Prise Natriumhydrogenkarbonat (Glutamat) mit dem Fleisch vermischt. Wir haben hier aber darauf verzichtet.

Würziges Rindfleisch

Aus Südchina · Etwas schwieriger

Shui Zhu Niu Rou

Zutaten für 3–4 Portionen:
400 g mageres Rindfleisch
2 EL Reiswein
1 Eiweiß
2 EL dunkle Sojasauce
2 EL Speisestärke
Salz
200 zarte Chinakohlblätter
100 g Staudensellerie
2 Frühlingszwiebeln
5 EL neutrales Pflanzenöl
5 getrocknete rote Chilischoten
1 EL Sichuan-Pfefferkörner
1 1/2 EL scharfe Bohnenpaste
300 ml Hühnerbrühe
(selbstgemacht oder instant)
nach Belieben: Chinakohlblätter, Petersilienblättchen und 1 Stück Möhre zum Garnieren

Zubereitungszeit: 40 Min.

Bei 4 Portionen pro Portion: 1100 kJ/260 kcal

1 Rindfleisch kalt abspülen, trockentupfen und in etwa 5 cm lange und 1/2 cm dünne Scheiben schneiden, dann in einer Schale mit 1 EL Reiswein, Eiweiß, 1 EL Sojasauce, Speisestärke und 1/2 TL Salz mischen.

2 Chinakohlblätter waschen, trockenschwenken und in etwa 7 cm lange und 5 cm breite Stücke schneiden. Staudensellerie und Frühlingszwiebeln putzen, waschen und in etwa 10 cm lange Stücke schneiden.

3 Öl in einem Wok bei mittlerer Hitze heiß werden lassen. Chilischoten darin unter Rühren etwa 1/2 Min. braten. Pfefferkörner dazugeben und etwa 1/2 Min. weiterbraten, dann mit einem Schaumlöffel herausfischen und das Fett abtropfen lassen. Die Chilischoten mit einem Küchenbeil zerkleinern und die Pfefferkörner zerstoßen. Vorsicht, danach nicht mit den Händen an die Augen kommen!

4 Chinakohl, Staudensellerie und Frühlingszwiebeln in den Wok geben und bei starker Hitze unter Rühren etwa 1 Min. braten, herausnehmen und kurz beiseite stellen.

5 Bohnenpaste in den Wok geben, die Hühnerbrühe angießen und bei starker Hitze zum Kochen bringen. Chinakohl, Staudensellerie und Frühlingszwiebeln in die Brühe geben und noch mal zugedeckt etwa 2 Min. garen. Herausnehmen und auf einem großen Teller anrichten.

6 Restlichen Reiswein und restliche Sojasauce in die Brühe geben, dann die Temperatur reduzieren, so daß die Brühe köchelt. Die Fleischscheiben nacheinander in die Brühe geben, dabei mit Eßstäbchen leicht rühren. Etwa 1 Min. bei mittlerer Hitze garen, dann herausnehmen und auf dem Gemüse anrichten. Vor dem Servieren mit den gehackten Chilischoten und zerstoßenen Pfefferkörnern bestreuen. Nach Belieben mit Chinakohlblättern, Petersilie und einer geschnitzten Möhre garnieren.

Info: Dieses Gericht zählt zu den berühmtesten der Sichuaner Küche. Der Überlieferung nach wurde es im 10. Jahrhundert von den Salzgewinnern erfunden, die für ihre harte Arbeit gutes Essen brauchten. Es wurde im Lauf der Zeit von den Meistern der Sichuaner Küche immer wieder verfeinert.

Tip! Für dieses Gericht ist es außerordentlich wichtig, wie stark die Brühe kocht. Wenn die Brühe nicht richtig kocht, löst sich die Stärke um die Fleischscheiben in der Brühe auf; umgekehrt, wenn die Brühe zu stark kocht, wird das Fleisch zäh. Deshalb ist es wichtig, daß die Brühe köchelt.

Rindfleisch in Sojasauce

Aus Westchina · Gelingt leicht

Hong Shao Niu Nan

Zutaten für 4 Portionen:
800 g zartes Rindfleisch (z.B. aus der Hüfte)
3 Frühlingszwiebeln
1 Scheibe Ingwer, etwa 2 cm dick
2 Knoblauchzehen
250 g frischer Spinat
150 g Möhren
4 EL neutrales Pflanzenöl
1 TL weißer Kandiszucker
1 TL Zucker
4 EL dunkle Sojasauce
4 EL Reiswein
3 Sternanis
1/2 l Hühnerbrühe (selbstgemacht oder instant)
1 TL Speisestärke

Zubereitungszeit: 1 1/2 Std.

Pro Portion: 1600 kJ/380 kcal

1 Das Rindfleisch waschen. In einem Topf etwa 1 l Wasser aufkochen. Das Fleisch hineingeben (es soll mit Wasser bedeckt sein). Die Temperatur herunterschalten und das Fleisch etwa 45 Min. zugedeckt bei schwacher Hitze garen.

2 Inzwischen Frühlingszwiebeln putzen, waschen und in etwa 10 cm lange Stücke schneiden. Ingwer schälen, Knoblauch häuten, beides in Scheiben schneiden. Spinat putzen, gründlich waschen und abtropfen lassen. Möhren schälen und in 1–2 cm große Würfel schneiden.

3 In einem Topf 1 EL Öl bei schwacher Hitze erwärmen. Kandiszucker und Zucker darin unter Rühren auflösen, 2 EL von der Rinderbrühe abnehmen und hineinrühren. In eine Schüssel abgießen, beiseite stellen. Das Fleisch aus dem Topf nehmen, abkühlen lassen und in etwa 5 cm lange und 1 cm dicke Scheiben schneiden. 400 ml von der Rinderbrühe in einer Schale beiseite stellen.

4 In einem Wok restliches Öl bei mittlerer Hitze heiß werden lassen. Ingwer, Knoblauch und Frühlingszwiebeln unter Rühren kurz anbraten, das Fleisch dazugeben, mit Sojasauce und Reiswein würzen. Dann mit der beiseite gestellten Rinderbrühe ablöschen und Sternanis dazugeben. Aufkochen lassen, die Temperatur zurückschalten und alles zugedeckt etwa 20 Min. bei schwacher Hitze garen.

5 Kurz vor dem Ende der Garzeit Hühnerbrühe aufkochen. Spinat darin etwa 1 Min. sprudelnd kochen, herausnehmen, abtropfen lassen und auf einem Teller anrichten. Das Fleisch aus dem Wok nehmen und auf dem Spinat anrichten.

6 Die im Wok verbleibende Sauce bei starker Hitze offen auf die Hälfte einkochen. Möhrenwürfel hineingeben und etwa 2 Min. bei mittlerer Hitze garen. Speisestärke mit 1 EL Wasser anrühren. Zuckerlösung und die Speisestärke unterrühren und die Sauce mit den Möhrenwürfeln über das Fleisch verteilen.

Variante: Rindfleisch mit Paprika
(Qing Jiao Niu Rou Si)
Für die Variante, die ebenfalls aus Sichuan kommt, für 3–4 Portionen 300 g mageres in etwa 5 cm lange und 1/2 cm dünne Streifen geschnittenes Rindfleisch mit 1 Eiweiß, 1 Prise Salz, 1 EL Reiswein, 1 TL Zucker, 1 EL dunkle Sojasauce und 1 EL Speisestärke mischen und etwa 10 Min. marinieren. Dann 4 EL neutrales Pflanzenöl in einem Wok bei starker Hitze heiß werden lassen und das Fleisch darin unter raschem Rühren etwa 1 Min. braten. Herausnehmen und das Fett abtropfen lassen. 2 frische rote, in Streifen geschnittene Chilischoten und 1 etwa 2 cm dicke, in Streifen geschnittene Scheibe Ingwer kurz im Restöl anbraten. 1 grüne, in 7–8 cm lange, sehr dünne Streifen geschnittene Paprikaschote dazugeben, mit 1 EL dunkler Sojasauce würzen und unter Rühren etwa 1/2 Min. garen. Das Fleisch wieder dazugeben, alles unter schnellem Rühren noch 1–2 Min. braten und sofort servieren.

Gedämpftes Rinderfilet

Aus Westchina · Scharf

Yuan Long Niu Rou

Zutaten für 4 Portionen:
400 g Rinderfilet
100 g Rundkornreis
1 EL Sichuan-Pfefferkörner
4 Sternanis
500 g Süßkartoffeln
2 Frühlingszwiebeln
1 Scheibe Ingwer, etwa 2 cm dick
1 1/2 EL scharfe Bohnenpaste
1 EL dunkle Sojasauce
2 EL Reiswein · 1 TL Zucker
50 ml Fleischbrühe
(selbstgemacht oder instant)
1 EL Sesamöl
Salz
1 kleines Bund Koriander

Zubereitungszeit: 50 Min.
Pro Portion: 1500 kJ/360 kcal

1 Das Rinderfilet kalt abspülen, trockentupfen, in etwa 2 cm lange und 1/2 cm dünne Scheiben schneiden und beiseite stellen. Reis mit Sichuan-Pfefferkörnern und Sternanis in einem Topf bei schwacher Hitze unter Rühren rösten, bis der Reis gelblich wird und es würzig duftet. Dann abkühlen lassen und den Reis mit den Gewürzen in einer Mühle grob schroten oder im Mörser zerstoßen.

2 Süßkartoffeln waschen, schälen und in 1 1/2 cm dicke Scheiben schneiden. Den Boden eines Bambusdämpfers damit auslegen. Dabei darauf achten, daß der Boden des Dämpfers vollständig bedeckt ist. Frühlingszwiebeln putzen, waschen und fein hacken. Ingwer schälen und fein hacken. Rindfleisch mit Frühlingszwiebeln, Ingwer, Bohnenpaste, Sojasauce, Reiswein, Zucker, Fleischbrühe, Sesamöl, Salz und Reisschrot vermengen. Anschließend auf den Süßkartoffelscheiben verteilen. Den Dämpfer schließen.

3 Etwa 1 l Wasser in einem Wok aufkochen lassen, den Bambusdämpfer auf den Wok setzen. Fleisch und Süßkartoffeln bei starker Hitze etwa 15 Min. dämpfen. Inzwischen Koriander abbrausen, Blättchen fein hacken. Erst kurz vor dem Servieren das Fleisch mit dem Koriander bestreuen. Im Dämpfer servieren. Falls Sie keinen Bambusdämpfer besitzen, siehe S. 182.

Getränk: Dazu paßt ein kühles Pils.

Tip! Falls Sie im Asienladen Schilfblätter bekommen, können Sie den Bambusdämpfer zuerst mit den Blättern auslegen, bevor die Süßkartoffeln darauf kommen.

Ochsenschwanz mit Kandis

Aus Westchina · Braucht etwas Zeit

Bing Tang Niu Wei

Zutaten für 4 Portionen:
1 kg Ochsenschwanz, mit Knochen
2 EL neutrales Pflanzenöl
80 g brauner Kandiszucker
4 EL Reiswein · Salz
weißer Pfeffer, frisch gemahlen
2 Frühlingszwiebeln
1 Scheibe Ingwer, etwa 2 cm dick
2 EL dunkle Sojasauce
4 Sternanis · 1 Zimtstange (etwa 7 cm)
100 g Salatblätter (z.B. zarte Chinakohlblätter oder Endiviensalat)

Zubereitungszeit: 2 Std.

Pro Portion: 2500 kJ/600 kcal

1 Ochsenschwanz waschen. Fleisch erst vom Knochen, dann in etwa 3 cm große Würfel schneiden. In einem Topf etwa 1¼ l Wasser aufkochen, Fleisch darin etwa 3 Min. garen, herausnehmen, nochmals abspülen und abtropfen lassen. Die Fleischbrühe abschäumen und beiseite stellen.

2 Öl in einem Wok bei starker Hitze heiß werden lassen. Ochsenschwanzstücke darin unter leichtem Rühren 4–5 Min. braten, den Kandiszucker dazugeben und weiter unter Rühren etwa 5 Min. braten, bis der Zucker vollständig aufgelöst ist. Die beiseite gestellte Fleischbrühe dazugießen. Die Ochsenschwanzstücke sollen davon bedeckt sein. Reiswein, Salz und 1 Prise Pfeffer dazugeben und zugedeckt zum Kochen bringen. Inzwischen Frühlingszwiebeln putzen, waschen und in etwa 10 cm lange Stücke schneiden. Ingwer schälen und in dünne Scheiben schneiden.

3 Nach dem Aufkochen die Brühe abschäumen, dann Sojasauce, Frühlingszwiebeln, Ingwer, Sternanis und Zimtstange dazugeben. Zugedeckt etwa 1 Std. 20 Min. garen. Inzwischen Salat putzen, waschen, trockenschwenken und auf einem großen Teller anrichten. Die Ochsenschwanzstücke aus der Brühe nehmen und auf dem Salat anrichten. 200 ml von der Brühe in einen kleinen Topf geben, offen bei starker Hitze leicht dickflüssig einkochen, dann über die Ochsenschwanzstücke gießen und servieren.

Geschmorte Lammkeule

Aus Südchina · Braucht etwas Zeit

Hong Pa Yang Rou

Zutaten für 4 Portionen:
20 g getrocknete Donggu-Pilze
50 g Ingwer
4 EL Reiswein
750 g Lammkeule, ohne Knochen
4 EL dunkle Sojasauce
700 ml neutrales Pflanzenöl zum Fritieren
200 g Wasserkastanien (aus der Dose) oder Bambussprossen oder Spargelstücke
2 Frühlingszwiebeln
10 g unbehandelte getrocknete Mandarinen- bzw. Orangenschale
2 Sternanis
Salz
weißer Pfeffer, frisch gemahlen

Zubereitungszeit: 35 Min. (+ 1 ¼ Std. Garen)
Pro Portion: 3300 kJ/790 kcal

1 Donggu-Pilze in warmem Wasser etwa 20 Min. einweichen. Ingwer schälen, fein hacken, dann in einer Eßschale mit 4 EL Reiswein vermischen und etwa 10 Min. ziehen lassen. Inzwischen im Wok oder in einem Topf 1 l Wasser zum Kochen bringen. Lammkeule kalt abspülen und darin etwa 3 Min. kochen, herausnehmen, abtropfen lassen und mit 1 EL Sojasauce bestreichen. Die Brühe abschäumen und beiseite stellen.

2 Öl im Wok bei starker Hitze heiß werden lassen. Es ist heiß genug, wenn an einem ins Öl getauchten Holzstäbchen Bläschen aufsteigen. Lammkeule hineingeben und darin etwa 1 Min. fritieren. Vorsicht, Spritzgefahr! Lammkeule dann herausnehmen und das Öl abtropfen lassen.

3 Frühlingszwiebeln putzen und waschen. Den Reiswein vom Ingwer abfiltern. Ingwer wegwerfen. Donggu-Pilze aus dem Einweichwasser nehmen, von den Stielen befreien. Wasserkastanien in einem Sieb abtropfen lassen und dann halbieren.

4 Öl bis auf einen dünnen Film aus dem Wok gießen. Die fritierte Lammkeule in den Wok geben. Den Reiswein darüber gießen, Frühlingszwiebeln, Mandarinenschale und Sternanis dazugeben. Mit der restlichen Sojasauce und 1 Prise Salz würzen, und mit der beiseite gestellten Brühe ablöschen. Alles zugedeckt bei starker Hitze zum Kochen bringen.

5 Lammkeule und andere Zutaten aus dem Wok möglichst in einen innen glasierten Tontopf umfüllen. Zugedeckt

bei schwacher Hitze etwa 1 Std. köcheln. Dann Donggu-Pilze und Wasserkastanien dazugeben, alles einmal durchrühren und zugedeckt etwa 15 Min. weiterköcheln.

6 Lammkeule, Donggu-Pilze und Wasserkastanien herausnehmen, kurz abkühlen lassen. Lammkeule in etwa 4 cm breite, 6 cm lange und 1 cm dicke Scheiben schneiden und auf einer Platte anrichten. Donggu-Pilze auf dem Fleisch und Wasserkastanien um das Fleisch herum anrichten. Die Sauce mit 1 Prise Pfeffer bestreuen, bei starker Hitze etwas einkochen lassen, über das Gericht geben und mit den gekochten Frühlingszwiebeln und der Mandarinenschale garniert servieren.

Variante: Geschmorte Schweinefüße (Lu Zhu Jiao)
Für 2–3 Portionen Schweinefüße (etwa 700 g) vom Metzger in der Mitte durchhacken und an den Gelenken auseinanderschneiden lassen. Schweinefüße kalt abspülen und trockentupfen. Gegebenenfalls Haare mit einer Pinzette entfernen. 2 Frühlingszwiebeln putzen und waschen, 1 Scheibe Ingwer, etwa 1 cm dick, schälen. Schweinefüße, Frühlingszwiebeln, Ingwer und 1 EL Reiswein in 1 l kochendes Wasser geben und bei starker Hitze etwa 10 Min. kochen. Dann Schweinefüße herausnehmen, mit 1 EL dunkler Sojasauce bestreichen und abkühlen lassen. Brühe abschäumen und aufbewahren. In einem Wok 1/2 l Pflanzenöl heiß werden lassen, Schweinefüße darin bei starker Hitze etwa 5 Min. fritieren. Vorsicht, Spritzgefahr! Dann mit 2 Sternanis zurück in die Brühe geben, mit 1 EL Reiswein, 2 EL dunkler Sojasauce, 1 TL Zucker und 1 Prise Salz würzen. Alles bei starker Hitze aufkochen, dann zugedeckt bei schwacher Hitze etwa 1 Std. köcheln. Inzwischen 50 g rohe Erdnüsse, ohne Schale, etwa 10 Min. in warmem Wasser einweichen, anschließend herausnehmen, Haut abziehen. 150 g Broccoliröschen waschen und in 1/4 l Wasser bei mittlerer Hitze 3–4 Min. kochen, mit 1 Prise Salz abschmecken. Etwa 5 Min. vor Ende der Garzeit die Erdnüsse zu den Schweinefüßen geben und mitkochen. Anschließend Schweinefüße und Erdnüsse aus der Brühe nehmen, auf einem Teller anrichten, rundum mit Broccoli garnieren. Brühe bei starker Hitze einkochen, über die Schweinefüße gießen und mit Pfeffer bestreut servieren.

Scharf-saures Lammfleisch

Aus Indien · Braucht etwas Zeit

Vindaloo

Zutaten für 4–6 Portionen:
1 kg Lammkeule ohne Knochen
4 Zwiebeln
6 Knoblauchzehen
1 Stück frischer Ingwer (3 cm)
2 TL Kreuzkümmelsamen
2 getrocknete Chilischoten
1 TL schwarze Pfefferkörner
1 TL grüne Kardamomkapseln
1 Stück Zimt (etwa 3 cm)
1 TL schwarze Senfsamen, nach Belieben
1 TL Bockshornkleesamen, nach Belieben
4 EL Weißweinessig oder Weißwein
2 TL brauner Zucker
Salz
4 EL Ghee, ersatzweise Butterschmalz
1 TL Korianderpulver
1 TL Kurkumapulver

Zubereitungszeit: 1 Std. 20 Min. (+ 45 Min. Garen)

Bei 6 Portionen pro Portion: 2000 kJ/480 kcal

1 Lammfleisch waschen, trockentupfen, von Fett und Sehnen befreien und in etwa 2 cm große Würfel schneiden. Zwiebeln schälen und in Ringe schneiden. Knoblauch und Ingwer schälen, Knoblauch fein hacken, Ingwer auf der Gemüsereibe fein reiben.

2 Für die Vindaloo-Paste Kreuzkümmel, Chilischoten, Pfefferkörner, Kardamom, Zimtrinde, Senfsamen und Bockshornklee im Mixer, einer Getreidemühle oder einer elektrischen Kaffeemühle mahlen.

3 Gemahlene Gewürze in eine Schüssel geben. Weißweinessig oder Weißwein, braunen Zucker und Salz dazugeben, alles gut mischen und beiseite stellen.

4 In einer Karai, einem Wok oder einem Topf 2 EL Ghee erhitzen, Zwiebeln darin bei starker Hitze dunkelbraun anbraten. Zwiebeln in einen Mixer geben und mit 4 EL Wasser fein pürieren. In die Schüssel zu den gemahlenen Gewürzen geben und gut verrühren, bis eine glatte Paste entstanden ist.

5 Ingwer und Knoblauch in einen Mixer geben und mit 4 EL Wasser pürieren.

6 Nochmals 2 EL Ghee in die Karai, den Wok oder den Topf geben und stark erhitzen. Die Lammfleischwürfel portionsweise (so daß sie nicht übereinander liegen) bei starker Hitze unter Rühren 1–2 Min. anbraten. Auf einem Teller beiseite stellen.

7 Ingwer-Knoblauch-Paste in die Karai oder den Wok geben und bei mittlerer Hitze etwa 1 Min. anbraten. Koriander und Kurkuma dazugeben und etwa 1 Min. anbraten, dabei ständig rühren. Fleisch und Vindaloo-Paste unterrühren. 300 ml Wasser dazugießen und zum Kochen bringen.

8 Das Fleisch zugedeckt bei schwacher Hitze in etwa 45 Min. garen. Ab und zu umrühren. Mit Salz abschmecken und mit Basmatireis, Naan (S. 276) oder Chapati (S. 274) servieren.

Info: Sie können dieses Gericht auch mit der gleichen Menge Rinderfilet oder Schweinefilet zubereiten. Die Christen, die an der westindischen Küste leben, essen das Gericht mit Schweinefleisch, Moslems und Hindus mit Lamm, so wie es in diesem Rezept beschrieben ist.

Tip! Vindaloo-Gerichte sind ziemlich scharf. Nehmen Sie weniger Chilischoten, wenn Sie das Gericht entschärfen wollen.

Roter Lammfleischtopf

Aus Indien · Pikant

Rogan Josh

Zutaten für 4 Portionen:
1 kg Lammfleisch ohne Knochen (Schulter oder Keule)
1 Stück frischer Ingwer (3 cm)
4 Knoblauchzehen · 6 Zwiebeln
8 EL Ghee, ersatzweise Butterschmalz
8 grüne Kardamomkapseln
6 Nelken · 3 Lorbeerblätter
8 schwarze Pfefferkörner
2 Stücke Zimtrinde (je etwa 5 cm)
4 TL Paprikapulver, rosenscharf
½ TL Chilipulver
2 TL Korianderpulver
2 TL Kreuzkümmelpulver
1½ EL Bockshornkleeblätter, nach Belieben
Salz · 6 EL Joghurt
½ TL Garam Masala

Zubereitungszeit: 1¼ Std. (+ 50 Min. Garen)

Pro Portion: 3400 kJ/810 kcal

1 Fleisch abwaschen, trockentupfen, von Fett und Sehnen befreien und in etwa 2 cm große Würfel schneiden. Ingwer und Knoblauch schälen, Ingwer in kleine Stücke schneiden. Ingwer und Knoblauch mit 4 EL Wasser im Mixer pürieren. Zwiebeln schälen und kleinschneiden.

2 Ghee in einer Karai, einem Wok oder einem Topf erhitzen. Die Fleischwürfel portionsweise hineingeben und bei starker Hitze in etwa 8 Min. rundherum braun anbraten und auf einem Teller beiseite stellen.

3 Kardamom, Nelken, Lorbeerblätter, Pfefferkörner und Zimt in das in der Karai oder dem Wok verbliebene Ghee geben und kurz anbraten. Zwiebeln dazugeben und bei mittlerer Hitze dunkelbraun braten.

4 Ingwer-Knoblauch-Paste hinzufügen und etwa 1 Min. anbraten, dabei ständig rühren. Paprika, Chilipulver, Koriander, Kreuzkümmel, Bockshornkleeblätter und Salz dazugeben und etwa 1 Min. mitbraten.

5 Die Fleischwürfel wieder in die Karai oder den Wok geben und alles gut mischen. Joghurt unterrühren und erwärmen. 300 ml Wasser dazugeben und alles bei mittlerer Hitze zum Kochen bringen. Dann das Fleisch zugedeckt bei schwacher Hitze in etwa 50 Min. garen. Hin und wieder umrühren, damit das Fleisch nicht anbrennt. Kurz vor dem Servieren Garam Masala darüber streuen. Das Gericht mit Reis und einem beliebigen Chutney servieren.

Pfeffer

Indien exportiert jährlich etwa 25 Millionen Tonnen Pfeffer.

Die Pfefferpflanze ist in Indien beheimatet, und Indien ist einer der Hauptexporteure von Pfeffer. Der Kletterstrauch wird bis zu 15 m hoch und rankt sich an Bäumen oder Stützpfählen empor. Die Beerenfrucht des Strauches ist der Pfeffer. An 8–14 cm langen Fruchtständen wachsen 30–60 kugelige Beeren. Schwarzer, weißer und grüner Pfeffer stammen übrigens von derselben Pflanze. Für schwarzen Pfeffer werden die unreifen grünen Beeren gepflückt und unter Einwirkung von Enzymen getrocknet, was sie schwarz und runzelig werden läßt. Wenn man die unreifen grünen Beeren gleich nach der Ernte in Salzlake oder Essig einlegt, behalten sie ihre Farbe. Für weißen Pfeffer weicht man die fast reifen roten Beeren in Meerwasser ein, läßt sie danach trocknen und entfernt die Schale. Alle Pfeffersorten enthalten Piperin, das für die pikante Schärfe sorgt, und ein ätherisches Öl, das den Duft des Pfeffers ausmacht. Schwarzer und grüner Pfeffer sind schärfer als weißer, da vor allem die Schale viel Piperin enthält. Grüner Pfeffer hat am meisten Aroma, weißer Pfeffer ist der feinste und mildeste. Ganze Pfefferkörner kann man lange lagern. Gemahlener Pfeffer verliert relativ schnell sein Aroma.

Kichererbsen mit Lamm

Aus Indien · Gut vorzubereiten

Mutton Chana

Zutaten für 4 Portionen:
800 g Kichererbsen (Dose), ersatzweise 250 g getrocknete
250 g Lammfleisch (Schulter)
2 mittelgroße Zwiebeln
1 Stück frischer Ingwer (3 cm)
1 frische Chilischote
2 mittelgroße Tomaten
3 EL Ghee, ersatzweise Butterschmalz
1 TL Paprikapulver, edelsüß
1 TL Kurkumapulver · 1/4 TL Chilipulver
1 TL Kreuzkümmelpulver
1/2 TL Mangopulver, nach Belieben
Salz · 1 TL Zucker
1 TL Garam Masala

Zubereitungszeit: 30 Min. (+ evtl. 12 Std. Einweichen + 20 Min. Garen)

Pro Portion: 3600 kJ/860 kcal

1 Getrocknete Kichererbsen in reichlich kaltem Wasser über Nacht einweichen. Kichererbsen aus der Dose kurz abspülen und abtropfen lassen.

2 Lammfleisch waschen, von Fett und Sehnen befreien, trockentupfen und in etwa 1 cm große Würfel schneiden. Zwiebeln schälen und kleinschneiden. Ingwer schälen und fein reiben. Chilischote waschen, vom Stielansatz befreien und kleinschneiden (Hände nicht in die Nähe der Augen bringen!). Tomaten waschen, vierteln und vom Stielansatz befreien.

3 Ghee in einer Karai, einem Wok oder einem Topf erhitzen, Zwiebeln darin bei mittlerer Hitze anbraten, bis sie dunkelbraun sind.

4 Lammfleisch dazugeben und etwa 3 Min. bei mittlerer Hitze unter Rühren anbraten. Kichererbsen dazugeben und ebenfalls 2–3 Min. anbraten. Die Gewürze, Salz, Zucker, Chilischote und Ingwer daruntermischen und unter ständigem Rühren etwa 3 Min. mitbraten, bis die Gewürze leicht braun sind.

5 Tomatenviertel und 200 ml Wasser hinzufügen und alles zum Kochen bringen. Das Gericht bei mittlerer Hitze etwa 20 Min. zugedeckt kochen lassen, bis die Kichererbsen und das Lammfleisch gar sind. Ab und zu umrühren. Garam Masala über das Gericht streuen und warm mit Puri (S. 275) servieren.

Moong Dal (l.o.), Masoor Dal (r.o.), Toor Dal (l.u.) und Kichererbsen (r.u.).

Dals

Hülsenfrüchte zählen in Indien zu den Grundnahrungsmitteln und dürfen bei keiner Mahlzeit fehlen. Sie decken den täglichen Eiweißbedarf der Menschen, die wenig oder gar kein Fleisch essen. In der indischen Küche werden zahlreiche Sorten verwendet, es gibt ganze, gespaltene und geschälte. Beliebt sind gelbe Linsen (Chana Dal), die gelblich bis hellrot sind und leicht süßlich im Geschmack. Kala Chana sind braune Kichererbsen. Rote geschälte, halbierte Linsen (Masoor Dal) schmecken mild und werden beim Kochen gelblich. Toor Dal sind mit einer Ölschicht überzogene Linsen. Geschälte, halbierte Mungbohnen (Moong Dal), übersetzt Munglinsen, sind die populärsten Dals des Nordens. Urid Dal sind schwarze Bohnen, die halbiert und geschält weißgelb sind und Uridlinsen heißen.

Aus China · Scharf

Würzige Hähnchenschenkel

Dong An Tu Ji

Zutaten für 4 Portionen:
6 Hähnchenschenkel
5 Frühlingszwiebeln
30 g Ingwer
4 rote frische Chilischoten
5 EL neutrales Pflanzenöl
200 ml Hühnerbrühe (selbstgemacht oder instant)
Salz · 1/2 TL Sichuan-Pfeffer, frisch grob gemahlen
1 EL Reiswein
2 EL dunkler Reisessig
1 EL Speisestärke

Zubereitungszeit: 30 Min.
Pro Portion: 1500 kJ/360 kcal

1 Hähnchenschenkel kalt abspülen, trockentupfen und entbeinen. Dann in etwa 5 cm lange und 1 cm dünne Streifen schneiden.

2 Frühlingszwiebeln putzen, waschen und in etwa 7 cm lange Stücke schneiden. Ingwer schälen und in sehr feine Scheiben schneiden. Chilischoten längs halbieren, von Stielen und Kernen befreien, waschen und in dünne Streifen schneiden. Vorsicht, danach nicht mit den Händen an die Augen kommen!

3 Öl in einem Wok bei mittlerer Hitze heiß werden lassen. Fleisch darin unter Rühren 3–5 Min. braten, herausnehmen und das Fett abtropfen lassen.

4 Frühlingszwiebeln, Ingwer und Chilistreifen im Restöl unter Rühren etwa 1 Min. anbraten, die Brühe angießen, dann mit Salz, Sichuan-Pfeffer, Reiswein und Essig würzen. Hähnchen dazugeben. Zugedeckt bei mittlerer Hitze etwa 4 Min. kochen lassen. Zum Schluß die Speisestärke mit 2 EL Wasser anrühren, untermischen und die Sauce damit binden. Sofort servieren.

Tip! Wenn Sie es weniger scharf mögen, ersetzen Sie 2 der Chilischoten durch 1/2 rote Paprikaschote.

Sichuan-Pfeffer

Sichuan-Pfeffer heißt auf chinesisch »Hua Jiao«, was auf deutsch »Blütenpfeffer« bedeutet. Oft wird er auch unter der Bezeichnung »Szechuan-Pfeffer« angeboten. Er wächst nicht am Pfefferstrauch, sondern an einem kleinen Baum, der Dornen an den Ästen hat. Früher wuchs der hauptsächlich in West- und Nordchina vorkommende Baum wild, heute wird er jedoch immer mehr gezüchtet. Im Vergleich zu schwarzem Pfeffer hat der Sichuan-Pfeffer ein intensiveres Aroma. In der Sichuaner Küche wird er oft zusammen mit Chilischoten verwendet, dadurch wird den Gerichten ein scharf-würziger Geschmack verliehen. Die Blütenknospen, die eine rote Farbe haben, getrocknet, aber bräunlich aussehen, werden wie andere Pfefferkörner verwendet. Man mahlt sie im Mörser oder in der Pfeffermühle und streut den Pfeffer über das Gericht. Ganze Sichuan-Pfefferkörner werden entweder zum Marinieren und Einlegen verwendet, oder im heißen Öl kurz angebraten. Pfeffer gilt in der chinesischen Medizin auch als Heilmittel u.a. gegen Wassersucht und Rheuma.

Sichuan-Pfeffer wird am besten frisch im Mörser gemahlen.

Süß-saure Hühnerbrust

Aus Thailand · Braucht etwas Zeit

Gai Pad Priau Wan

Zutaten für 4 Portionen:
350 g Hühnerbrustfilet
2 EL helle Sojasauce
½ TL schwarzer Pfeffer, frisch gemahlen
2 mittelgroße Tomaten
2 mittelgroße Zwiebeln
½ Salatgurke
1 rote Paprikaschote
350 g frische Ananas, geschält gewogen (ersatzweise 1 kleine Dose Ananas)
⅛ l Ananassaft
3 Knoblauchzehen
½ l geschmacksneutrales Pflanzenöl + 3 EL Öl
100 g Tempuramehl
2 TL Speisestärke
5 EL Tomatenketchup
3 EL Fischsauce
3 EL Reisessig, ersatzweise milder Weinessig
4 EL Zucker
nach Belieben: 1 gewaschenes, in Blattform geschnittenes Bananenblatt zum Verzieren.

Zubereitungszeit: 1 Std. (+ 30 Min. Marinieren)

Pro Portion: 1500 kJ/360 kcal

1 Hühnerbrust in etwa 2 cm große Würfel schneiden. Mit Sojasauce und Pfeffer mischen und etwa 30 Min. zugedeckt im Kühlschrank marinieren.

2 Inzwischen Tomaten waschen, vierteln und vom Stielansatz befreien. Zwiebeln schälen, Gurke heiß waschen und beides in grobe Würfel schneiden. Paprikaschote waschen, entstielen, von den weißen Rippen und Kernen befreien, ebenfalls in grobe Würfel schneiden. Frische Ananas schälen, vierteln, den Strunk und die braunen Augen herausschneiden. Ananas aus der Dose abtropfen lassen. ⅛ l Ananassaft abmessen. Ananas in Stücke schneiden. Knoblauch schälen und fein hacken.

3 Pflanzenöl in einem Topf oder Wok erhitzen. Tempuramehl in einer Schüssel mit knapp ¼ l Wasser mit einem Schneebesen zu einem zähflüssigen Teig ohne Klumpen anrühren. Falls der Teig zu dick ist, noch etwas Wasser untermischen. Hühnerbrustwürfel im Teig wenden, dann portionsweise ins heiße Öl geben und bei mittlerer Hitze in etwa 4 Min. goldbraun ausbacken. Backofen auf 100° (Gas Stufe 1) vorheizen. Hühnerbrustwürfel mit einem Schaumlöffel herausnehmen und auf Küchenpapier entfetten. Gebackene Stückchen im Backofen warm halten.

4 Speisestärke in einer Tasse mit 3 EL Wasser glattrühren. 3 EL Öl in einer großen Pfanne oder im Wok erhitzen, Knoblauch darin bei mittlerer Hitze in etwa 1 Min. goldgelb braten. Tomatenviertel, Zwiebel-, Gurken-, Paprika- und Ananasstücke dazugeben und etwa 2 Min. bei starker Hitze braten.

5 Tomatenketchup und Fischsauce hinzufügen, Hitze verringern. Ananassaft oder ⅛ l Wasser dazugeben und alles einmal aufkochen.

6 Das Gericht mit Essig und Zucker süß-sauer abschmecken, Speisestärke noch einmal umrühren und vorsichtig untermengen und einmal kurz aufkochen lassen, damit die Sauce dickflüssig wird.

7 Kurz vor dem Servieren Hühnerbrustwürfel durch die Sauce ziehen. Schüssel evtl. mit Bananenblattstücken auslegen. Pfanneninhalt dann in die Schüssel geben und das Gericht sofort servieren.

Hühnchenfleisch mit Mais

Aus Thailand · Gelingt leicht

Gai Pad Johd Khao Pod

Zutaten für 4–6 Portionen:
600 g Hühnerbrustfilet
3 EL Fischsauce
½ TL schwarzer Pfeffer, frisch gemahlen
500 g frische Maiskölbchen
3 Frühlingszwiebeln
5 Knoblauchzehen
5 EL Öl
2 EL Austernsauce
1 EL Zucker

Zubereitungszeit: 30 Min.

Bei 6 Portionen pro Portion: 870 kJ/210 kcal

1 Hühnerbrustfilet in etwa 3 cm lange und ½ cm breite Streifen schneiden, mit 1 EL Fischsauce und Pfeffer vermischen und etwa 10 Min. marinieren.

2 Inzwischen Maiskölbchen waschen, das dickere Ende abschneiden und Maiskölbchen der Länge nach halbieren. Frühlingszwiebeln waschen, der Länge nach halbieren und in etwa 4 cm lange Stücke schneiden. Knoblauch schälen und kleinhacken.

3 Öl in einer Pfanne oder im Wok erhitzen, Knoblauch darin bei starker Hitze in etwa 2 Min. goldgelb braten. Hühnerbruststreifen dazugeben und bei starker Hitze etwa 2 Min. sautieren (unter Schwenken der Pfanne anbraten). Maiskölbchen, Frühlingszwiebeln, 2 EL Fischsauce, die Austernsauce und Zucker sowie evtl. etwas Wasser hinzufügen und alles etwa 1 Min. durchschwenken.

Variante: Probieren Sie dieses Gericht auch einmal mit Puten- oder Schweinefleisch.

Info: Es gibt mehrere hundert Arten von Pfeffergewächsen, die im tropischen Regenwald wachsen. Der Pfefferstrauch kommt ursprünglich aus Indien, er wird an Stangen angebaut. Wenn man die Pfefferkörner halbreif pflückt, schrumpft das Fruchtfleisch und man erhält schwarzen Pfeffer. Reif gepflückt, gibt es den milderen weißen Pfeffer.

Tip! Sie können ersatzweise auch Maiskölbchen aus der Dose nehmen. Achten Sie beim Kauf darauf, daß sie in Wasser und nicht in Essig eingelegt sind.

Hühnerbrust mit Sesam

Aus Thailand · Geht schnell

Gai Pad Nga Khao

Zutaten für 4–6 Portionen:
600 g Hühnerbrustfilet
½ TL Koriandersamen, frisch gemahlen
½ TL Salz
1 Stück frischer Ingwer (2 cm)
500 g Broccolistiele
2 EL weißer Sesamsamen
3 EL Öl · 2 EL helle Sojasauce
1 EL Fischsauce · 1 EL Zucker
nach Belieben: 1 Glas eingelegte Peperoni

Zubereitungszeit: 30 Min.

Bei 6 Portionen pro Portion: 660 kJ/160 kcal

1 Gut 1 l Wasser in einem Topf zum Kochen bringen. Hühnerbrustfilet in etwa 5 cm lange und 1 cm breite Streifen schneiden. Mit gemahlenen Koriandersamen und Salz vermischen und etwa 10 Min. ruhen lassen.

2 Inzwischen Ingwer schälen und kleinhacken. Broccolistiele schälen, von holzigen Stellen befreien und in etwa 5 cm lange Streifen schneiden. Diese im Wasser etwa 1 Min. blanchieren (sprudelnd kochen) und anschließend in ein Sieb schütten und abtropfen lassen.

3 Weißen Sesam in einer schweren Pfanne ohne Fett bei mittlerer Hitze in etwa 2 Min. braun rösten, dann in eine kleine Schüssel geben. Öl in der Pfanne oder im Wok erhitzen, Ingwer und Filet hineingeben und bei starker Hitze etwa 2 Min. braten.

4 Geschnittene Broccolistiele, Soja- und Fischsauce, Zucker und gerösteten Sesam hinzufügen und alles bei mittlerer Hitze etwa 2 Min. weitergaren. In einer Schüssel anrichten.

Tip! Reichen Sie Peperoni in Essig zur Hühnerbrust. Sie können auch eine Knoblauchzehe (in Scheiben geschnitten) zu den Peperoni in Essig geben.

Huhn mit schwarzen Bohnen

Aus Peking · Gelingt leicht

Jiang Ya Dou Chi Ji

Zutaten für 4 Portionen:
400 g Hühnerbrust, ohne Haut und Knochen
75 g junger Ingwer
1 Stück Frühlingszwiebel (etwa 10 cm lang)
50 g fermentierte schwarze Bohnen
300 ml Hühnerbrühe (selbstgemacht oder instant)
Salz · 1 EL Reiswein
1 TL Zucker
1 EL dunkle Sojasauce
1 EL Speisestärke
3 EL neutrales Pflanzenöl zum Braten
nach Belieben: 1 Stück Möhre zum Garnieren

Zubereitungszeit: 30 Min.

Pro Portion: 990 kJ/240 kcal

1 Das Hühnerfleisch waschen, trockentupfen und in etwa 2 cm große Würfel schneiden. Ingwer schälen und in dünne Streifen schneiden. Frühlingszwiebel putzen, waschen und fein hacken. Die fermentierten schwarzen Bohnen kleinhacken. Die Hühnerbrühe, Salz, Reiswein, Zucker, Sojasauce, Frühlingszwiebel und Speisestärke in einer Schüssel zu einer Sauce mischen.

2 Einen Wok oder eine Pfanne erwärmen, das Öl angießen und in etwa 3 Min. bei mittlerer Hitze heiß werden lassen. Das Hühnerfleisch und die gehackten Bohnen darin unter Rühren etwa 2 Min. anbraten, dann Ingwer und die Sauce dazugeben. Alles zugedeckt bei schwacher Hitze etwa 2 Min. köcheln lassen, bis die Sauce dicklich wird. Nach Belieben ein Stück Möhre in 8 Scheiben schneiden. Mit einem Ausstecher z.B. Blumen ausstechen und das Gericht damit garnieren.

Info: Das Originalrezept verwendet eigentlich statt Hühnerbrust Hähnchenfleisch, das man von den Knochen befreit. Weil das viel Arbeit bedeutet, haben wir hier Hühnerbrust genommen.

Tip! Falls Sie keinen jungen Ingwer bekommen können, nehmen Sie 50 g normalen Ingwer. Beim Kauf sollten Sie aber darauf achten, daß der Ingwer nicht zu viele Fasern hat.

Fermentierte Bohnen

Fermentierte Bohnen haben eine appetitanregende Wirkung.

Die fermentierten schwarzen Bohnen, auf chinesisch »Dou Chi«, werden als Würzmittel in erster Linie für Fisch, Geflügel und Fleisch verwendet. Ihr Geschmack regt den Appetit stark an, daher sollte man nicht zuviel verwenden. Man kann die Bohnen sowohl ganz als auch kleingehackt im heißen Öl kurz braten. Das Herstellungsverfahren ist wie folgt: Ausgesuchte Sojabohnen werden zuerst eingeweicht, gedämpft, mit einem Gärmittel und ein bißchen Mehl gemischt, dann in Behälter gefüllt. Nach einem Gärungsprozeß von 3–4 Tagen wird Salz und Sojasauce beigemischt. Die Bohnen werden anschließend in einem Krug verschlossen 2–3 Monate gelagert. Im letzten Arbeitsschritt werden die Bohnen luftgetrocknet. Es gibt auch fermentierte Bohnen ohne Salz und Sojasauce. Sie werden jedoch nur als Heilmittel in der traditionellen chinesischen Medizin verwendet.

»Ba-Bao«-Huhn

Festlich · Braucht etwas Zeit

Ba Bao Quan Ji

Zutaten für 4 Portionen:
1 Poularde (etwa 1,25 kg), küchenfertig vorbereitet
200 ml Hühnerbrühe (selbstgemacht oder instant)
80 g Langkornreis
20 g getrocknete Donggu-Pilze
25 g getrocknete Lotoskerne
20 g getrocknete Rotdatteln oder normale Datteln
20 g Bambussprossen in Stücken (aus der Dose)
25 g Eßkastanien (Maronen)
25 g Ginkgobaum-Früchte (ersatzweise s. Info)
25 g milder roher Schinken
2 EL neutrales Pflanzenöl
Salz
1 gehäufter EL Zucker
Reiswein
dunkle Sojasauce
1 TL Speisestärke
außerdem:
Küchengarn

Zubereitungszeit: 1 Std. (+ 1 Std. Dämpfen)

Pro Portion: 1900 kJ/450 kcal

1 Die Poularde innen und außen waschen, trockentupfen. Brühe in einem Topf zum Kochen bringen, Reis darin etwa 10 Min. zugedeckt bei schwacher Hitze köcheln lassen, in ein Sieb abschütten, Brühe dabei auffangen, beiseite stellen.

2 Reis abtropfen lassen. Donggu-Pilze in warmem Wasser etwa 10 Min. einweichen, waschen und in etwa 7 mm große Würfel schneiden. Lotoskerne in warmem Wasser etwa 10 Min. einweichen, die grünen Keime entfernen. Rotdatteln waschen, entkernen und in kleine Stücke schneiden. Bambussprossen etwa 1 Min. in Wasser sprudelnd kochen, abgießen, in etwa 7 mm große Würfel schneiden. Kastanien und Ginkgobaum-Früchte schälen. Schinken in etwa 3 mm kleine Stücke schneiden.

3 Einen Wok bei mittlerer Hitze erwärmen. Das Öl angießen und in etwa 3 Min. heiß werden lassen. Pilze, Lotoskerne, Datteln, Bambussprossen, Kastanien, Ginkgobaum-Früchte und Schinken darin unter Rühren etwa 2 Min. anbraten, den Reis dazugeben, mit Salz, Zucker, 2 EL Reiswein und 1 EL Sojasauce würzen, gut durchrühren.

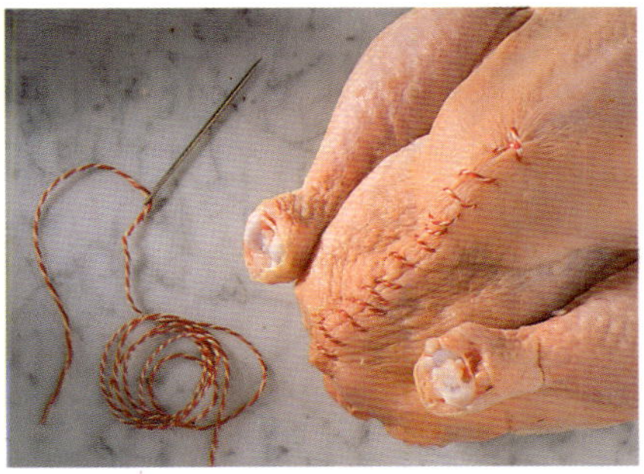

4 Die Füllung in die Poularde geben, dann den Bauch mit Küchengarn gut zunähen. Die Poularde mit der Brust nach oben in eine Form geben, die in einen Bambusdämpfer paßt. Die Form mit einer hitzebeständigen Folie verschließen. In einem Topf 1 ½ l Wasser aufkochen. Den Dämpfer auf den Topf stellen, schließen und die Poularde etwa 1 Std. dämpfen. Falls Sie keinen Bambusdämpfer haben, siehe Info S. 182.

5 Die Form mit der Poularde aus dem Dämpfer nehmen. Die Flüssigkeit aus der Form in einen Topf abgießen, die beiseite gestellte Brühe dazugießen und zum Kochen bringen, mit 1 Prise Salz, einem Schuß Reiswein und Sojasauce würzen. Stärke mit 2 TL Wasser anrühren und untermischen. Noch einmal aufkochen, dann über die Poularde gießen. Poularde im Ganzen servieren, nach Belieben vorher kleinschneiden.

Variante: Sie können die Poularde auch bei 200° (Mitte, Umluft 180°) im Backofen 30–40 Min. braten. Versuchen Sie es einmal mit Duftreis. Durch den schönen Duft vom Reis hat das Gericht ein noch besseres Aroma.

Info: Rotdatteln, auch chinesische Datteln genannt, sind eigentlich Jujuben. Sie sind olivenförmig und werden auch im Mittelmeerraum angebaut. Gewöhnlich in der Sonne getrocknet, werden sie in der chinesischen Küche für Süßspeisen und in der traditionellen Medizin als Heilmittel verwendet. Das sogenannte Ba-Bao, auf deutsch »Acht Kostbarkeiten«, sind in der Regel Zutaten, die man nicht jeden Tag verwendet. Es kommt dabei auf die Phantasie an. Wenn Sie z.B. keine Ginkgobaum-Früchte bekommen, können Sie diese durch dieselbe Menge Walnüsse ersetzen.

Huhn mit Kastanien

Aus Peking · Gelingt leicht

Li Zi Men Ji

Zutaten für 4 Portionen:
1 Hähnchen (etwa 1 kg), küchenfertig vorbereitet
1 Frühlingszwiebel
2 dünne Scheiben Ingwer
3 EL neutrales Pflanzenöl
2 EL Reiswein
4 EL dunkle Sojasauce
Salz
1 EL Zucker
300 ml Hühnerbrühe (selbstgemacht oder instant)
200 g Eßkastanien (Maronen)
250 g Broccoli

Zubereitungszeit: 50 Min.

Pro Portion: 1900 kJ/450 kcal

1 Das Hähnchen innen und außen waschen, das Fleisch von den Knochen lösen, dann in Würfel von etwa 3 cm Kantenlänge schneiden. Frühlingszwiebel putzen, waschen und kleinschneiden. Ingwer schälen und kleinschneiden.

2 In einem Wok 2 EL Öl bei mittlerer Hitze in etwa 3 Min. heiß werden lassen. Frühlingszwiebel und Ingwer dazugeben, unter Rühren kurz anbraten. Hähnchen dazugeben, bei starker Hitze unter Rühren etwa 5 Min. anbraten. Reiswein, Sojasauce, Salz und Zucker untermischen und nochmals etwa 1 Min. unter Rühren schmoren. Hühnerbrühe angießen. Aufkochen lassen, zudecken und bei schwacher Hitze etwa 15 Min. schmoren.

3 Inzwischen die Kastanien an der Spitze kreuzweise einschneiden, dann in einem Topf bei mittlerer Hitze etwa 5 Min. in Wasser kochen, kalt abschrecken, schälen, zum Hähnchen geben und etwa 5 Min. mitschmoren.

4 Inzwischen Broccoli waschen und die Röschen in etwa 5 cm große Stücke schneiden. In einem Topf 1/2 l Wasser zum Kochen bringen. Broccoliröschen ins Wasser geben, 1 EL Öl und etwas Salz dazugeben. Etwa 1 Min. sprudelnd kochen lassen, dann herausnehmen, abtropfen lassen und auf einen runden Teller legen.

5 Hähnchen aus dem Wok nehmen und auf die Broccolistücke legen. Kastanien um das Hähnchen herumlegen. 3–4 EL der Sauce darüber gießen.

Scharfe Hähnchenflügel

Aus China · Gelingt leicht

Ma La Ji Yi

Zutaten für 2 Portionen:
12 Hähnchenflügel
1 Frühlingszwiebel
2 dünne Scheiben Ingwer
25 g Sichuan-Pfefferkörner
2 frische Korianderzweige
4 EL neutrales Pflanzenöl
2 EL Zucker
4 EL dunkle Sojasauce
Salz
3 getrocknete Chilischoten
1 TL Speisestärke

Zubereitungszeit: 40 Min.

Pro Portion: 2600 kJ/620 kcal

1 Die Hähnchenflügel waschen, 4–5 cm von den Spitzen abschneiden. Hähnchenflügel in einem Topf mit etwa 1/2 l Wasser zum Kochen bringen, dann bei schwacher Hitze etwa 10 Min. offen weiter köcheln. Hähnchenflügel herausnehmen und abtropfen lassen. 100 ml von der Hühnerbrühe aufheben.

2 Frühlingszwiebel putzen, waschen und in etwa 5 cm lange Stücke schneiden. Ingwer schälen. Sichuan-Pfeffer in ein Stoffsäckchen füllen und zubinden. Koriander waschen, fein schneiden, und beiseite stellen.

3 Das Öl in einem Wok bei mittlerer Hitze heiß werden lassen, Zucker dazugeben und unter Rühren braun werden lassen, Sojasauce und Salz dazugeben, ein paar Sekunden zudecken, dann die Hühnerbrühe, Ingwer, Frühlingszwiebel, Sichuan-Pfeffer, getrocknete Chilischoten und die Hähnchenflügel dazugeben, alles aufkochen lassen. Dann die Hitze reduzieren und offen etwa 15 Min. bei schwacher Hitze köcheln lassen. Hin und wieder umrühren.

4 Wenn im Wok nicht mehr viel Flüssigkeit übrig ist, Ingwer, Frühlingszwiebel und das Sichuan-Pfeffer-Säckchen entfernen. Die Speisestärke mit 2 EL Wasser anrühren, untermischen, alles kurz aufkochen lassen. Die Hähnchenflügel auf einem Teller anrichten und den Koriander darüber streuen.

Getränk: Dazu paßt ein kühles Pils, das den scharfwürzigen Geschmack mildert.

Hähnchen Shandonger Art

Aus Nordchina · Braucht etwas Zeit

Shandong Shao Ji

Zutaten für 4 Portionen:
1 Hähnchen (etwa 1 kg), küchenfertig vorbereitet
2 Frühlingszwiebeln
50 g Ingwer
1 Bund Koriander
1 kleine grüne Paprikaschote (etwa 50 g)
200 ml dunke Sojasauce
120 ml Reiswein + 1 TL Reiswein
100 g Zucker
2 Zimtstangen (je etwa 7 cm)
4 Sternanis
1 l neutrales Pflanzenöl
1 EL helle Sojasauce
Salz
50 ml Hühnerbrühe (selbstgemacht oder instant)
1 TL dunkler Reisessig
1 TL Sesamöl

Zubereitungszeit: 1 Std.

Pro Portion: 2200 kJ/520 kcal

1 Das Hähnchen innen und außen waschen, dann in einem passenden Topf mit kochendem Wasser bedeckt etwa 10 Min. garen. Inzwischen die Frühlingszwiebeln putzen, waschen und 1 Zwiebel für die Sauce fein hacken und beiseite stellen, die andere in 10 cm lange Stücke schneiden. Den Ingwer schälen und etwa 20 g davon für die Sauce fein hacken und beiseite stellen, den Rest für die Brühe in Scheiben schneiden. Den Koriander waschen, trockenschütteln und fein hacken. Die Paprika waschen, halbieren, von Stiel und Kernen befreien, dann fein hacken.

2 Das Hähnchen aus dem Topf nehmen. Mit einem Schaumlöffel den Schaum von der Brühe abschöpfen, dann dunkle Sojasauce, 120 ml Reiswein, Zucker, Zimtstangen, Sternanis, die Frühlingszwiebelstücke und die Ingwerscheiben in die Brühe geben. Die Brühe zum Kochen bringen, das Hähnchen wieder hineingeben, zugedeckt bei schwacher Hitze etwa 15 Min. köcheln lassen. Das Hähnchen herausnehmen, abkühlen lassen und trockentupfen.

3 Öl in einem Wok bei starker Hitze heiß werden lassen, bis an einem ins Öl getauchten Holzstäbchen Bläschen aufsteigen. Das Hähnchen darin etwa 2 Min. fritieren, Vorsicht, Spritzgefahr! Dann das Hähnchen herausnehmen, abkühlen lassen und in etwa 5 cm lange und 2 cm breite Stücke schneiden (mit Knochen). Öl aus dem Wok gießen und den Wok spülen.

4 Die Hähnchenstücke in eine feuerfeste Form legen, die in einen Bambusdämpfer paßt, darüber 4 EL von der Würzbrühe gießen. Dann die Form in einen Bambusdämpfer stellen, den Dämpfer verschließen. 1/2 l Wasser in einem Topf oder Wok zum Kochen bringen. Den Dämpfer darauf stellen und das Hähnchen über dem heißen Dampf etwa 10 Min. dämpfen. Falls Sie keinen Bambusdämpfer haben, siehe Info.

5 Die Paprika, den Koriander, die gehackte Frühlingszwiebel und den Ingwer, helle Sojasauce, Salz, Hühnerbrühe, 1 TL Reiswein, Essig und Sesamöl in einer Schüssel zu einer Sauce verrühren. Beim Essen die Hähnchenstücke in die Sauce tauchen.

Info: Wenn Sie keinen Bambusdämpfer haben oder ihn in der passenden Größe nicht bekommen, können Sie eine feuerfeste Form oder einen Teller mit dem Fleisch auch (zugedeckt) auf einen großen Siebeinsatz geben und diesen in den mit Wasser gefüllten Topf oder Wok stellen bzw. hängen. Sie können aber auch eine hitzebeständige Tasse in einen passenden Topf stellen, etwa 5 cm hoch Wasser angießen, den Teller mit dem Fleisch darauf stellen und das Fleisch zugedeckt bei starker Hitze dämpfen. Dabei eventuell mehrmals Wasser nachgießen.

Tip! Statt Hähnchen können Sie für dieses Gericht auch Stubenküken verwenden. Die Würzbrühe können Sie zur weiteren Verwendung aufheben.

Hühnerleber mit Zwiebeln

Aus Südchina · Gelingt leicht

Yang Cong Chao Ji Gan

Zutaten für 3–4 Portionen:
200 g Hühnerleber
1 EL Reiswein
1 ½ EL dunkle Sojasauce
2 TL Speisestärke
250 g Zwiebeln
½ grüne Paprikaschote
4 EL neutrales Pflanzenöl
Salz
weißer Pfeffer, frisch gemahlen
75 ml Hühnerbrühe (selbstgemacht oder instant)

Zubereitungszeit: 30 Min.

Bei 4 Portionen pro Portion: 730 kJ/170 kcal

1 Hühnerleber kalt abbrausen, säubern, trockentupfen und in etwa 3 cm lange und 2 cm breite Stücke schneiden. Reiswein, ½ EL Sojasauce und 1 TL Speisestärke in einer Eßschale vermengen, Leber hineingeben und etwa 5 Min. marinieren.

2 Zwiebeln schälen und in 2–3 cm große Stücke schneiden. Paprikaschote von Kernen, Trennwänden und Stielansatz befreien, waschen und ebenfalls in 2–3 cm große Stücke schneiden.

3 Wok bei starker Hitze heiß werden lassen. 2 EL Öl angießen, Hühnerleber hineingeben. Unter Rühren etwa 2 Min. braten, dann herausnehmen.

4 Restliches Öl angießen, Zwiebeln und Paprikastücke hineingeben. Mit 1 EL Sojasauce, je 1 Prise Salz und Pfeffer würzen, und unter Rühren bei mittlerer Hitze 2–3 Min. braten. Hühnerleber dazugeben und alles mit Hühnerbrühe ablöschen. Gut durchrühren und bei starker Hitze zum Kochen bringen. Restliche Speisestärke mit 2 EL Wasser anrühren, die Sauce damit binden und das Gericht anschließend servieren.

Tip! Wenn Sie die Zwiebeln weicher mögen, geben Sie sie zuerst in den Wok. Dann mit 1 EL Sojasauce, je 1 Prise Salz und Pfeffer würzen und unter Rühren etwa 2 Min. braten. Paprika dazugeben, etwa 1 Min. rühren und dann die Leber hinzufügen.

Hühnerbrust in Zitronensaft

Aus Südchina · Gelingt leicht

Xi Ning Jian Ruan Ji

Zutaten für 4 Portionen:
350 g Hühnerbrust, ohne Haut und Knochen
Salz
1 kleines Ei
3 EL Speisestärke
1 unbehandelte Zitrone
300 ml neutrales Pflanzenöl zum Fritieren
3 EL Zucker
2 EL heller Essig
zum Garnieren: etwas Petersilie

Zubereitungszeit: 40 Min.

Pro Portion: 1400 kJ/330 kcal

1 Hühnerbrust kalt abbrausen, trockentupfen, in etwa 5 cm lange, 3 cm breite und ½ cm dicke Stücke schneiden. ½ TL Salz, Ei, 1 TL Wasser und 1 ½ EL Speisestärke vermischen, Fleisch damit vermengen und etwa 10 Min. ziehen lassen. Zitrone waschen, trockentupfen, in dünne Scheiben schneiden.

2 Öl im Wok bei starker Hitze in etwa 2 Min. heiß werden lassen. Temperatur dann auf mittlere Hitze zurückschalten, Hühnerbruststücke im Öl fritieren, bis beide Seiten goldbraun sind. Dann herausnehmen und auf einem Teller anrichten, Tellerrand mit der Hälfte der Zitronenscheiben garnieren.

3 Das Öl bis auf einen dünnen Film aus dem Wok abgießen. Die restlichen Zitronenscheiben mit Zucker, Essig, ½ TL Salz und 150 ml Wasser zu dem Ölrest in den Wok geben. Das Ganze unter Rühren erhitzen, bis der Zucker geschmolzen ist. 1 ½ EL Speisestärke mit 8 EL kaltem Wasser vermischen, unter ständigem Rühren in den Wok geben, bis die Sauce dickflüssig wird.

4 Die Sauce mit den Zitronenscheiben über die Hühnerbruststücke geben, Petersilie waschen, trockenschütteln, Blättchen abzupfen. Hühnerbrust damit garnieren und servieren.

米酒

Huhn im Kartoffelnest

Aus Südchina · Festlich

Que Chao Ji Pian

Zutaten für 4 Portionen:
300 g Hühnerbrust, ohne Haut und Knochen
2 Eiweiß
2 TL Speisestärke
Salz
½ rote Paprikaschote
500 g Kartoffeln, festkochend
2 EL Weizenmehl
½ l neutrales Pflanzenöl
200 g Kopfsalat
2 TL Reiswein
weißer Pfeffer, frisch gemahlen
außerdem: 2 kleine Metallsiebe von etwa 12 cm Ø oder 2 von unterschiedlicher Größe, ohne Kunststoffgriffe

Zubereitungszeit: 1 Std.

Pro Portion: 1900 kJ/450 kcal

1 Hühnerbrust kalt abbrausen, trokkentupfen und in etwa 4 cm lange, 2 cm breite und ½ cm dicke Streifen schneiden. Eiweiß in einer Eßschale mit 1 TL Speisestärke verquirlen, mit den Hühnerstreifen vermengen und mit 1 Prise Salz würzen. Paprikaschote von Kernen, Trennwänden und Stielansatz befreien, waschen und in etwa 2 cm große Stücke schneiden.

2 Kartoffeln waschen, schälen und fein raspeln, mit Weizenmehl und 8 EL Wasser vermischen, leicht mit Salz würzen. Ein kleines Metallsieb mit Kartoffelmasse auslegen, gut festdrücken, so daß eine Mulde entsteht und anschließend das zweite Sieb auf das erste mit der festgedrückten Kartoffelmasse setzen.

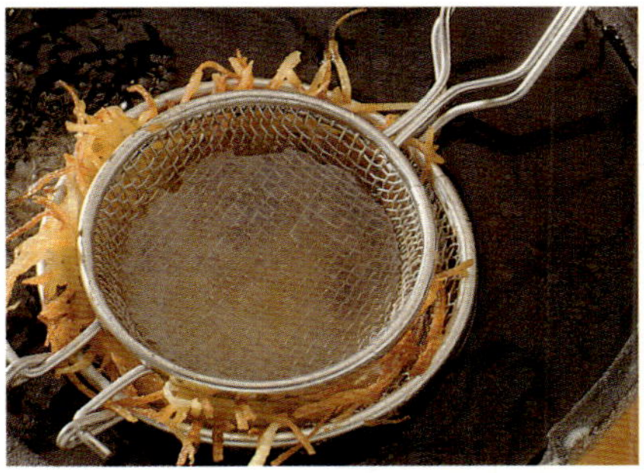

3 Das Öl in einem Wok oder Topf bei starker Hitze heiß werden lassen. Wenn an einem ins Öl getauchten Holzstäbchen Bläschen aufsteigen, ist es heiß genug. Die Siebe mit der Kartoffelmasse hineintauchen. Das Kartoffelnest etwa 5 Min. fritieren, bis es goldbraun und knusprig ist. Dann das Nest herausnehmen und abtropfen lassen. Auf diese Weise weitere Kartoffelnester fritieren, bis die Kartoffelmasse verbraucht ist.

4 Den Salat putzen, waschen und trockenschwenken. Die Nester auf Tellern anrichten und Salatblätter rundherum verteilen.

5 Öl noch einmal erhitzen, Hühnerstreifen und Paprika hineingeben, etwa 2 Min. fritieren und dann herausnehmen. Öl bis auf einen dünnen Film abgießen. Restliche Speisestärke mit 2 TL Wasser anrühren, mit Reiswein, etwas Salz und 1 Prise Pfeffer verquirlen, mit Hühnerstreifen und Paprika vermengen und das Ganze noch einmal in den Wok geben und bei mittlerer bis starker Hitze unter Rühren etwa ½ Min. garen.

6 Hühnerstreifen-Paprika-Gemisch in die Kartoffelnester füllen und servieren.

Tip! Gut zum Gericht im Nest passen außerdem Meeresfrüchte, wie z.B. Garnelen. Man kann für das Nest statt Kartoffeln auch vorgekochte schmale Nudeln verwenden.

Huhn in »Sha Cha«-Sauce

Aus Südchina · Pikant

Sha Cha Ji Ding

Zutaten für 4 Portionen:
15 g getrocknete Donggu-Pilze
400 g Hühnerbrust, ohne Haut und Knochen
2 EL Speisestärke
1 ½ EL helle Sojasauce
1 EL Reiswein
100 g Bambussprossen (in Stücken aus der Dose)
1 Frühlingszwiebel
1 Knoblauchzehe
4 EL neutrales Pflanzenöl
4 EL »Sha Cha«-Sauce
2 EL Erdnußcreme
1 TL Zucker
150 ml Hühnerbrühe (selbstgemacht oder instant)

Zubereitungszeit: 45 Min.

Pro Portion: 1300 kJ/310 kcal

1 Donggu-Pilze in warmem Wasser etwa 20 Min. einweichen. Inzwischen Hühnerbrust kalt abspülen, trockentupfen und in Würfel von etwa 1½ cm Kantenlänge schneiden. In einer Eßschale Speisestärke mit 3 EL Wasser anrühren, ½ EL Sojasauce und den Reiswein dazugeben und alles gut durchrühren. Fleischwürfel untermengen.

2 Pilze aus dem Einweichwasser nehmen, waschen, vom Stiel befreien und in etwa 1½ cm große Stücke schneiden. In einem Topf Wasser aufkochen. Bambussprossen darin etwa 1 Min. sprudelnd kochen, herausnehmen, abtropfen und abkühlen lassen, dann ebenfalls in 1½ cm große Stücke schneiden.

3 Frühlingszwiebel putzen, waschen. Knoblauch häuten, beides fein hacken.

4 Den Wok bei mittlerer Hitze anwärmen, 3 EL Öl hineingeben. Das Öl in etwa 2 Min. heiß werden lassen. Hühnerbrust und Bambussprossen darin unter Rühren etwa 2 Min. braten, dann herausnehmen.

5 Restliches Öl in den Wok gießen, Knoblauch darin unter Rühren bei schwacher Hitze kurz anbraten, »Sha Cha«-Sauce und Erdnußcreme hineingeben, alles gründlich durchrühren. Hühnerbrust, Bambussprossen, Donggu-Pilze und Frühlingszwiebel dazugeben, mit Zucker und 1 EL Sojasauce würzen, Hühnerbrühe darüber gießen, alles gut durchrühren, bei starker Hitze alles zum Kochen bringen und dann sofort servieren.

»Sha Cha«-Sauce

»Sha Cha«-Sauce besteht aus über 30 verschiedenen Zutaten.

»Sha Cha« ist die chinesische Übersetzung für das indonesische »Saté«, was ursprünglich scharf gewürztes und gegrilltes Fleisch bedeutete. In der südchinesischen Küche versteht man unter »Sha-Cha« jedoch nur die gleichnamige Sauce, die als Gewürz verwendet wird. Sie besteht aus mehr als 30 verschiedenen Zutaten wie beispielsweise Erdnüssen, Kokos, in Salz eingelegten jungen Krabben, Sichuan-Pfeffer, Chili, Nelken, Ingwer, Knoblauch, Schnittlauch, Koriandersamen, getrockneter Mandarinenschale, getrocknetem Fisch, Sternanis, weißen Sesamsamen, Pfeffer, Zucker, Wurzeln der chinesischen Pfingstrose und Zitronengras. Alle Zutaten werden in heißem Öl fritiert, dann fein gemahlen und zusammen mit Pflanzenöl und Salz gekocht. Je nach Region werden die Zutaten unterschiedlich kombiniert. Die fertige Sauce hat eine bräunliche Farbe und ein sehr appetitanregendes Aroma. Sie eignet sich besonders gut, um Fleisch, Geflügel, Shrimps und auch Gemüse zu würzen. Sie ist auch ideal zum Grillen. In Asienläden ist meistens fertige »Sha Cha«-Sauce erhältlich. Manchmal bekommt man sie auch als Pulver. Für die Sauce vermischen Sie 70 ml Wasser mit 50 g »Sha Cha«-Pulver und erhitzen diese Mischung etwa 5 Minuten bei schwacher Hitze unter ständigem Rühren. Sie können die Sauce entweder sofort verwenden oder abgekühlt als Vorrat in ein Glas füllen.

Hühnerfleisch in Ananas

Aus Südchina · Gelingt leicht

Bo Luo Bi Yi Qiu

Zutaten für 4 Portionen:
1 frische Ananas (etwa 1,2 kg)
je ½ rote und grüne Paprikaschote
250 g Hühnerbrust, ohne Haut und Knochen
3 TL Speisestärke
1 Eiweiß
Salz · 1 TL Zucker
½ TL Sesamöl
weißer Pfeffer, frisch gemahlen
1 Knoblauchzehe
1 kleiner Bund Schnittlauch
3 EL neutrales Pflanzenöl
1 TL Reiswein

Zubereitungszeit: 40 Min.

Pro Portion: 1200 kJ/290 kcal

1 Ananas kalt abbrausen, trockentupfen und längs im Verhältnis 1 : 2 durchschneiden. Das holzige Innere der Ananas herausschneiden. Das Ananasfleisch der beiden Teile auslösen und in Würfel von etwa 2 cm Kantenlänge schneiden.

2 Paprikaschoten von Kernen, Trennwänden und Stielansätzen befreien, Schoten waschen und in etwa 2 cm große Stücke schneiden.

3 Hühnerbrust kalt abbrausen, trockentupfen und in etwa ½ cm dünne, 2 cm breite und 3 cm lange Scheiben schneiden. Speisestärke mit 3 TL Wasser anrühren. Dann in einer Eßschale Eiweiß, ½ TL Salz und ⅓ der angerührten Speisestärke verrühren. Fleisch untermengen.

4 Die restliche Speisestärke, Zucker, Sesamöl und je 1 Prise Salz und Pfeffer in einer Eßschale zu einer Sauce verrühren. Knoblauch häuten und fein hacken. Schnittlauch waschen, trockenschütteln und fein hacken.

5 Den Wok bei starker Hitze in etwa 2 Min. heiß werden lassen. Öl hineingießen, Temperatur auf mittlere Hitze zurückschalten. Die Hühnerbrust in den Wok geben, unter Rühren etwa 1 Min. braten und danach herausnehmen.

6 Paprika, Knoblauch und Ananaswürfel in den Wok geben. Im Restöl unter Rühren bei mittlerer Hitze etwa 2 Min. braten, die Hühnerbrust dazugeben, alles mit Reiswein beträufeln, die angerührte Sauce darüber gießen (vorher eventuell nochmals durchrühren), alles gut vermengen und zum Kochen bringen.

7 Zum Schluß mit Schnittlauch bestreuen, dann in dem größeren Teil der Ananas anrichten, mit dem kleineren Teil zudecken und servieren.

Getränk: Probieren Sie dazu einmal einen trockenen, jedoch nicht herben Sauvignon Blanc mit tropischem Fruchtaroma, z.B. aus Australien oder Neuseeland.

Info: Ananas wird in Südchina, insbesondere in Guangdong, Fujian, Taiwan und auf der Insel Hainan viel angebaut. Daher ist sie nicht nur als Obst, sondern auch als Zutat in der Küche sehr beliebt. Die Ananasschale, in der das Gericht in diesem Rezept serviert wird, gibt ihm ein besonders appetitanregendes Aroma und trägt auch erheblich zu dem süß-sauren Geschmack bei.

Scharf-würzige Hühnerbrust

Aus Westchina · Gelingt leicht

Yu Xiang Ji Pu

Zutaten für 3–4 Portionen:
300 g Hühnerbrust,
ohne Haut und Knochen
1 Prise Salz · 2 EL Reiswein
2 Eier · 50 g Speisestärke
1 Scheibe Ingwer, etwa 1 cm dick
3 Knoblauchzehen
1 EL Zucker · 1 EL heller Reisessig
1 ½ TL helle Sojasauce
250 ml neutrales Pflanzenöl
zum Fritieren
1 ½ TL scharfe Bohnenpaste

Zubereitungszeit: 50 Min.

Bei 4 Portionen pro Portion:
1400 kJ/330 kcal

1 Die Hühnerbrust waschen, trockentupfen und in etwa 6 cm lange und 1 cm dicke Streifen schneiden, dann mit Salz und 1 EL Reiswein mischen. Eier mit der Speisestärke vermengen.

2 Ingwer schälen, Knoblauch häuten, beides fein hacken. In einer kleinen Schüssel Zucker mit Essig, Sojasauce und 1 EL Reiswein zu einer Sauce mischen, beiseite stellen.

3 Öl in einem Wok bei starker Hitze heiß werden lassen, bis an einem ins Öl getauchten Holzstäbchen Bläschen emporsteigen. Hühnerstreifen durch die Ei-Stärkemasse ziehen und stückweise im heißen Öl etwa 1 Min. fritieren. (Vorsicht, Spritzgefahr!) Herausnehmen und das Fett abtropfen lassen.

4 Die Temperatur auf niedrigste Stufe zurückschalten und das Öl bis auf einen dünnen Film aus dem Wok gießen. Die scharfe Bohnenpaste bei schwacher Hitze darin etwa ½ Min. unter Rühren flüssig werden lassen. Ingwer und Knoblauch dazugeben. Unter Rühren kurz anbraten, die vorbereitete Sauce dazugeben. Die Hühnerstreifen untermengen und alles noch einmal unter Rühren etwa ½ Min. bei mittlerer Hitze braten.

Huhn mit Zuckererbsen

Aus Westchina · Gelingt leicht

Wan Dou Ji Pian

Zutaten für 3–4 Portionen:
300 g Hühnerbrust, ohne Haut und Knochen
1 Eiweiß · 1 EL helle Sojasauce
1 EL Speisestärke
+ 1 TL Speisestärke
2 EL Reiswein
1 kleine Zwiebel (50 g)
1 Frühlingszwiebel
1 Scheibe Ingwer, etwa 1 cm dick
80 g Zuckererbsen
4 EL neutrales Pflanzenöl
weißer Pfeffer, frisch gemahlen
Salz · 1/2 TL Sesamöl
nach Belieben: Frühlingszwiebeln zum Garnieren

Zubereitungszeit: 35 Min.

Bei 4 Portionen pro Portion: 950 kJ/230 kcal

1 Hühnerbrust waschen, trockentupfen und in etwa 5 cm lange und 1/2 cm dünne Scheiben schneiden. Dann mit Eiweiß, Sojasauce, 1 EL Speisestärke und 1 EL Reiswein mischen. Etwa 10 Min. marinieren.

2 Zwiebel schälen und in etwa 3 cm große Stücke schneiden. Frühlingszwiebel putzen und waschen. Ingwer schälen. Beides fein hacken. Zuckererbsen waschen, abtropfen lassen.

3 Öl in einem Wok bei mittlerer Hitze heiß werden lassen. Hühnerbrust samt Marinade hineingeben und darin unter Rühren etwa 1 Min. braten. Herausnehmen, das Fett abtropfen lassen.

4 Zwiebel, Frühlingszwiebel und Ingwer bei mittlerer Hitze im Restöl kurz anbraten, Zuckererbsen und Hühnerbrust dazugeben, mit 1 EL Reiswein, 1 Prise Pfeffer und Salz würzen. Das Ganze unter Rühren etwa 1 Min. braten. 1 TL Speisestärke mit 1 EL Wasser anrühren, unterrühren und die Sauce damit binden. Vor dem Servieren mit Sesamöl beträufeln. Nach Belieben mit Frühlingszwiebeln garnieren.

Variante: Sie können statt Hühnerbrust auch Schweinefleisch nehmen.

Hühnerbrust mit Erdnüssen

Aus Westchina · Scharf

Gong Bao Ji Ding

Zutaten für 3–4 Portionen:
100 g rohe geschälte Erdnüsse
300 g Hühnerbrust, ohne Haut und Knochen
1 Eiweiß
Salz
2 EL Speisestärke
2 Knoblauchzehen
20 g getrocknete rote Chilischoten
1 EL dunkle Sojasauce
1 EL Reiswein
1 TL Zucker
1 EL Reisessig
1/2 TL Sesamöl
100 ml neutrales Pflanzenöl

Zubereitungszeit: 50 Min.

Bei 4 Portionen pro Portion:
1500 kJ/360 kcal

1 Erdnüsse etwa 15 Min. in lauwarmem Wasser einweichen. Hühnerbrust waschen, trockentupfen und in etwa 2 cm große Würfel schneiden. Dann in einer Schale mit Eiweiß, Salz und 1 EL Speisestärke verrühren und etwa 10 Min. marinieren.

2 Erdnüsse aus dem Wasser nehmen und trockentupfen. Knoblauch häuten und fein hacken. Chilischoten halbieren, von den Kernen befreien. Vorsicht, danach nicht mit den Händen an die Augen kommen!

3 In einer Schale 1 EL Speisestärke mit 2 EL Wasser anrühren. Mit Sojasauce, Reiswein, Zucker, Reisessig und Sesamöl zu einer Würzsauce verrühren, beiseite stellen.

4 Einen Wok bei mittlerer Hitze erwärmen. 1 EL Pflanzenöl angießen und die Erdnüsse hineingeben. Temperatur herunterschalten und die Erdnüsse bei schwacher Hitze unter Rühren etwa 3 Min. rösten, dann herausnehmen und beiseite stellen.

5 Das restliche Öl in den Wok gießen und bei starker Hitze heiß werden lassen. Hühnerwürfel mitsamt der Marinade hineingeben und unter Rühren etwa 2 Min. braten. Herausnehmen und das Fett auf Küchenpapier abtropfen lassen.

6 Die Temperatur herunterschalten und das Öl bis auf einen dünnen Film aus dem Wok abgießen. Knoblauch und Chilischoten darin bei mittlerer Hitze unter Rühren kurz anbraten, Hühnerwürfel dazugeben und unter Rühren etwa 1 Min. mitbraten. Die vorbereitete Würzsauce unterrühren. Aufkochen lassen, die Erdnüsse dazugeben, alles gut durchrühren und servieren.

Info: Dieses Gericht ist in der Sichuaner Küche sehr berühmt. Es hat eine fast 300 Jahre lange Tradition. Anfang des 17. Jahrhunderts erhielt die Provinz Sichuan einen neuen Gouverneur. Ihm zu Ehren wurde ein großes Essen arrangiert. Dabei hatte ihm das Gericht »Hühnerbrust mit Chili und Erdnüssen« besonders gut geschmeckt. Da der neue Gouverneur die Position eines »Gong Bao« (hoher Beamter) hatte, wurde dieses Gericht dann nach seiner Position, also »Gong Bao-Hühnerbrust«, genannt.

Tips! Wenn Sie keine rohen Erdnüsse im Asienladen bekommen können, ersetzen Sie diese durch geröstete oder Sie nehmen Cashewnüsse. Sie können, ganz nach Geschmack, auch nur 50 ml Öl zum Braten verwenden. Wenn Sie etwas Farbe in das Gericht bringen wollen, können Sie noch je 1/2 rote und grüne Paprikaschote verwenden. Dazu geputzte Paprikahälften in etwa 2 1/2 cm große Stücke schneiden. Die Paprikastücke bei Schritt 6 nach dem Anbraten des Knoblauchs und der Chilischoten dazugeben und unter Rühren etwa 1 Min. braten. Dann die Hühnerwürfel dazugeben.

Scharfe Hähnchenwürfel

Aus Westchina · Deftig

Da Qian Zi Ji

Zutaten für 4 Portionen:
1 Hähnchen (900 g–1 kg), küchenfertig vorbereitet
1 Eiweiß
2 EL dunkle Sojasauce
2 EL Reiswein · 1 EL Speisestärke
2 grüne Paprikaschoten
3 frische rote Chilischoten
4 Knoblauchzehen
½ l neutrales Pflanzenöl zum Fritieren
1 TL Zucker · Salz
1 Prise Sichuan-Pfeffer, frisch gemahlen
1 TL dunkler Reisessig

Zubereitungszeit: 40 Min.

Pro Portion: 2200 kJ/520 kcal

1 Das Hähnchen waschen, trockentupfen und mit Knochen und Haut in etwa 5 cm große Stücke hacken. Dann mit Eiweiß, je 1 EL Sojasauce, Reiswein und Speisestärke mischen und etwa 10 Min. marinieren.

2 Paprikaschoten halbieren, von Stielansatz, Kernen und Trennwänden befreien, waschen und in etwa 6 cm lange und 3 cm dicke Stücke schneiden. Chilischoten längs halbieren, von den Stielen und Kernen befreien, ausspülen. Vorsicht, danach nicht mit den Händen an die Augen kommen! Knoblauch häuten und in dünne Scheiben schneiden.

3 Öl in einem Wok stark erhitzen, bis an einem ins Öl getauchten Holzstäbchen Bläschen emporsteigen. Die Hähnchenwürfel stückweise hineingeben und etwa 2 Min. fritieren. (Vorsicht, Spritzgefahr!) Dann herausnehmen und das Fett abtropfen lassen. Die Temperatur herunterschalten.

4 Öl bis auf einen dünnen Film aus dem Wok abgießen. Paprika, Chilischoten und Knoblauch bei mittlerer Hitze darin unter Rühren anbraten. Hähnchenwürfel dazugeben, mit je 1 EL Sojasauce und Reiswein, mit Zucker, Salz sowie Sichuan-Pfeffer würzen. Etwa 150 ml Wasser angießen. Zugedeckt bei mittlerer Hitze etwa 2 Min. kochen. Dann Essig untermischen, unter Rühren kurz aufkochen lassen und anschließend servieren.

Variante: Falls Sie es nicht so scharf mögen, ersetzen Sie die Chilischoten durch 1 kleine rote Paprikaschote.

Chilischoten und Chiliöl

Die Küche der Provinzen Sichuan, Hunan und Guizhou ist vor allem wegen der Schärfe ihrer Gerichte berühmt. Für diese Schärfe gibt es viele Erklärungen. So erzählt eine alte Legende zum Beispiel, daß es in den Bergen Sichuans »giftige Dämpfe« gibt; um sich dagegen zu schützen, müsse man seinem Essen scharfe Gewürze hinzufügen. Die Schärfe kommt von frischen und getrockneten Chilischoten, von Chilipulver oder Chiliöl. Meist werden die Chilischoten kleingehackt (mit oder ohne den Kernen) in heißem Öl angebraten, bevor man andere Zutaten dazugibt. Manchmal werden sie auch einfach roh zum Essen serviert. Für das Chilipulver werden getrocknete Chilischoten verwendet, die geröstet und gemahlen werden. Das Chiliöl wird in der Regel erst zum Schluß auf die Speisen geträufelt. Chiliöl kann man leicht selbst herstellen. Man zerbröselt 10 getrocknete, entkernte rote Chilischoten und übergießt sie in einem verschließbaren Glas mit 1/4 l erhitztem und wieder abgekühltem Speiseöl. Nach ein paar Tagen ist das Öl schon sehr scharf. Nach der chinesischen Medizin haben die Chilischoten eine warme Temperaturausstrahlung, das heißt, Menschen, die Infektionen, Haut- oder Magenprobleme haben, sollten möglichst keine Gerichte essen, in denen sie reichlich verwendet wurden.

Chilischoten und -öl sind für Westchinas Küchen unentbehrlich.

Hühnerfleisch in Melone

Aus Westchina · Raffiniert

Mi Gua Ji Zhong

Zutaten für 4 Portionen:
2 getrocknete Kammuscheln (ersatzweise rohe, geschälte Garnelen)
3 EL Reiswein
300 g Hühnerbrust, ohne Haut und Knochen
1 Scheibe Ingwer, etwa 2 cm dick
80 g Wasserkastanien (aus der Dose oder Spargelstücke)
Salz
1 Prise weißer Pfeffer, frisch gemahlen
1 EL helle Sojasauce
120 ml Hühnerbrühe (selbstgemacht oder instant)
4 Honigmelonen (siehe Tips!)
1 kleiner Bund chinesischer Schnittlauch (möglichst mit Blüten)

Zubereitungszeit: 20 Min. (+ 20 Min. Einweichen + 30 Min. Dämpfen)

Pro Portion: 960 kJ/230 kcal

1 Die Kammuscheln in Reiswein etwa 20 Min. einweichen. Inzwischen die Hühnerbrust waschen, trockentupfen und mit einem Küchenbeil oder im Blitzhacker fein hacken. Ingwer schälen und fein hacken. Wasserkastanien fein hacken. Die Kammuscheln aus dem Reiswein nehmen und ebenfalls fein hacken.

2 Die feingehackten Zutaten in einer Schüssel mit Salz, Pfeffer, Sojasauce und Hühnerbrühe vermengen.

3 Von den Melonen einen Deckel abschneiden und mit einem Löffel die Kerne entfernen.

4 Dann mit einem Messer nach Belieben die Kanten der Melonen und der Deckel einkerben, so daß ein Zick-Zackmuster entsteht (wobei die Kerbungen von Melonen und Deckel so ineinandergreifen müssen, daß sich die Melonen mit den Deckeln wieder verschließen lassen).

5 Die Melonen dreiviertelvoll mit der Hühnermasse füllen und die Melonendeckel wieder aufsetzen. Die Melonen auf einen feuerfesten Teller geben. Dann den Teller mit den wieder zugedeckten Melonen in einen Bambusdämpfer setzen, Dämpfer schließen. Wenn Sie keinen Bambusdämpfer haben, siehe Info S. 182.

6 In einem Wok 1 l Wasser aufkochen. Den Bambusdämpfer darauf setzen. Die Melonen mit Hühnerfleisch bei starker Hitze etwa 30 Min. dämpfen. Inzwischen Schnittlauch putzen, waschen und nach Belieben fein hacken. Vor dem Servieren die Melonendeckel abnehmen und die gefüllten Melonen mit Schnittlauch bestreuen oder mit ein paar Stengeln mit Blüten garnieren. Melonen in je eine chinesische Eßschale oder einen tiefen Teller stellen und servieren.

Tips! Die Melonen sollten in etwa die Größe einer Grapefruit haben.
Das Schneiden geht noch einfacher, wenn Sie die Melone mit dem Stielansatz nach oben vor sich hinlegen und im oberen Drittel mit einem spitzen Messer in die noch ganze, geschlossene Melone einstechen. Von dort ausgehend schneiden Sie rundum das Muster ein. Dabei mit dem Messer immer bis zur Mitte schneiden. Dann ziehen Sie Deckel und Melone einfach auseinander. Sie können den Deckel der Melone auch noch mit Mustern verzieren.

Hähnchen indisch

Aus Indien · Gelingt leicht

Murg Kari

Zutaten für 4 Portionen:
1 frisches Hähnchen, küchenfertig vorbereitet (etwa 1,2 kg)
1 Kartoffel, festkochend (etwa 100 g)
2 mittelgroße Tomaten
2 frische Chilischoten
4 mittelgroße Zwiebeln
4 Knoblauchzehen
2 Stücke frischer Ingwer (je 3 cm)
5 EL Ghee, ersatzweise Butterschmalz
1 Stück Zimtrinde (etwa 6 cm)
2 grüne Kardamomkapseln
2 Nelken · 2 Lorbeerblätter
½ TL Chilipulver
2 TL Kreuzkümmelpulver
1 TL Korianderpulver
2 EL Tomatenmark · 3 EL Joghurt
Salz · 1 TL Garam Masala

Zubereitungszeit: 1 Std. 10 Min.

Pro Portion:
2300 kJ/550 kcal

1 Hähnchen innen und außen waschen, die Haut entfernen und Hähnchen in etwa 4 x 4 cm große Stücke schneiden. Kartoffel waschen, schälen und in etwa 4 cm große Würfel schneiden. Tomaten waschen, vierteln und vom Stielansatz befreien.

2 Chilischoten vom Stielansatz befreien und längs mehrmals einschneiden. Vorsicht, danach Hände gründlich waschen, keinesfalls an die Augen bringen! Zwiebeln und Knoblauch schälen und fein hacken. Ingwer schälen und auf der Gemüsereibe fein reiben.

3 Ghee in einer Karai, einem Wok oder einem Topf erhitzen. Zwiebeln darin bei mittlerer Hitze dunkelbraun anbraten. Zimt-rinde, Kardamom, Nelken und Lorbeerblätter dazugeben und etwa 2 Min. braten. Chilipulver, Kreuzkümmel und Koriander unterrühren und 2–3 Min. mitbraten. Chilischoten, Knoblauch und Ingwer dazugeben und alles gut mischen.

4 Tomatenviertel, Hähnchenstücke, Kartoffelwürfel, Tomatenmark und Joghurt hinzufügen und bei mittlerer Hitze etwa 5 Min. unter Rühren anbraten.

5 Salz und 400 ml Wasser dazugeben. Zum Kochen bringen, die Hähnchenteile dabei ständig wenden, damit sie gleichmäßig mit der Sauce überzogen werden. Alles bei schwacher Hitze etwa 20 Min. zugedeckt köcheln lassen, bis das Hähnchen gut durchgegart und die Kartoffel weich ist. Hin und wieder umrühren. Kurz vor dem Servieren Garam Masala über das Gericht streuen. Mit Basmatireis oder Chapati (S. 274) servieren.

Huhn in Mandelsauce

Aus Indien · Mild

Murg Man Pasand

Zutaten für 4–6 Portionen:
1 kg Hühnerbrustfilet
3–6 mittelgroße Zwiebeln
6 Knoblauchzehen
1 Stück frischer Ingwer (4 cm)
3 Tomaten
3 EL Ghee, ersatzweise Butterschmalz
4 Nelken
4 Stücke Zimtrinde (je 5 cm)
6 grüne Kardamomkapseln
1½ TL Kreuzkümmelpulver
½ TL Korianderpulver
1 TL Kurkumapulver
¼ TL Chilipulver · Salz
3 EL geschälte, gemahlene Mandeln
2 Stengel frischer Koriander
1 EL Mandelstifte

Zubereitungszeit: 30 Min. (+ 20 Min. Garen)

Bei 6 Portionen pro Portion: 1000 kJ/240 kcal

1 Hühnerbrustfilets abspülen, trockentupfen und in etwa 2½ cm große Quadrate schneiden. Zwiebeln schälen, halbieren und in dünne Halbringe schneiden. Knoblauchzehen schälen und durchpressen, Ingwer ebenfalls schälen und mit der Gemüsereibe fein reiben. Tomaten waschen, vierteln und vom Stielansatz befreien.

2 Ghee in einer Karai, einem Wok oder im Topf erhitzen. Zwiebeln hineingeben und bei mittlerer Hitze unter ständigem Rühren in etwa 10 Min. gleichmäßig braun anbraten. Knoblauch und Ingwer dazugeben und alles weitere 2 Min. rösten. Nelken, Zimtrinde und Kardamom dazugeben und etwa 2 Min. mitbraten.

3 Hühnchenstücke hinzufügen und unter ständigem Rühren etwa 5 Min. braten. Kreuzkümmel, Korianderpulver, Kurkuma, Chilipulver und reichlich Salz unterrühren.

4 Tomaten, gemahlene Mandeln und 250 ml heißes Wasser nach und nach dazugeben, umrühren und alles zum Kochen bringen. Bei schwacher Hitze etwa 20 Min. köcheln lassen, bis das Fleisch gut durchgegart und weich ist. Öfter umrühren.

5 Koriander waschen und trockenschütteln. Die Blätter abzupfen. Kurz vor dem Servieren das Gericht mit Korianderblättern und Mandelstiften garnieren. Mit Basmatireis, Naan (S. 276) oder Chapati (S. 274) servieren.

Kross gebratene Ente

Aus Peking · Braucht etwas Zeit

Xiang Su Ya Zi

Zutaten für 4 Portionen:
1 Ente (etwa 1,5 kg), küchenfertig vorbereitet
Salz
1 EL dunkle Sojasauce
1 EL Reiswein
1 Frühlingszwiebel
1 etwa walnußgroßes Stück Ingwer (20 g)
2 Sternanis
1 Stück Zimtrinde (etwa 4 cm lang)
6–7 Sichuan-Pfefferkörner
1 ¹/₂ l neutrales Pflanzenöl zum Fritieren
nach Belieben: rote Paprikastreifen zum Garnieren

Zubereitungszeit: 45 Min.

Pro Portion: 4300 kJ/1000 kcal

1 Die Ente innen und außen waschen, trockentupfen und auf einen großen feuerfesten Teller legen, der in einen Bambusdämpfer paßt. Danach die Ente mit Salz und Sojasauce einreiben und mit Reiswein beträufeln.

2 Die Frühlingszwiebel putzen und waschen, den Ingwer schälen. Beides in feine Streifen schneiden. Sternanis, Zimt, Frühlingszwiebel- und Ingwerstreifen auf die Ente geben. Den Teller in den Dämpfer stellen, diesen verschließen. In einem großen Topf oder Wok 1 ¹/₂ l Wasser aufkochen. Den Dämpfer darauf stellen und die Ente bei starker Hitze etwa 30 Min. dämpfen. Falls Sie keinen Bambusdämpfer haben, siehe Info S. 182.

3 Inzwischen Sichuan-Pfefferkörner zerstoßen und in einem Schälchen mit etwas Salz mischen. Die Ente aus dem Dämpfer nehmen, abtropfen lassen. Öl zum Fritieren in einem Wok bei starker Hitze heiß werden lassen, bis an einem ins Öl getauchten Holzstäbchen kleine Bläschen aufsteigen. Die Ente ins Öl zum Fritieren geben. Vorsicht, Spritzgefahr! Nach etwa 3 Min., wenn die Haut kross geworden ist, die Ente herausnehmen, zerlegen und zusammen mit der Salz-Pfeffer-Mischung als Dip servieren. Nach Belieben mit Paprikastreifen garnieren.

Variante: Man kann die Ente vor dem Dämpfen auch mit zerstoßenen Sichuan-Pfefferkörnern und Salz innen und außen einreiben und etwa 2 Std. später zusammen mit den oben angegebenen Zutaten dämpfen. Danach die Zutaten entfernen und die Ente mit Sojasauce bestreichen, kurz antrocknen lassen, erst dann fritieren.

Hühnerbrust mit Walnüssen

Aus Peking · Gelingt leicht

Jiang Bao Ji Pu Ding He Tao

Zutaten für 4 Portionen:
300 g Hühnerbrust, ohne Haut und Knochen
2 TL Speisestärke
1 Eiweiß · 2 EL Reiswein
100 g Walnußkerne
5 EL neutrales Pflanzenöl
1 EL helle Sojabohnenpaste (etwa 20 g)
30 g Zucker · 1 EL Salz

Zubereitungszeit: 30 Min.

Pro Portion: 1700 kJ/400 kcal

1 Das Hühnerfleisch in etwa ¹/₂ cm große Würfel schneiden und mit Speisestärke, 1 Eiweiß und 1 EL Reiswein mischen. Die Walnußkerne nach Belieben halbieren oder vierteln. Einen Wok oder eine kleine Pfanne erhitzen. 4 EL Öl hineingeben. Die Walnüsse darin unter Rühren bei mittlerer Hitze etwa 2 Min. braten. Herausnehmen und beiseite stellen. Das Hühnerfleisch ins verbliebene Öl geben und unter Rühren etwa 2 Min. braten. Herausnehmen und beiseite stellen.

2 Restliches Öl in den Wok geben, die Bohnenpaste darin bei schwacher Hitze unter Rühren etwa 1 Min. erwärmen. Zucker, Salz und restlichen Reiswein dazugeben, kurz weiter erwärmen, Hühnerwürfel und Walnüsse untermischen, etwa 1 Min. gut verrühren. Sofort servieren. Nach Belieben mit einer »Möhren-Blume« garnieren.

Info: Falls Sie die helle Sojabohnenpaste nicht bekommen, ersetzen Sie sie durch eine andere, in der Konsistenz feine Sojabohnenpaste.

Entenfleisch mit Fu-Zhu

Aus Peking · Gelingt leicht

Hui Ya Ding Fu Zhu

Zutaten für 2 Portionen:
25 g Fu-Zhu
200 g Entenbrust, ohne Haut
2 EL Speisestärke
Salz
Reiswein
50 g Bambussprossen in Stücken (aus der Dose)
50 g frische Champignons
1 Frühlingszwiebel
1 dünne Scheibe Ingwer
3 EL neutrales Pflanzenöl
1 TL helle Sojasauce
1/2 l Hühnerbrühe (selbstgemacht oder instant)
1 TL Sesamöl

Zubereitungszeit: 45 Min.

Pro Portion: 1700 kJ/400 kcal

1 Fu-Zhu in warmem Wasser etwa 20 Min. einweichen (Ersatzprodukte, siehe S. 283, nicht einweichen). Inzwischen das Entenfleisch waschen, trockentupfen und in Würfel von etwa 2 cm Kantenlänge schneiden. Die Stärke mit 4 EL Wasser anrühren. Das Entenfleisch mit 1 EL von der angerührten Stärke,
1 Prise Salz und einem Schuß Reiswein vermischen.

2 In einem Topf Wasser aufkochen. Bambussprossen darin etwa 1 Min. sprudelnd kochen, herausnehmen, abtropfen und abkühlen lassen, dann in ähnlich große Würfel wie das Entenfleisch schneiden.

3 Die Champignons putzen, waschen und in ebenso große Stücke schneiden, Die Frühlingszwiebel putzen, waschen und fein hacken. Den Ingwer schälen und fein hacken. Fu-Zhu aus dem Wasser nehmen und in etwa 2 cm große Stücke schneiden.

4 Einen Wok oder eine Pfanne bei mittlerer Hitze erwärmen. Das Öl angießen und heiß werden lassen. Frühlingszwiebel und Ingwer darin unter Rühren kurz anbraten. Das Entenfleisch hineingeben und unter Rühren etwa 2 Min. braten, dann Fu-Zhu, Bambussprossen und Champignons dazugeben, mit Salz, Sojasauce und
1 EL Reiswein würzen und die Brühe angießen. Alles zum Kochen bringen, dann bei schwacher Hitze zugedeckt etwa 3 Min. köcheln lassen. Die restliche Stärke untermischen und gut verrühren, bis die Sauce bindet. Vor dem Servieren mit Sesamöl beträufeln.

Tip! Sehr hübsch sieht es aus, wenn Sie ein Stück Paprika dekorativ schnitzen oder mit einer Ausstechform z.B. einen Drachen ausstechen und das Gericht damit garnieren.

Fu-Zhu

Fu-Zhu ist die getrocknete Haut der Soja-Milch. Sie ist reich an pflanzlichem Eiweiß und daher besonders nahrhaft. Fu-Zhu wird als flache Folie oder gerollte Stäbchen angeboten. Genau wie Tofu ist Fu-Zhu in der vegetarischen Küche sehr beliebt. Fu-Zhu läßt sich sehr gut mit anderen Zutaten kombinieren, vor allem mit Fleisch und Gemüse. Kochkünstler in vegetarischen Restaurants können aus Fu-Zhu und anderen Tofu-Produkten täuschend ähnlich Geflügelgerichte zaubern, so etwa eine ganze Ente oder ein Huhn. Die flache Folie eignet sich sehr gut für Fu-Zhu-Rouladen, als Füllung kann man je nach Geschmack Hackfleisch oder kleingehacktes Gemüse nehmen. Vor der Zubereitung soll man die Folie – die Stäbchen in kleine Stücke gebrochen – etwa 20 Min. in warmem Wasser einweichen. Fu-Zhu kann man in fast jedem Asien-Laden kaufen.

Fu-Zhu kann man als Folie oder in Form von Stäbchen kaufen.

Scharf-würziges Hähnchen

Ma La Zi Ji

Aus Westchina · Gelingt leicht

Zutaten für 1 Servierteller (3 Portionen):
1 Hähnchen (etwa 1,2 kg)
5 getrocknete Chilischoten (nach Belieben mehr)
1–2 Frühlingszwiebeln
4 EL frische Korianderblätter
4 EL Sesamöl
5 EL helle Sojasauce
Salz
2 EL brauner Essig
1 EL Hühnerschmalz (s. Tip)

Zubereitungszeit: 30 Min.

Pro Portion: 2100 kJ/ 500 kcal

1 In einem Topf 2 ½ l Wasser zum Kochen bringen. Das Hähnchen hineingeben und das Wasser wieder zum Kochen bringen. Den Schaum abschöpfen und das Hähnchen etwa 20 Min. bei mittlerer Hitze zugedeckt ziehen lassen.

2 Inzwischen Chilischoten in etwa 1 cm lange Stücke schneiden. (Sofort die Hände waschen, Chili brennt wie Feuer, wenn Sie es in die Augen bekommen!) Frühlingszwiebeln putzen und in Streifen schneiden. Koriander waschen und fein hacken.

3 Hähnchen herausnehmen und leicht abkühlen lassen. 50 ml von der Hühnerbrühe aufheben. Das Fleisch von den Knochen lösen und nach Wunsch auch die Haut entfernen. Das Fleisch in mundgerechte Stücke schneiden und in einer Schale warm halten.

4 Sesamöl in einer Pfanne oder im Wok erhitzen. Chili und Frühlingszwiebeln darin bei starker Hitze unter Rühren braten, bis es duftet. Sojasauce, Salz, Essig, Hühnerschmalz und 50 ml Hühnerbrühe dazugeben und alles zum Kochen bringen.

5 Sauce über das Hühnerfleisch gießen. Koriander darüber streuen.

Tip! Wenn Sie häufig Hähnchen kochen, sollten Sie auch das Hühnerfett aufbewahren. Nach dem Kochen das Fett abschöpfen und in eine Schale geben. In den Kühlschrank stellen, bis es fest wird. Dieses Fett können Sie zum Beispiel zum Braten von chinesischen Pfannkuchen oder Reis und Gemüse verwenden.

Knusprige Ente

Aus Westchina · Braucht etwas Zeit

Xiang Su Ya

Zutaten für 2 Servierteller (4 Portionen):
1 bratfertige Ente (etwa 1,5 kg)
20 Sichuan-Pfefferkörner
15 g Zimtstange
4 Stück Sternanis
Salz
6 EL Reiswein
40 g Lauch + 1 Lauchblatt für die Verzierung
40 g Ingwerwurzel
2 EL Speisestärke
1 l Pflanzenöl zum Fritieren
Zum Stippen:
Salz
einige Körner Sichuan-Pfeffer, im Mörser zerkleinert

Zubereitungszeit: 30 Min. (+ 50 Min. Dämpfen)

Pro Portion: 4400 kJ/ 1000 kcal

1 Ente innen und außen waschen und trockentupfen. Pfefferkörner, Zimt und Anis mit einem großen, schweren Messer hacken. Sie können die Gewürze auch in einen stabilen Plastikbeutel (z.B. Gefrierbeutel) geben und auf einem Brett mit dem Fleischklopfer zerkleinern. Mit Salz und Reiswein mischen und die Ente damit rundherum einreiben. Ente auf einen großen hitzebeständigen Teller legen. Lauch putzen und waschen und in feine Streifen schneiden. Ingwer schälen und ebenfalls in feine Streifen schneiden, beides auf der Ente verteilen.

2 In einen großen Topf eine Tasse stellen. Etwa 5 cm hoch Wasser angießen. Den Teller mit der Ente darauf stellen und die Ente zugedeckt bei starker Hitze etwa 50 Min. dämpfen. Dabei eventuell immer wieder etwas Wasser nachgießen.

3 Ente herausheben, abtropfen und abkühlen lassen. Ingwer und Lauch entfernen. Speisestärke auf der Haut der Ente verreiben.

4 Öl in einem weiten Topf oder im Wok erhitzen. Die Ente darin bei mittlerer Hitze von allen Seiten fritieren, bis sie knusprig und schön gebräunt ist. Das dauert etwa 10 Min.

5 Inzwischen das Lauchblatt waschen, zusammenfalten und in Rauten schneiden. Diese Rauten von einer Seite vielfach einschneiden. Ente abtropfen lassen und in kleine Stücke schneiden. Auf einer Platte mit den Lauchstücken anrichten und sofort servieren.

6 Beim Essen die Entenstücke in die Salz-Pfeffer-Mischung stippen.

Ente in »Sha Cha«-Sauce

Aus Südchina · Braucht etwas Zeit

Sha Cha Men Ya Kuai

Zutaten für 4–5 Portionen:
1 Ente (etwa 1,2 kg), küchenfertig vorbereitet
5 EL Reiswein
6 EL dunkle Sojasauce
25 g getrocknete Donggu-Pilze
12 mittelgroße Kartoffeln, festkochend
1 l neutrales Pflanzenöl zum Fritieren
1/8 l »Sha Cha«-Sauce
3/4 l Hühnerbrühe (selbstgemacht oder instant)
2 EL Speisestärke
zum Garnieren: 1 Stück Lauch

Zubereitungszeit: 45 Min. (+1 Std. Garen)

Bei 5 Portionen pro Portion: 3800 kJ/900 kcal

1 Die Ente kalt abbrausen, trockentupfen. In einer Schale 2 EL Reiswein mit 3 EL Sojasauce vermischen und die Ente damit rundherum bestreichen. Die Ente an einem Fleischerhaken etwa 20 Min. zum Trocknen aufhängen.

2 Inzwischen Donggu-Pilze in warmem Wasser etwa 20 Min. einweichen. Kartoffeln waschen, schälen und in Würfel von etwa 3 cm Kantenlänge schneiden.

3 Öl in einen Wok gießen und bei starker Hitze heiß werden lassen. Es ist heiß genug, wenn an einem ins Öl getauchten Holzstäbchen Bläschen aufsteigen. Die Ente ins Öl hineingeben. Vorsicht, Spritzgefahr! Ente auf beiden Seiten in etwa 10 Min. leicht goldbraun fritieren. Dann aus dem Öl herausnehmen und abkühlen lassen.

4 Kartoffeln in das heiße Öl geben und etwa 3 Min. fritieren, herausnehmen und in eine hitzebeständige Schale geben. Den Wok vom Herd nehmen. In einem Topf etwa 4 cm hoch Wasser angießen, die Schale mit den Kartoffeln hineinstellen und zugedeckt etwa 5 Min. dämpfen.

5 Ente zuerst längs halbieren, dann mit den Knochen in etwa 4 cm lange und 2 1/2 cm breite Stücke schneiden.

6 Öl bis auf einen dünnen Film aus dem Wok gießen. Den Wok wieder auf den Herd setzen. Die »Sha Cha«-Sauce, 3 EL Sojasauce und 3 EL Reiswein hineingeben, bei schwacher Hitze unter Rühren zum Kochen bringen. Hühnerbrühe angießen, Entenstücke dazugeben, bei starker Hitze zum Kochen bringen, dann bei schwacher Hitze zugedeckt etwa 1 Std. köcheln.

7 Donggu-Pilze nach der Einweichzeit aus dem Wasser nehmen, von den Stielen befreien und waschen. Etwa 10 Min. bevor die Ente fertig ist, die Donggu-Pilze dazugeben und den Wok wieder zudecken. Etwa 5 Min. später die Kartoffeln dazugeben, Wok wieder zudecken.

8 Dann alles, bis auf die Sauce, aus dem Wok nehmen und auf einem großen Teller anrichten, dabei die Donggu-Pilze auf den Kartoffeln neben den Entenstücken anrichten.

9 Die Sauce im Wok bei mittlerer Hitze nochmals aufkochen. Speisestärke mit 4 EL Wasser anrühren, zur Sauce gießen und unter Rühren dickflüssig werden lassen. Lauchstück zum »Pinsel« schneiden. Die Sauce über die Ente gießen und mit dem »Lauch-Pinsel« garniert servieren.

Info: Donggu-Pilze, auch unter dem japanischen Namen »Shiitake-Pilze« bekannt, sind die beliebtesten und am meisten verwendeten getrockneten Pilze in der chinesischen Küche. Sie wachsen auf Eichenstämmen und verströmen einen leichten Knoblauchduft. Während man in China verschiedene Sorten von unterschiedlicher Qualität anbietet, werden die Pilze in Europa meist gemischt verkauft. Getrocknete Donggu-Pilze müssen vor der Zubereitung immer etwa 20 Min. in warmem Wasser eingeweicht werden. Danach entfernt man die holzigen Stiele und verwendet nur die Hüte.

Entenbrust mit Ingwer

Aus Westchina · Gelingt leicht

Zi Jiang Ya Pu

Zutaten für 3–4 Portionen:
350 g Entenbrust, ohne Knochen und Haut · 1 Eiweiß
weißer Pfeffer, frisch gemahlen
2 EL dunkle Sojasauce
2 EL Reiswein
2 EL Speisestärke
5 EL neutrales Pflanzenöl
125 g Bambussprossen (aus der Dose)
50 g Ingwer
50 g frischer Spinat · 1 TL Zucker
100 ml Hühnerbrühe (selbstgemacht oder instant)
1/2 TL Sesamöl

Zubereitungszeit: 40 Min.

Bei 4 Portionen pro Portion: 1400 kJ/330 kcal

1 Die Entenbrust kalt abspülen, trockentupfen und in etwa 6 cm lange, 3 cm breite und 1/2 cm dünne Scheiben schneiden. Dann mit Eiweiß, 1 Prise Pfeffer, je 1 EL Sojasauce, Reiswein, 1 EL Speisestärke und 1 EL Öl in einer Schüssel mischen und etwa 5 Min. marinieren.

2 Bambussprossen in kochendem Wasser etwa 1/2 Min. sprudelnd kochen, herausnehmen, abkühlen lassen und ebenfalls in etwa 6 cm lange, 3 cm breite und 1/2 cm dünne Scheiben schneiden. Ingwer schälen und in etwa 1/2 cm dünne Scheiben schneiden. Spinat putzen, gründlich waschen und abtropfen lassen.

3 In einem Wok 4 EL Öl bei mittlerer Hitze heiß werden lassen. Entenbrust hineingeben und unter Rühren etwa 2 Min. braten, dann die Bambussprossen dazugeben und zusammen 1/2 Min. weiterbraten. Herausnehmen und das Fett abtropfen lassen.

4 Ingwerscheiben im Restöl unter Rühren etwa 1 Min. anbraten, Entenbrust und Bambussprossen dazugeben, mit je 1 EL Sojasauce und Reiswein sowie dem Zucker würzen. Dann mit Hühnerbrühe ablöschen. Bei starker Hitze kurz aufkochen lassen.

5 Spinat untermengen, unter Rühren etwa 1/2 Min. kochen. 1 EL Speisestärke mit 2 EL Wasser anrühren, untermengen und die Sauce damit binden. Vor dem Servieren mit Sesamöl beträufeln.

Tip! Das Gericht zum Beispiel auf Reis anrichten und mit Tomatenvierteln garnieren.

Ente in pikanter Sauce

Aus Westchina · Braucht etwas Zeit

Jiang Ya Zi

Zutaten für 5–6 Portionen:
1 Ente (etwa 2 kg), küchenfertig vorbereitet
3 EL dunkle Sojasauce
4 EL Reiswein
3 Frühlingszwiebeln
1 Scheibe Ingwer, etwa 2 cm dick
4 EL neutrales Pflanzenöl
2 EL scharfe Bohnenpaste
2 l Hühnerbrühe (selbstgemacht oder instant)
Salz
1 EL brauner Kandiszucker oder brauner Zucker
200 g Blattsalat (z.B. Endiviensalat)

Zubereitungszeit: 50 Min. (+ 1 Std. Garen)

Bei 6 Portionen pro Portion: 2900 kJ/690 kcal

1 Die Ente innen und außen kalt abspülen und trockentupfen. Dann mit 1 EL Sojasauce und 2 EL Reiswein innen und außen einreiben. Etwa 15 Min. ziehen lassen.

2 Frühlingszwiebeln putzen und waschen. Ingwer schälen und in dünne Scheiben schneiden. 2 EL Öl in einem Wok bei starker Hitze heiß werden lassen. Ente darin rundherum leicht braun anbraten, dann den Wok vom Herd nehmen.

3 Restliches Öl in einem Topf bei mittlerer Hitze heiß werden lassen. Die scharfe Bohnenpaste darin unter Rühren braten, bis sie leicht flüssig wird. Hühnerbrühe angießen und zum Kochen bringen. Brühe abschäumen und Frühlingszwiebeln, Ingwer, restliche Sojasauce, restlichen Reiswein, 1 Prise Salz und Kandiszucker dazugeben.

4 Brühe über die Ente im Wok gießen und das Ganze zum Kochen bringen. Dann die Temperatur herunterschalten und die Ente zugedeckt bei schwächster Hitze 1 Std. 20 Min.–1 1/2 Std. garen. Nach etwa 40 Min. einmal vorsichtig wenden. Inzwischen Backofengrill vorheizen. Salat putzen, waschen, trockenschwenken und einen großen Teller damit auskleiden.

5 Die Ente aus dem Wok nehmen und unter dem Grill etwa 10 Min. übergrillen. Inzwischen Frühlingszwiebeln und Ingwer aus der Brühe entfernen. Von der Brühe 1/2 l abmessen, bei starker Hitze offen auf die Hälfte einkochen. Dann noch mal mit Reiswein, Kandiszucker, Sojasauce und Salz abschmecken. Ente in etwa 5 cm große Stücke hacken und auf den Salatblättern anrichten. Die Entenstücke mit einem Teil der Sauce bestreichen und die restliche Sauce extra zur Ente servieren.

Ente mit Mandarinenaroma

Aus Westchina · Braucht etwas Zeit

Chen Pi Ya

Zutaten für 5–6 Portionen:
1 Ente (etwa 2 kg), küchenfertig vorbereitet
4 EL Reiswein
4 EL dunkle Sojasauce
80 g getrocknete Schalen von unbehandelten Mandarinen (siehe Info)
+ 30 g frische Mandarinenschalen zum Garnieren
2 Frühlingszwiebeln
1 Stück Ingwer (etwa 3 cm dick)
5 EL neutrales Pflanzenöl
10 g getrocknete Chilischoten
1/2 TL Sichuan-Pfefferkörner
1 1/2 l Hühnerbrühe (selbstgemacht oder instant)
1 1/2 EL Zucker · Salz
200 g Blattsalat (z.B. Eisbergsalat)
1 EL Speisestärke

Zubereitungszeit: 1 Std. (+ 2–3 Tage Trocknen der Mandarinenschalen + 1 1/2 Std. Garen)
Bei 6 Portionen pro Portion: 3000 kJ/710 kcal

1 Ente innen und außen kalt abspülen und trockentupfen. 2 EL Reiswein und 2 EL Sojasauce verrühren und die Ente innen und außen damit einreiben. Anschließend etwa 15 Min. ziehen lassen.

2 Mandarinenschalen in lauwarmem Wasser etwa 5 Min. einweichen. Frühlingszwiebeln putzen, waschen und in etwa 10 cm lange Stücke schneiden. Ingwer schälen und in 3–4 Scheiben schneiden.

3 Öl in einem Wok oder einem Schmortopf bei starker Hitze heiß werden lassen. Die Ente von jeder Seite etwa 2–3 Min. darin anbraten. Dann herausnehmen und auf einem Teller beiseite stellen.

4 Die Temperatur auf schwächste Hitze zurückschalten. Mandarinenschalen abtropfen lassen und mit den ganzen Chilischoten und Pfefferkörnern im Bratfett unter Rühren kurz anbraten, bis sie würzig duften.

5 Hühnerbrühe angießen, restlichen Reiswein, restliche Sojasauce, Zucker, 1 Prise Salz, Frühlingszwiebeln und Ingwer dazugeben. Zugedeckt bei starker Hitze aufkochen. Die Ente hineinlegen. Temperatur zurückschalten und die Ente bei schwacher Hitze zugedeckt

1 Std. 20 Min.–1½ Std garen, dabei nach etwa 40 Min. einmal wenden.

6 Inzwischen Backofengrill vorheizen. Salat putzen, waschen, trockenschwenken und zusammen mit den frischen Mandarinenschalen auf einer großen Platte anrichten.

7 Die Ente aus der Brühe nehmen und unter dem Backofengrill etwa 10 Min. übergrillen. Inzwischen die Brühe durch ein Sieb gießen und mit einem Löffel entfetten. Etwa ½ l davon in einem Topf bei starker Hitze offen bis auf die Hälfte einkochen. Stärke mit 1 EL Wasser verrühren, und die Brühe damit binden. Die Ente aus dem Ofen nehmen und auf der Platte anrichten. Die Sauce über die Ente gießen und servieren.

Variante: Sie können auch Rinderbraten mit getrockneten Mandarinenschalen zubereiten. Dazu 800 g Rinderbraten in etwa 5 cm lange und 2 cm dicke Stücke schneiden, das Fleisch mit ½ TL Salz mischen und etwa 15 Min. ziehen lassen. Fortfahren wie im Schritt 2 beschrieben. Dann das Fleisch in heißem Pflanzenöl etwa 2 Min. anbraten, herausnehmen. Die Zubereitungsschritte 4 und 5 sind dieselben wie im Rezept für die Ente, die Garzeit beträgt etwa 1 Std., Schritt 6 entfällt. Das Fleisch aus der Brühe nehmen und auf einer Platte anrichten. Die Brühe durch ein Sieb gießen und etwa ½ l davon bei starker Hitze auf die Hälfte einkochen. Die Sauce über das Rindfleisch gießen und servieren.

Info: Für die 80 g getrockneten Mandarinenschalen nehmen Sie etwa 120 g frische Mandarinenschalen und lassen sie an der Luft 2–3 Tage trocknen. Ersatzweise Orangenschale nehmen.

Tip! Anstelle der getrockneten Mandarinenschalen können Sie auch getrocknete Schalen von unbehandelten Orangen nehmen.

FISCH & MEERESFRÜCHTE

Fisch süß-sauer

Aus Nordchina · Braucht etwas Zeit

Tang Cu Li Yu

Zutaten für 1 Servierteller (3 Portionen):
1 festfleischiger Fisch von etwa 600 g (z.B. Barsch, küchenfertig vorbereitet)
1 Ei
1 TL trockene Speisestärke + 2 TL Speisestärke, in 5 EL Wasser angerührt
2 EL Mehl
Salz
20 g Lauch + 1 ca. 8 cm langes Stück Lauch zum Verzieren
4 Knoblauchzehen
1 walnußgroßes Stück Ingwerwurzel
1 l Pflanzenöl zum Fritieren
3 EL Zucker
4 EL brauner Essig
3 EL helle Sojasauce
2 EL Reiswein
2 EL Sichuan-Pfeffer-Öl oder normales Öl mit 1 Prise Chilipulver verrührt

Zubereitungszeit: 45 Min.

Pro Portion: 2400 kJ/ 570 kcal

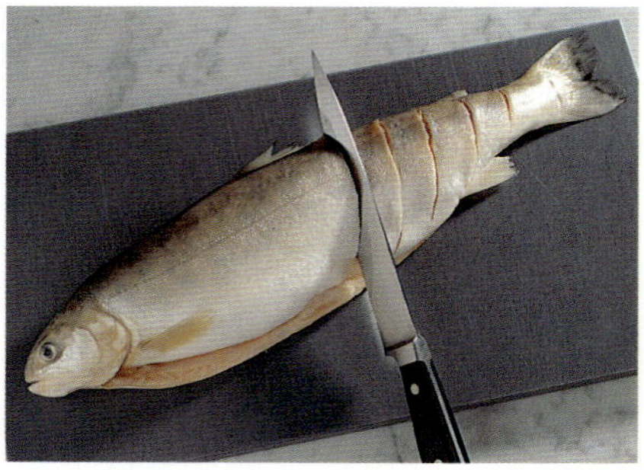

1 Fisch unter fließendem kaltem Wasser waschen und trockentupfen. Anschließend Fisch auf einer Seite quer in einem Abstand von etwa 2 ½ cm bis zur Mittelgräte hin einschneiden. Das Fischfleisch dann in Richtung Fischkopf entlang der Gräte so weit ablösen, daß es wie eine Scheibe ist, aber noch an der Gräte haftet. Auf diese Weise den ganzen Fisch einschneiden.

2 Ei mit trockener Speisestärke, Mehl und Salz zu einem dickflüssigen, aber nicht zu festen Teig verrühren. Evtl. etwas Wasser untermischen. Diese Mischung auf dem Fisch verteilen.

3 Lauch putzen und in mittelfeine Streifen schneiden. Das 8 cm lange Stück für die Verzierung ebenfalls putzen, 1 Min. blanchieren (sprudelnd kochen), in ganz dünne Streifen schneiden und beiseite stellen. Knoblauchzehen schälen und in dünne Scheiben schneiden, Ingwer schälen und in feine Streifen schneiden.

4 Öl in einem Topf oder Wok erhitzen. Es ist heiß genug, wenn an einem hölzernen Stäbchen, das Sie ins heiße Fett tauchen, kleine Bläschen aufsteigen. Fisch hineingeben und etwa 3 Min. fritieren, dabei einmal vorsichtig wenden. Fisch kurz herausnehmen, anschließend noch einmal etwa 2 Min. fritieren, dadurch wird die Panade noch knuspriger. Fisch anschließend auf einen angewärmten Servierteller geben.

5 Öl bis auf einen dünnen Film ausgießen. Lauch, Knoblauch und Ingwer in den Topf geben und unter Rühren bei starker Hitze etwa 1 Min. braten. Zucker, Essig, Sojasauce und Reiswein dazugeben. Angerührte Speisestärke untermischen und alles einmal aufkochen lassen.

6 Fisch mit der Sauce begießen, nach Belieben mit den Lauchstreifen verzieren, und mit Sichuan-Pfeffer-Öl beträufeln. Sofort servieren.

Variante: Wer nicht soviel Übung im Kochen und vor allem im Fritieren hat, tut sich vielleicht mit einem ganzen Fisch etwas schwer. Kaufen Sie dann einfach etwa 400 g festfleischiges Fischfilet, z.B. Rotbarsch oder Kabeljau, und schneiden es in mundgerechte Stücke. Die Fischwürfel durch den Teig ziehen und portionsweise im heißen Fett etwa 2 Min. fritieren.

Tip! Fischgeruch aus der Pfanne oder dem Wok verschwindet ganz leicht, wenn Sie Teeblätter (bereits benutzt) mit Wasser hineingeben und ein paar Stunden darin stehenlassen oder kurz kochen lassen. Dann einfach abgießen und der Geruch ist verschwunden.

Gefüllter Fisch

Aus China

He Bao Ji Yu

Zutaten für 2 Servierteller (4 Portionen):
4 getrocknete Donggu-Pilze
2 längliche Fische von je etwa 350 g (z.B. Forellen, vom Fischhändler küchenfertig vorbereiten lassen)
2 EL Reiswein · 5 EL Sojasauce
10 g Ingwer, fein gehackt + 3 Scheiben Ingwerwurzel
10 g Lauch, fein gehackt + 4 Stücke Lauch von je etwa 4 cm Länge
50 g Bambussprossen
25 g luftgetrockneter roher Schinken
75 g gehacktes Schweinefleisch
1 Eiweiß · 1 EL Sesamöl
4–5 EL Pflanzenöl · 3 TL Zucker
1 TL Speisestärke, mit 2 EL Wasser angerührt

Zubereitungszeit: 50 Min.

Pro Portion: 1900 kJ/ 450 kcal

1 Pilze etwa 20 Min. in heißem Wasser einweichen. Inzwischen Fische waschen und abtrocknen. Mit etwas Reiswein und ein wenig Sojasauce bestreichen.

2 Pilze aus dem Wasser nehmen und die Stiele entfernen. 25 g Bambus und 2 Pilze in Streifen schneiden. Restliche Pilze und Bambus mit dem Schinken fein hacken.

3 Die gehackten Zutaten mit Hackfleisch, Eiweiß, ½ EL Sojasauce, 1 EL Reiswein, 1 TL Sesamöl vermengen. Füllung mit einem Eßlöffel in den Bauch der Fische geben.

4 Öl in einer Pfanne oder einem Wok erhitzen. Fische darin nacheinander bei mittlerer Hitze pro Seite je etwa 2 Min. braten, dann vorsichtig herausnehmen.

5 Ingwerscheiben und Lauchstücke mit dem restlichen Bambus und den Pilzstreifen in das Öl geben und alles etwa 1 Min. braten. 300 ml Wasser angießen. Übrige Sojasauce, restlichen Reiswein und Zucker untermischen.

6 Fische wieder dazugeben, das ganze zum Kochen bringen und bei schwacher Hitze etwa 10 Min. zugedeckt garen.

7 Fische vorsichtig herausnehmen und auf die Servierteller geben. Speisestärke in der Pfanne einrühren und die Sauce einmal zum Kochen bringen. Sauce über den Fisch gießen. Mit dem übrigen Sesamöl beträufeln.

Tip! Es sieht sehr schön aus, wenn Sie aus rohen Lauchblättern mit einer kleinen Ausstechform Verzierungen ausstechen und auf den Fisch legen.

Duftblüten-Fischscheiben

Aus China · Etwas schwieriger

Gui Hua Yu Pian

Zutaten für 1 Servierteller (2 Portionen):
250 g festfleischiges Fischfilet, zum Beispiel Rotbarsch
10 g Ingwerwurzel
1 Frühlingszwiebel
1 Stück Gurke (etwa 4 cm lang)
1½ EL Reiswein
Salz · 3 Eier
100 g Mehl
¾ l Pflanzenöl oder 750 g Schweineschmalz zum Fritieren
1 EL Sesamöl
Zum Stippen:
½ EL Salz
½ EL Sichuan-Pfeffer, frisch gemahlen

Zubereitungszeit: 30 Min.

Pro Portion:
4400 kJ/1000 kcal

1 Fischfilet kalt abspülen, trockentupfen und in etwa 2 cm breite, 4 ½ cm lange und 1 cm dicke Scheiben schneiden. Ingwer schälen und hacken. Frühlingszwiebel putzen und in dünne Scheiben schneiden. Gurkenstück längs halbieren und in längliche Scheiben schneiden.

2 Reiswein mit Salz in einer Schüssel mischen, die Fischscheiben dazugeben und alles miteinander verrühren.

3 Eier in einer Schüssel verquirlen. 4 EL Wasser, Salz und Mehl untermischen und zu einem dünnflüssigen Teig verquirlen. Fisch vorsichtig untermischen.

4 Öl oder Schweineschmalz in einem Topf oder Wok erhitzen. Es ist heiß genug, wenn an einem hölzernen Stäbchen, das Sie ins heiße Fett tauchen, kleine Bläschen aufsteigen. Fisch darin in 3–4 Portionen in etwa 2 Min. goldbraun fritieren, dann auf Küchenpapier entfetten und auf einem Teller warm stellen.

5 Öl bis auf einen dünnen Film ausgießen. Ingwer und Frühlingszwiebel darin kurz braten. Gurkenscheiben und Sesamöl untermischen. Fisch dazugeben, schnell alles vermischen und das Gericht dann auf einen Teller geben. Sofort servieren. Beim Essen in die Salz-Pfeffer-Mischung stippen.

Tip! Wenn Sie nicht soviel Übung im Kochen haben, können Sie die Sauce auch über den Fisch gießen. Denn beim Mischen in der Pfanne müssen Sie wirklich sehr schnell arbeiten, damit der Fisch knusprig bleibt.

Gedämpfter Fisch

Aus China

Qing Zheng Gui Yu

Zutaten für 1 Servierteller (2 Portionen):
5 getrocknete Donggu-Pilze
1 zarter Fisch von etwa 500 g (z.B. Saibling oder Forelle, küchenfertig vorbereitet)
50 g roh geräucherter Schinken
50 g Bambussprossen
6 dünne Scheiben Ingwerwurzel
2 Frühlingszwiebeln (je etwa 4 cm lang)
2 Knoblauchzehen
3 EL Pflanzenöl oder Schweineschmalz
3 EL Reiswein · Salz
Zum Stippen:
1–2 Scheiben Ingwer, feingehackt
1 EL brauner Essig

Zubereitungszeit: 30 Min. (+ 20 Min. Einweichen)

Pro Portion: 2400 kJ/ 570 kcal

1 Pilze in heißem Wasser etwa 20 Min. einweichen. Inzwischen Fisch gründlich mit kaltem Wasser waschen und trockentupfen. Dann auf beiden Seiten im Abstand von 1–2 cm leicht einschneiden.

2 Pilze aus dem Wasser nehmen, von den Stielen befreien und in dünne Scheiben schneiden. Schinken und Bambus ebenfalls in dünne Scheiben schneiden.

3 Fisch in einen tiefen länglichen Teller legen. Schinken, Bambus und Pilze nach Farben getrennt darauf verteilen.

4 Ingwer schälen und Frühlingszwiebeln waschen. Knoblauch schälen und in dicke Scheiben schneiden.

5 Öl oder Schweineschmalz in einer Pfanne oder einem Wok erhitzen. Ingwer, Frühlingszwiebeln und Knoblauchscheiben bei starker Hitze kurz darin braten. 4 EL Wasser, den Reiswein und Salz untermischen.

6 Sauce über den Fisch gießen. Frühlingszwiebel, Knoblauch und Ingwer daneben legen.

7 In einen weiten Topf eine umgedrehte Tasse stellen. Etwa 4 cm hoch Wasser angießen und den Teller mit dem Fisch auf die umgedrehte Tasse stellen. Wasser zum Kochen bringen. Fisch bei starker Hitze zugedeckt 10–15 Min. dämpfen.

8 Ingwer, Frühlingszwiebeln und Knoblauch entfernen. Zum Stippen Ingwerscheiben schälen und fein hacken und mit Essig mischen und dazu servieren.

Tip! Garnieren Sie mit feinen Lauchstreifen, geschnitten aus einem etwa 5 cm langen Stück Lauch.

Ingwer

Ingwer ist eines der ältesten Gewürze der Tropen. Heute wird die Ingwerpflanze hauptsächlich in China, Japan und Indien kultiviert. Gegessen werden die fleischigen, knollig verdickten Wurzelstöcke. Seinen spezifischen Geschmack erhält der Ingwer durch etwa 2% ätherisches Ingweröl und Gingerol. Zusammen mit Lauch und Knoblauch zählt Ingwer in China zu den drei sogenannten »Scharfen« – seit der Frühling- und Herbstdynastie (770–221 v.Chr.) eines der wichtigsten Gewürze.
In der Jiangsu-Provinz reichte man traditionell eine Vorspeise aus sehr feingeschnittenem Ingwer, um den Appetit anzuregen.

In riesengroßen Bündeln wird junger Ingwer transportiert.

Auch Konfuzius soll die Knolle sehr geschätzt haben und wünschte sich, daß er sein ganzes Leben lang kein Gericht ohne Ingwer essen müßte. Ingwer ist nicht nur wegen seines würzigen Geschmacks so beliebt, sondern auch, weil ihm zu Recht heilende Wirkung nachgesagt wird.

Nach der Yin- und Yang-Theorie gilt er als warmes Gewächs und soll gegen Erkältung, Fieber, Magenschmerzen und allgemein bei Kälte helfen: Kochen Sie Ingwer mit braunem Zucker und trinken Sie die stärkende Brühe sehr heiß. Danach sollten Sie ausgiebig schwitzen.

Fisch in Zwiebelsauce

Aus Indien · Gelingt leicht

Maccher Kalia

Zutaten für 4 Portionen:
1 kleine Lachsforelle (etwa 1 kg), küchenfertig vorbereitet, ersatzweise 800 g Filet
Salz
1 TL Kurkumapulver
3 mittelgroße Zwiebeln
3 mittelgroße Tomaten
1 Stück frischer Ingwer (4 cm)
2 frische Chilischoten
2 Knoblauchzehen
3 EL Ghee, ersatzweise Butterschmalz
2 Lorbeerblätter
½ TL Kreuzkümmelsamen
2 EL Joghurt
2 TL Senföl nach Belieben
1 TL Garam Masala

Zubereitungszeit: 40 Min.

Pro Portion: 1600 kJ/380 kcal

1 Fisch waschen, trockentupfen, Kopf und Schwanz abschneiden und Lachsforelle quer in etwa 6 cm große Stücke schneiden. Die Fischstücke auf einem Teller mit etwas Salz und ½ TL Kurkuma bestreuen und ruhen lassen.

2 Inzwischen Zwiebeln schälen und kleinschneiden. Tomaten waschen, vierteln und Stielansätze entfernen. Ingwer schälen und auf der Gemüsereibe fein reiben. Chilischoten waschen, vom Stielansatz befreien und längs ein paarmal einschneiden. Danach mit den Händen nicht in die Nähe der Augen kommen, am besten die Hände sehr gründlich waschen! Knoblauch schälen und fein hacken.

3 In einer Karai, einem Wok oder einem Topf Ghee erhitzen, Lorbeerblätter und Kreuzkümmel etwa 1 Min. bei starker Hitze anbraten. Zwiebeln dazugeben und dunkelbraun anbraten. Nach und nach bei mittlerer Hitze unter ständigem Rühren Ingwer, Knoblauch, Chili-schoten und ½ TL Kurkuma dazugeben und etwa 2 Min. braten.

4 Tomatenviertel und Joghurt hinzufügen und unter Rühren etwa 3 Min. erhitzen. 150 ml Wasser dazugießen und alles zum Kochen bringen. Sobald die Sauce kocht, die Temperatur reduzieren, etwas Salz hinzufügen und die Fischstücke mit einem Pfannenwender vorsichtig hineinlegen. Mit einem Schöpflöffel Sauce auf die Fischstücke geben, bis sie ganz bedeckt sind. Das Gericht zugedeckt bei schwacher Hitze in etwa 10 Min. garziehen lassen.

5 Fisch etwas abkühlen lassen, Senföl darüber träufeln und Garam Masala darüber streuen. Fischstücke vorsichtig in der Sauce wenden, damit sie nicht zerfallen. Sofort mit Basmatireis servieren. Zu diesem Gericht passen Lime-Pickles.

Fischfilet mit Tomaten

Aus Westchina · Gelingt leicht

Fan Qie Yu Pian

Zutaten für 2–3 Portionen:
300 g Fischfilet (z.B. Rotbarsch)
1 Eiweiß · 2 EL Reiswein
1 EL Speisestärke
+ 1 TL Speisestärke
Salz
2 Tomaten (etwa 100 g)
200 ml neutrales Pflanzenöl
1 Prise weißer Pfeffer, frisch gemahlen
50 ml Hühnerbrühe (selbstgemacht oder instant)

Zubereitungszeit: 40 Min.

Bei 3 Portionen pro Portion: 1100 kJ/260 kcal

1 Das Fischfilet in etwa 4 cm lange und 2 cm breite Scheiben schneiden. Mit Eiweiß, 1 EL Reiswein, 1 EL Speisestärke und 1 Prise Salz mischen.

2 Tomaten mit kochendheißem Wasser überbrühen, abschrecken, häuten, in etwa 4 cm große Stücke schneiden, dabei Stielansätze entfernen.

3 Öl in einem Wok erhitzen. Es ist heiß genug, wenn an einem ins Öl getauchten Holzstäbchen Bläschen emporsteigen. Fischscheiben stückweise hineingeben und etwa 1 Min. fritieren. (Vorsicht, Spritzgefahr!) Herausnehmen und das Fett abtropfen lassen.

4 Die Temperatur herunterschalten. Öl bis auf einen dünnen Film aus dem Wok gießen. Die Tomatenstücke darin unter Rühren bei mittlerer Hitze etwa 1 Min. braten, Fischfilet dazugeben. Dann mit 1 EL Reiswein, Salz und Pfeffer würzen und die Brühe angießen. Einmal aufkochen lassen. 1 TL Speisestärke mit 1 EL Wasser anrühren. In die Brühe rühren und sie damit binden.

Tip! Sie können das Gericht vor dem Servieren mit 1 EL feingehackten Korianderblättchen bestreuen. Beim Fritieren darf das Fischfilet nicht knusprig werden, daher nicht länger als 1 Min. fritieren.

Knuspriges Fischfilet

Aus Westchina · Sommergericht

Yu Xiang Su Yu Pian

Zutaten für 3–4 Portionen:
400 g Schollenfilet oder Kabeljaufilet
Salz · 3 EL Reiswein
1 kleiner Bund chinesischer (oder hiesiger) Schnittlauch, möglichst mit Blüten
1 Scheibe Ingwer, etwa 2 cm dick
2 Knoblauchzehen
150 g Salatgurke
1 Ei · 60 g Speisestärke
250 ml neutrales Pflanzenöl
1 1/2 EL scharfe Bohnenpaste
1 EL Zucker · 1 TL Reisessig
1 TL helle Sojasauce

Zubereitungszeit: 35 Min.

Bei 4 Portionen pro Portion: 1200 kJ/290 kcal

1 Fischfilet kalt abspülen, trockentupfen und in etwa 5 cm lange und 3 cm breite Scheiben schneiden, mit Salz und 1 EL Reiswein mischen. Dann etwa 10 Min. ziehen lassen. Schnittlauch abbrausen und fein hacken. Ingwer schälen, Knoblauch häuten, beides fein hacken. Gurke waschen und längs halbieren. Die Kerne entfernen, Gurke quer in dünne Scheiben schneiden und auf einem Teller anrichten. Das Ei in einer Schüssel mit der Speisestärke und 1 EL Wasser verquirlen.

2 Öl in einem Wok bei starker Hitze heiß werden lassen. Es ist heiß genug, wenn an einem ins Öl getauchten Holzstäbchen Bläschen emporsteigen. Fischstücke durch die Ei-Stärkemasse ziehen und nacheinander ins Öl geben. Etwa 1 Min. fritieren und herausnehmen. Das Öl erneut stark erhitzen, dann die Fischstücke nochmals ins Öl geben und in etwa 1/2 Min. goldgelb fritieren. (Vorsicht, Spritzgefahr!) Herausnehmen, das Fett abtropfen lassen.

3 Öl bis auf einen dünnen Film aus dem Wok gießen, Temperatur herunterschalten. Bohnenpaste, Ingwer und Knoblauch ins Öl geben, unter Rühren bei schwacher Hitze anbraten. Zucker, Essig, Sojasauce und 2 EL Reiswein dazugeben. Fischstücke und Schnittlauch untermischen. Gut durchrühren, auf die Gurke geben und servieren. Nach Belieben mit Schnittlauchblüten garnieren.

Fisch-Curry

Aus Indonesien · Geht schnell

Gulai ikan

Zutaten für 4 Portionen:
1 EL Tamarindenmark
800 g festfleischige Fischfilets, z.B. Kabeljau, Rotbarsch, Seelachs
Salz · Saft von 1/2 Zitrone
4 Schalotten · 2 Knoblauchzehen
1 Stück frischer Ingwer (4 cm)
1 Stengel frisches Zitronengras
1/4 TL Terasi (Garnelenpaste)
1/2–1 TL Sambal ulek
1/2 TL Kurkuma (Gelbwurzpulver)
2 TL gemahlener Koriander
3–4 EL Kokosöl
400 ml Kokosmilch, ungesüßt
1 Zweig frisches Koriandergrün

Zubereitungszeit: 30 Min.

Pro Portion: 2800 kJ/670 kcal

1 Tamarindenmark in einer Schüssel mit 150 ml heißem Wasser einweichen.

2 Inzwischen Fischfilets kalt abspülen, trockentupfen, evtl. die Haut entfernen, dann in etwa 2 cm große Würfel schneiden. Mit Salz bestreuen und den Zitronensaft darüber träufeln. Schalotten und Knoblauch schälen und fein hacken. Ingwer schälen und fein raspeln. Vom Zitronengras den dicken, unteren Teil des Stengels kleinschneiden. Terasi mit dem Löffelrücken zerdrücken. Alle Würzzutaten und das vorbereitete Gemüse zu einer dicken Paste verarbeiten.

3 Tamarindenmark im Einweichwasser verrühren, bis dieses dick und braun wird, und durch ein Sieb streichen. Den Saft auffangen.

4 Öl im Wok oder in einer Pfanne erhitzen. Die Fischstücke bei starker Hitze portionsweise rundherum 2–4 Min. anbraten. Wieder herausnehmen. Die Gewürzpaste hineingeben und bei mittlerer Hitze unter ständigem Rühren 3–5 Min. dünsten. Mit Tamarindensaft ablöschen. Hitze reduzieren. Kokosmilch angießen und die Sauce 2–3 Min. bei schwacher Hitze offen köcheln. Am Schluß den Fisch untermischen und etwa 3 Min. ziehen lassen. Mit Salz abschmecken und mit Koriandergrün und nach Belieben roten Chiliringen bestreuen. Dazu Reis servieren.

Tintenfisch-Curry

Aus Indonesien · Mild

Gulai cumi cumi

Zutaten für 4 Portionen:
1 EL Tamarindenmark
600 g küchenfertig vorbereitete Tintenfische (frisch oder tiefgekühlt)
3 Schalotten · 2 Knoblauchzehen
1 Stück frischer Ingwer (4 cm)
1 Stengel frisches Zitronengras
1/4 TL Terasi (Garnelenpaste)
4 Kemirinüsse
1 TL Sambal ulek
1/2 TL Kurkuma (Gelbwurzpulver)
2 TL gemahlener Koriander
2 TL Palmzucker · 3–4 EL Kokosöl
1/4 l Kokosmilch, ungesüßt · Salz

Zubereitungszeit: 40 Min.

Pro Portion: 2000 kJ/480 kcal

1 Tamarindenmark in einer Schüssel mit 100 ml heißem Wasser einweichen.

2 Inzwischen die Tintenfische gründlich abspülen und trockentupfen. Tintenfischmantel der Länge nach halbieren und in schmale mundgerechte Streifen schneiden.

3 Schalotten und Knoblauch schälen und klein würfeln. Ingwer schälen und fein raspeln. Vom Zitronengras den dicken, unteren Teil des Stengels kleinhacken. Terasi mit dem Löffelrücken zerdrücken. Kemirinüsse fein reiben. Diese Zutaten mit allen Gewürzen und Palmzucker zu einer dicken Paste verarbeiten.

4 Tamarindenmark im Einweichwasser verrühren, bis dieses dick und braun wird, und durch ein Sieb streichen. Den Saft auffangen.

5 Öl im Wok oder in einer Kasserolle stark erhitzen. Tintenfischstreifen portionsweise rundherum etwa 5 Min. darin anbraten. Gewürzpaste untermengen und unter ständigem Rühren etwa 3 Min. mitbraten. Das Curry mit Tamarindensaft ablöschen, dann Kokosmilch angießen. Die Hitze reduzieren und das Gericht zugedeckt bei schwacher Hitze 15–20 Min. schmoren, bis das Fleisch zart ist. Mit Salz abschmecken. Dazu Reis und Sambal ulek servieren.

Gebratener Tintenfisch

Aus Indonesien · Scharf

Sambal goreng cumi cumi

Zutaten für 4 Portionen:
1 EL Tamarindenmark
600 g küchenfertig vorbereitete Tintenfische (frisch oder tiefgekühlt)
3–4 frische Chilischoten
1 Bund Frühlingszwiebeln
5 Knoblauchzehen
1 Stück frischer Ingwer (4 cm)
2 TL Palmzucker
2–3 EL Kokosöl
Salz

Zubereitungszeit: 45 Min.

Pro Portion: 700 kJ/170 kcal

1 Tamarindenmark in einer Schüssel mit 200 ml heißem Wasser einweichen.

2 Inzwischen Tintenfische gründlich abspülen und trockentupfen. Tintenfischmantel in mundgerechte Ringe schneiden.

3 Chilischoten waschen, der Länge nach halbieren, Kerne und Stiele herauslösen. Die Hälften in feine Streifen schneiden. Vorsicht, sind sehr scharf, nicht in die Nähe der Augen bringen. Frühlingszwiebeln putzen, waschen und schräg in dünne Ringe schneiden. Einige grüne Zwiebelringe beiseite legen. Knoblauch schälen und zerdrücken. Ingwer schälen und fein raspeln.

4 Die vorbereiteten Zutaten außer dem Tamarindenmark mit Palmzucker zu einer dicken Paste verrühren.

5 Tamarindenmark im Einweichwasser verrühren, bis dieses dick und braun wird, und durch ein Sieb streichen. Den Saft auffangen.

6 Öl im Wok oder in einer Kasserolle erhitzen. Tintenfischstücke bei starker Hitze darin portionsweise rundherum etwa 5 Min. anbraten. Gewürzpaste untermengen und unter ständigem Rühren etwa 3 Min. mitbraten. Mit Tamarindensaft ablöschen. Salzen, zugedeckt 15–20 Min. bei mittlerer Hitze schmoren. Mit den übrigen Zwiebelringen garnieren. Dazu Reis reichen.

Tintenfisch

Die in allen Meeren am weitesten verbreiteten eßbaren Mitglieder der saugnapfbewehrten Kopffüßler sind der zehnarmige Tintenfisch (Sepia) und der Kalmar. In den tropischen Gewässern Indonesiens ist vor allem der achtarmige Krake (Octopus) geschätzt, von dem aber nur wenige Arten in der heimischen Küche Verwendung finden. Auf den Fischmärkten werden fangfrische Tintenfische überall angeboten. Junge Exemplare mit zartfleischigen Fangarmen schmecken köstlich, wenn man sie im ganzen zubereitet. Bei Kraken oder größeren Kalmaren muß das Fleisch geklopft werden, damit es mürbe wird. Sie benötigen auch eine längere Garzeit. Tintenfische und Kalmare haben im Inneren eine Kalkschale, die beim Säubern herausgelöst wird. Dabei stülpt man den Körperbeutel unter fließendem Wasser um. Augen, Innereien und Tintenbeutel werden entfernt.

Tintenfisch, Krake und Kalmar gehören zur Familie der Kopffüßler.

Ähren-Tintenfisch

Aus China · Braucht etwas Zeit

Mai Sui You Yu Juan

Zutaten für 1 Servierteller (2 Portionen):
3 getrocknete Donggu-Pilze
300 g küchenfertiger Tintenfisch ohne Kopf und Fangarme
½ TL trockene Speisestärke
+ 1 TL Speisestärke, in 4 EL Wasser angerührt
50 g Bambussprossen
250 g junge Zucchini
1 walnußgroßes Stück Ingwerwurzel
4 Knoblauchzehen
20 g Lauch
500 g Schweineschmalz oder ½ l Pflanzenöl zum Fritieren
Salz
weißer Pfeffer, frisch gemahlen

Zubereitungszeit: 45 Min.

Pro Portion: 2200 kJ/ 520 kcal

1 Pilze in heißem Wasser etwa 20 Min. einweichen. Inzwischen Tintenfisch waschen und gut abtrocknen. Dann an der Innenseite im Abstand von etwa 2 mm kreuzweise bis etwa zur Hälfte der Dicke einschneiden. In Stücke von 4 cm Größe schneiden. Die trockene Speisestärke untermischen.

2 Bambussprossen längs in dünne Scheiben schneiden. Zucchini waschen und der Länge nach in dünne, etwa 4 cm lange Scheiben schneiden. Ingwer und Knoblauch schälen, Lauch putzen. Ingwer und Lauch fein hacken, Knoblauch in Scheiben schneiden. Pilze aus dem Wasser nehmen, waschen, vom Stiel befreien und in Streifen schneiden.

3 Schmalz oder Öl in einem Topf oder im Wok sehr stark erhitzen. Tintenfisch darin unter Rühren 1–2 Min. fritieren, bis er sich aufrollt. Sofort herausnehmen und auf Küchenpapier abtropfen lassen.

4 Fett bis auf einen dünnen Film ausgießen. Pilze darin unter Rühren bei starker Hitze etwa 1 Min. braten. Zucchini und Bambus hinzufügen und ebenfalls etwa 1 Min. braten. Alles herausnehmen.

5 Etwa 1 EL Fett übrig lassen und erhitzen. Ingwer, Lauch und Knoblauch darin braten, bis es würzig duftet. 4 EL Wasser dazugeben. Alle anderen Zutaten untermischen, salzen und pfeffern. Speisestärke untermischen und alles einmal aufkochen lassen.

Variante: Mit Lauch und Ingwer können Sie auch 1 EL fermentierte schwarze Bohnen braten. Statt Zucchini schmekken Lauch, Gurken oder Austernpilze.

Tip! Je dicker der Tintenfisch ist, desto leichter läßt er sich einschneiden. Achten Sie beim Kauf darauf.

Abalone mit Spargel

Aus Südchina · Frühlingsgericht

Lu Sun Bao Yu

Zutaten für 4 Portionen:
20 g getrocknete Donggu-Pilze
400 g frischer Spargel, ersatzweise aus der Dose
4 EL neutrales Pflanzenöl
2 EL Fischfond (selbstgemacht oder aus dem Glas) · Salz
1 Dose Abalone (250 g)
2 EL Reiswein · 100 ml Fischsud (aus der Abalone-Dose)
1 EL helle Sojasauce
1 EL Austernsauce
1 dünne Scheibe Möhre
weißer Pfeffer, frisch gemahlen
1 EL Speisestärke
zum Garnieren: Frühlingszwiebel- und Möhrenstreifchen

Zubereitungszeit: 30 Min.
Pro Portion: 700 kJ/170 kcal

1 Donggu-Pilze in warmem Wasser etwa 20 Min. einweichen. Inzwischen Spargel schälen, unteres Ende abschneiden. In einem Topf ½ l Wasser aufkochen. Spargel, je 1 EL Öl und Fischfond sowie 1 Prise Salz hineingeben und Spargel bei mittlerer Hitze etwa 15 Min. kochen lassen. Dann herausnehmen und auf einer großen Platte anrichten.

2 Pilze aus dem Wasser nehmen, waschen und vom Stiel befreien. Mit ¼ l Wasser und 1 EL Öl bei starker Hitze zum Kochen bringen, bei mittlerer Hitze etwa 10 Min. kochen, dann herausnehmen.

3 Abalone in ein Sieb geben, abtropfen lassen, Sud dabei auffangen und die Abalone in etwa 3 mm dünne Scheiben schneiden.

4 Im Wok 2 EL Öl erhitzen. Abalonenscheiben hineingeben und bei starker Hitze unter Rühren etwa ½ Min. braten. Mit 2 EL Reiswein ablöschen. 1 EL Fischfond, Fischsud, Sojasauce und Austernsauce hinzufügen. Donggu-Pilze und Möhrenscheibe untermengen und das Ganze bei mittlerer Hitze etwa 3 Min. weiterkochen. Mit Salz und 1 Prise Pfeffer abschmecken.

5 Zuerst Abalonenscheiben auf den Spargel legen, dann Donggu-Pilze rund um den Rand verteilen. Möhrenscheibe in die Mitte geben. Speisestärke mit 2 EL Wasser anrühren, in den Sud rühren, einmal aufkochen und über das Gericht geben. Mit Frühlingszwiebel- und Möhrenstreifchen garnieren.

Süß-saure Fischtaschen

Aus Taiwan · Etwas schwieriger

Tang Cu Nai You Bao

Zutaten für 4 Portionen:
20 g getrocknete Donggu-Pilze
1 Scheibe Ingwer, etwa 3 cm dick
4 EL Reiswein
2 Fischfilets (etwa 450 g), z.B. Kabeljau · Salz
weißer Pfeffer, frisch gemahlen
1 kleine Zwiebel
2 EL neutrales Pflanzenöl
100 g Schweinehackfleisch
3 EL Sahne · 2 EL Zucker
4 Weißkohlblätter
¹/₄ l Fleischbrühe (selbstgemacht oder instant)
1 EL Tomatenmark
2 EL heller Reisessig
2 EL Speisestärke
zum Garnieren: 1 kleiner Bund Koriander · 1 TL Sesamöl
außerdem: Alufolie

Zubereitungszeit: 1 Std.

Pro Portion: 1200 kJ/290 kcal

1 Donggu-Pilze in warmem Wasser etwa 20 Min. einweichen. Ingwer schälen, fein hacken, mit Reiswein verrühren, etwa 10 Min. ziehen lassen, dann den Reiswein abfiltern.

2 Fischfilets kalt abspülen, trockentupfen, quer halbieren. Dann jede Hälfte noch einmal längs durchschneiden, so daß insgesamt 8 Stücke entstehen. In diese von der dickeren Seite her jeweils eine Tasche einschneiden. Leicht salzen, pfeffern und mit der Hälfte des Ingwer-Reisweins beträufeln und ziehen lassen.

3 Für die Füllung Zwiebel schälen und fein hacken. Pilze aus dem Wasser nehmen, abtropfen lassen, von den Stielen befreien und in kleine Würfel schneiden. Öl im Wok erhitzen. Zwiebel darin bei mittlerer Hitze unter Rühren etwa 2 Min. braten. Schweinehack und Pilze dazugeben und unter Rühren etwa 3 Min. weiterbraten. Mit dem restlichen Ingwer-Reiswein ablöschen. Sahne unterrühren, mit je 1 Prise Salz und Zucker abschmecken. Alles aus der Pfanne nehmen und abkühlen lassen.

4 Backofen auf 250° vorheizen. Die Füllung in die Fischtaschen geben. Backblech mit Alufolie auslegen. Weißkohlblätter waschen, trockenschwenken und darauf verteilen. Je zwei Fischtaschen auf ein Blatt legen und im Backofen (Mitte; Umluft 220°) etwa 15 Min. garen.

5 Fleischbrühe mit Tomatenmark, restlichem Zucker und Essig in einem kleinen Topf verrühren und unter Rühren bei mittlerer Hitze kurz aufkochen. Speisestärke mit 4 EL Wasser anrühren und die Sauce damit binden. Koriander waschen, trockenschütteln. Fischtaschen auf Tellern anrichten. Die Sauce darübergeben. Mit Sesamöl beträufeln und mit Koriander garnieren.

Aal in dunkler Sojasauce

Aus Südchina · Gelingt leicht

Yang Shao Bai Man

Zutaten für 3–4 Portionen:
500 g ungehäuteter Seeaal, küchenfertig vorbereitet
200 g Staudensellerie
Salz
1/2 l neutrales Pflanzenöl zum Fritieren
3 EL dunkle Sojasauce
2 EL Maltose, ersatzweise Honig
2 EL Reiswein · 1/2 TL Sesamöl
weißer Pfeffer, frisch gemahlen
zum Garnieren: Möhrenscheiben

Zubereitungszeit: 40 Min.

Bei 4 Portionen pro Portion: 2700 kJ/640 kcal

1 Aal kalt abspülen, Flossen wegschneiden, Aal trockentupfen und in etwa 7 cm lange Stücke schneiden.

2 Staudensellerie putzen, waschen, dann schräg in etwa 6 cm lange und 1/2 cm dünne Streifen schneiden. In einem Topf etwa 1/4 l Wasser mit 1 Prise Salz und 1 TL Öl aufkochen. Sellerie darin etwa 2 Min. sprudelnd kochen lassen. Dann herausnehmen, abtropfen lassen und auf einem Teller anrichten.

3 Restliches Pflanzenöl im Wok bei starker Hitze heiß werden lassen. Es ist heiß genug, wenn an einem ins Öl getauchten Holzstäbchen Bläschen aufsteigen. Aalstücke im heißen Öl in 4–5 Min. leicht goldbraun fritieren. Vorsicht, Spritzgefahr! Dann herausnehmen und Fett abtropfen lassen.

4 Bis auf einen dünnen Film Öl aus dem Wok gießen. Sojasauce, Maltose und Reiswein in den Wok geben, unter Rühren bei schwächster Hitze auflösen lassen. Aalstücke dazugeben, bei mittlerer Hitze unter Rühren so lange braten, bis kaum noch Sauce im Wok ist. Mit Sesamöl beträufeln, mit 1 Prise Pfeffer bestreuen und auf dem Staudensellerie mit den z.B. zu Fischen ausgestochenen Möhrenscheiben anrichten.

Krosse Fischstäbchen

Aus Südchina · Gelingt leicht

Su Zha Yu Tiao

Zutaten für 3 Portionen:
400 g Schollenfilet
Salz
weißer Pfeffer, frisch gemahlen
1 TL Sesamöl
1 TL Fünf-Gewürz-Pulver
zum Garnieren: 2 Tomaten und 3 Zweige Koriander
1/2 l neutrales Pflanzenöl zum Fritieren
1 Eiweiß
5 EL Speisestärke

Zubereitungszeit: 45 Min.

Pro Portion: 2000 kJ/480 kcal

1 Fischfilet kalt abspülen, trockentupfen und in etwa 6 cm lange und 2 cm breite Stücke schneiden. 1 TL Salz, 1 Prise Pfeffer und Sesamöl in einer Schale verrühren, Fisch unterheben und etwa 15 Min. ziehen lassen.

2 In einem Topf 1 TL Salz bei schwacher Hitze in etwa 1 Min. heiß werden lassen. Topf vom Herd nehmen, Fünf-Gewürz-Pulver unter das Salz mischen und dann in eine Schale geben.

3 Tomaten waschen, Stielansätze entfernen, Tomaten in dünne Scheiben schneiden und diese halbieren. Koriander waschen, trockenschütteln und die Blättchen abzupfen.

4 Fritieröl im Wok bei starker Hitze heiß werden lassen. Es ist heiß genug, wenn an einem ins Öl getauchten Holzstäbchen kleine Bläschen aufsteigen. Fischstäbchen mit Eiweiß verrühren, Stück für Stück in Speisestärke wenden, ins Öl geben und in 4–5 Min. goldbraun fritieren. Vorsicht, Spritzgefahr! Fischstäbchen dann herausnehmen und Fett abtropfen lassen.

5 Fischstäbchen auf einem Teller anrichten, mit Tomaten und Koriander garnieren und zusammen mit der Mischung aus Salz und Fünf-Gewürz-Pulver als Dip servieren.

Tip! Dieses Gericht macht durstig, daher serviert man es in China auch gern als Vorspeise zu einem kühlen Bier. Als Dip eignet sich auch eine Chilisauce mit Knoblauch (Suan Rong La Jiao Jiang) aus dem Asienladen.

Scholle mit Knoblauchsauce

Aus Südchina · Deftig

Chuan Suan Shao Yu

Zutaten für 4 Portionen:
1 Scholle (etwa 600–700 g), küchenfertig vorbereitet
12 Knoblauchzehen
1 Frühlingszwiebel
1 Scheibe Ingwer, etwa 2 cm dick
4 EL neutrales Pflanzenöl
1 1/2 EL scharfe Bohnenpaste
2 EL dunkle Sojasauce
1 EL Zucker
180 ml Hühnerbrühe (selbstgemacht oder instant)
1 EL Speisestärke
3 TL dunkler Reisessig

Zubereitungszeit: 35 Min.

Pro Portion: 950 kJ/230 kcal

1 Die Scholle gründlich abspülen, trockentupfen und das Fischfleisch auf einer Seite im Abstand von etwa 4 cm etwa 1 cm tief schräg einschneiden.

2 Knoblauchzehen häuten, 2 davon fein hacken, die restlichen halbieren. Frühlingszwiebel putzen, waschen und fein hacken. Ingwer schälen und fein hacken.

3 Öl in einem Wok bei mittlerer Hitze heiß werden lassen. Gehackte Knoblauchzehen und Ingwer darin unter Rühren kurz anbraten, die restlichen Knoblauchzehen, Bohnenpaste, Sojasauce und Zucker dazugeben, durchrühren. Dann die Scholle mit der eingeschnittenen Seite nach oben hineingeben und die Hühnerbrühe angießen. Einmal aufkochen lassen, die Temperatur herunterschalten und etwa 15 Min. zugedeckt bei schwacher Hitze köcheln lassen. Nach etwa 7 Min. die Scholle vorsichtig einmal wenden.

4 Die Scholle herausnehmen und warm halten. Frühlingszwiebel in die Sauce geben, noch mal aufkochen lassen. Die Speisestärke mit 2 EL Wasser anrühren, untermengen und die Sauce damit binden. Dann Essig untermischen, die Sauce auf die eingeschnittene Seite der Scholle verteilen und servieren.

Variante: Sie können auch 500 g beliebiges Fischfilet (z.B. Rotbarsch) waschen, trockentupfen und in etwa 4 cm große Stücke schneiden. 6 Knoblauchzehen schälen und zerkleinern und in 3 EL neutralem Pflanzenöl bei mittlerer Hitze unter Rühren etwa 1/2 Min. anbraten. Fischfilet dazugeben und unter Rühren etwa 1 Min. mitbraten. 30 g scharfe Bohnenpaste untermischen und alles etwa 1/2 Min. weitergaren. Dann 1 EL Reiswein, 1 EL dunkle Sojasauce und 125 ml Hühnerbrühe (selbstgemacht oder instant) dazugeben und alles zum Kochen bringen. Die Temperatur reduzieren und das Fischfilet zugedeckt noch etwa 3 Min. bei schwacher Hitze köcheln lassen, herausnehmen. Die Sauce offen bei starker Hitze kurz einkochen lassen. Das Fischfilet mit der Sauce und Reis servieren.

Info: Im Originalrezept wird Wels verwendet, wir haben diesen durch Scholle ersetzt, die in den Sommermonaten ab Mai besonders empfehlenswert ist. Außerdem werden in Sichuan etwa 30 Knoblauchzehen für das Gericht verwendet, die wir hier auf 12 reduziert haben.

Tip! Farblich sieht es sehr hübsch aus, wenn Sie den Fisch mit Schnittlauch garnieren und den Teller mit Gurken- und Möhrenscheiben dekorieren.

Forelle mit Ingwerstreifen

Aus Nordchina · Gelingt leicht

Jiang Si Yu

Zutaten für einen Servierteller, für 2 Portionen:
1 Forelle (etwa 500 g), küchenfertig vorbereitet
1 Frühlingszwiebel
1 etwa walnußgroßes Stück Ingwer (25 g)
3 EL neutrales Pflanzenöl
1 Sternanis
4 EL Reiswein
1 l Fleischbrühe (selbstgemacht oder instant)
Salz
1 EL dunkle Sojasauce

Zubereitungszeit: 30 Min.

Pro Portion: 1700 kJ/400 kcal

1 Die Forelle innen und außen waschen, trockentupfen. Das Fischfleisch auf beiden Seiten in einem Abstand von etwa 4 cm etwa 1 cm tief kreuzweise einschneiden (siehe Schritt 1, S. 85). Die Frühlingszwiebel putzen, waschen und quer in etwa 5 cm lange Stücke, dann längs in dünne Streifen schneiden. Den Ingwer schälen und davon 3 dünne Scheiben (etwa 5 g) abschneiden, den Rest in 4 cm lange, jedoch sehr dünne Streifen schneiden.

2 In einem Wok 1 1/2 EL Öl bei schwacher Hitze erwärmen, Sternanis und Ingwerscheiben darin kurz anbraten, mit 2 EL Reiswein löschen, dann etwa 950 ml Fleischbrühe dazugießen. Den Fisch hineingeben und mit Salz würzen. Den Fisch mit der Brühe bei starker Hitze zum Kochen bringen, dann bei mittlerer Hitze etwa 5 Min. kochen. Den Fisch aus dem Wok nehmen, abtropfen lassen und auf einen Teller legen. Die Brühe aus dem Wok gießen.

3 Im Wok das restliche Öl erwärmen, Ingwerstreifen bei schwacher Hitze unter Rühren kurz anbraten, den restlichen Reiswein, Sojasauce und die restliche Fleischbrühe dazugeben. Die Brühe bei starker Hitze zum Kochen bringen, dann gleichmäßig über den Fisch gießen.

Tip! Statt Forelle können Sie auch Karpfen nehmen.

Gebratene Fischwürfel

Aus Nordchina · Gelingt leicht

Bao Yu Ding

Zutaten für 2 Portionen:
200 g Fischfilet (z.B. Kabeljau, Scholle oder Barsch)
2 Eiweiß
2 EL Stärke + 1 TL Stärke
Salz
2 1/2 EL Reiswein
weißer Pfeffer, frisch gemahlen
50 g Bambussprossen in Stücken (aus der Dose)
1/2 Frühlingszwiebel
1 Knoblauchzehe
je 1/2 grüne und rote Paprikaschote
4 EL neutrales Pflanzenöl
nach Belieben: 1 TL Sesamöl

Zubereitungszeit: 30 Min.

Pro Portion: 1500 kJ/360 kcal

1 Das Fischfilet eventuell mit einer Pinzette von den Gräten befreien, dann in etwa 1 1/2 cm große Würfel schneiden. Die Würfel mit Eiweiß, 2 EL Stärke, 1 Prise Salz und 1/2 EL Reiswein mischen. 1 TL Stärke mit 50 ml Wasser, etwas Salz und 1 Prise Pfeffer in einer Schale verrühren und beiseite stellen.

2 In einem Topf Wasser aufkochen. Die Bambussprossen darin etwa 1 Min. sprudelnd kochen, herausnehmen, abtropfen, abkühlen lassen und in etwa 1 1/2 cm große Würfel schneiden. Frühlingszwiebel putzen, waschen und in kurze Stücke schneiden. Knoblauch schälen und in dünne Scheiben schneiden. Paprika waschen, von Stiel und Kernen befreien und in etwa 1 1/2 cm große Stücke schneiden. Das Öl im Wok bei mittlerer Hitze heiß werden lassen. Die Fischwürfel hineingeben und unter Rühren etwa 2 Min. braten, dann herausnehmen.

3 Im Restöl Frühlingszwiebel und Knoblauch bei mittlerer Hitze und unter Rühren kurz anbraten, Bambussprossen und Paprika dazugeben, unter Rühren etwa 1 Min. braten. Danach die Fischwürfel hinzufügen, mit dem restlichen Reiswein würzen, die angerührte Stärke dazugeben und unter Rühren etwa 1 Min. schmoren. Vor dem Servieren nach Belieben mit Sesamöl beträufeln.

Geschmorter Karpfen

Aus Nordchina · Etwas schwieriger

Gan Shao Li Yu

Zutaten für 4 Portionen:
1 Karpfen (etwa 600 g), küchenfertig vorbereitet
100 g Speck, durchwachsen, ohne Schwarte, in 1/2 cm breiten Scheiben
1 etwa walnußgroßes Stück Ingwer (20 g)
1 Frühlingszwiebel
25 g Bambussprossen in Stücken (aus der Dose)
3–4 EL neutrales Pflanzenöl
1 EL Reiswein
1 EL dunkle Sojasauce
Salz · 1 TL Zucker
1 TL Speisestärke
1 TL Sesamöl
nach Belieben: Möhren- und Gurkenscheiben zum Garnieren

Zubereitungszeit: 30 Min.

Pro Portion: 1700 kJ/400 kcal

1 Karpfen innen und außen waschen, dann abtupfen. Fischfleisch beidseitig in einem Abstand von etwa 3 cm 1 cm tief kreuzweise einschneiden.

2 Speck von eventuellen Knorpeln befreien, dann in etwa 1/2 cm große Würfel schneiden. Ingwer schälen und in dünne Streifen schneiden. Frühlingszwiebel putzen, waschen und quer in etwa 1 cm lange, dann längs in dünne Streifen schneiden. Bambussprossen in kochendem Wasser etwa 1 Min. sprudelnd kochen, herausnehmen, abtropfen und abkühlen lassen und in etwa 1 cm große Würfel schneiden.

3 Einen Wok oder eine Pfanne bei mittlerer Hitze erwärmen. Öl angießen und heiß werden lassen. Fisch darin beidseitig je etwa 1 Min. anbraten. Dann wieder herausnehmen.

4 Ingwer und Speck ins Restöl geben und unter Rühren bei mittlerer Hitze etwa 1 Min. anbraten. Bambussprossen dazugeben, kurz umrühren. Reiswein, Sojasauce, Salz und Zucker hinzugeben. Karpfen hineinlegen, 300 ml Wasser angießen und zum Kochen bringen. Zugedeckt bei schwacher Hitze etwa 10 Min. garen. Dann den Karpfen herausnehmen und auf eine Platte legen.

5 Frühlingszwiebel in die Brühe geben. Die Sauce eventuell bei mittlerer Hitze offen etwas einkochen lassen. Dann die Stärke mit 3 TL Wasser anrühren, untermischen und gut durchrühren. Zum Schluß mit Sesamöl beträufeln und nochmals durchrühren. Die Sauce über den Fisch gießen und die Platte nach Belieben mit Möhren- und Gurkenscheiben garnieren. Jeder pickt sich mit Stäbchen etwas von dem Fisch heraus.

Forelle in Essigsauce

Aus Peking · Gelingt leicht

Cu Jiao Yu

Zutaten für 2 Portionen:
1 Forelle (etwa 500 g), küchenfertig vorbereitet
1 Frühlingszwiebel
1 etwa walnußgroßes Stück Ingwer (20 g)
1 Zweig Koriander
2 EL Reiswein · Salz
1 TL heller Reisessig
weißer Pfeffer, frisch gemahlen
1 TL Sesamöl
nach Belieben: Möhrenscheiben zum Garnieren

Zubereitungszeit: 25 Min.

Pro Portion: 1200 kJ/290 kcal

1 Forelle innen und außen waschen, trockentupfen. Das Fischfleisch auf einer Seite in einem Abstand von etwa 4 cm etwa 1 cm tief kreuzweise und auf der anderen Seite ebenfalls in einem Abstand von etwa 4 cm 1 cm tief, jedoch nur schräg einschneiden. Frühlingszwiebel putzen, waschen und quer in etwa 5 cm lange, dann längs in dünne Streifen schneiden. Ingwer schälen und ebenfalls in dünne Streifen schneiden. Koriander waschen, trockenschütteln und kleinschneiden.

2 In einem Wok 3/4 l Wasser bei mittlerer Hitze zum Kochen bringen, Forelle hineingeben und 1 EL Reiswein dazugeben. Zugedeckt etwa 2 Min. bei mittlerer Hitze köcheln lassen. Den Fisch herausnehmen. Etwa 1/2 l Sud aus dem Wok abgießen.

3 Den restlichen Reiswein, Salz, Frühlingszwiebel, Ingwer und Forelle in den restlichen Sud geben, zugedeckt bei starker Hitze etwa 5 Min. kochen. Die Forelle herausnehmen und auf einen Teller legen. Essig, Pfeffer, Sesamöl und Korianderblätter in die Sauce geben, kurz durchrühren, über die Forelle gießen und servieren. Nach Belieben mit geschnitzten Möhrenscheiben – z.B. in Tropfenform – garnieren.

Dorade in Sojasauce

Jiang You Chi Zong

Aus Taiwan · Scharfwürzig

Zutaten für 2–3 Portionen:
1 Dorade (etwa 400–500 g), küchenfertig vorbereitet
1 Frühlingszwiebel
3 scharfe rote Peperoni
1 Scheibe Ingwer, etwa 1 cm dick
6 EL neutrales Pflanzenöl
1 1/2 EL dunkle Sojasauce
weißer Pfeffer, frisch gemahlen
1 EL Reiswein
150 ml Hühnerbrühe (selbstgemacht oder instant)

Zubereitungszeit: 35 Min.
Bei 3 Portionen pro Portion: 1300 kJ/310 kcal

1 Die Dorade kalt abspülen, trockentupfen und längs auf beiden Seiten 2- bis 3mal etwa 1 cm tief einschneiden.

2 Frühlingszwiebel putzen, waschen und in etwa 5 cm lange Stücke schneiden. Peperoni aufschlitzen, von Kernen und Stielansätzen befreien, in etwa 4 cm lange Stücke schneiden und waschen. Vorsicht, danach nicht mit den Händen an die Augen kommen! Ingwer schälen und in dünne Streifen schneiden.

3 Wok bei starker Hitze in etwa 1 Min. heiß werden lassen. Öl angießen, die Dorade hineingeben und auf jeder Seite etwa 2 Min. anbraten, dabei vorsichtig wenden. Vorsicht, Spritzgefahr! Die Dorade herausnehmen und das Fett abtropfen lassen.

4 Frühlingszwiebel, Peperoni und Ingwer im Restöl bei schwacher Hitze etwa 1/2 Min. anbraten. Sojasauce, 1 TL Pfeffer und den Reiswein dazugeben. Hühnerbrühe angießen. Alles gut durchrühren und die Dorade hineingeben. Zugedeckt bei starker Hitze 2–3 Min. kochen, bis die Sauce leicht dickflüssig ist. Die Dorade anschließend servieren.

Süß-saure Karpfenfilets

Tang Cu Li Yu

Aus Taiwan · Wintergericht

Zutaten für 2–3 Portionen:
400 g Karpfenfilet
1 scharfe rote Peperoni
1 Scheibe Ingwer, etwa 2 cm dick
2 Knoblauchzehen
1 Frühlingszwiebel
2 EL neutrales Pflanzenöl
3 EL Zucker · Salz
weißer Pfeffer, frisch gemahlen
1 EL Reiswein · 150 ml Hühnerbrühe (selbstgemacht oder instant)
je 1 EL dunkler und heller Reisessig
1 EL Speisestärke
1/2 TL Sesamöl
zum Garnieren: 1 Stück rote Paprika

Zubereitungszeit: 30 Min.
Bei 3 Portionen pro Portion: 510 kJ/120 kcal

1 Die Karpfenfilets auf einen hitzebeständigen Teller legen, in einen Bambusdämpfer stellen und zudecken. 1/2 l Wasser in einen Wok gießen und den Dämpfer darauf setzen. Filets im Wok zugedeckt etwa 10 Min. bei starker Hitze dämpfen. Wenn Sie keinen Bambusdämpfer besitzen, siehe Info S. 182.

2 Inzwischen Peperoni waschen, von Kernen und Stielansatz befreien und fein hacken. Vorsicht, danach nicht mit den Händen an die Augen kommen! Ingwer schälen, Knoblauch häuten, beides fein hacken. Frühlingszwiebel putzen, waschen und fein hacken. Dämpfer mit den Karpfenfilets vom Wok nehmen.

3 Wasser aus dem Wok abgießen, Wok trocknen und bei mittlerer Hitze in etwa 1 Min. heiß werden lassen. Pflanzenöl angießen, Peperoni, Ingwer, Knoblauch und Frühlingszwiebel hineingeben. Unter Rühren etwa 1 Min. braten. Dann Zucker, je 1 Prise Salz und Pfeffer dazugeben, Reiswein, Hühnerbrühe und Essig angießen. Alles bei starker Hitze zum Kochen bringen.

4 Speisestärke mit 2 EL Wasser anrühren, untermischen und die Sauce damit binden. Filets aus dem Dämpfer nehmen, mit der Sauce begießen, mit Sesamöl beträufeln und mit der z.B. zum Hummer ausgestochenen Paprika servieren.

Info: Der Karpfen gehört zu den begehrtesten Süßwasserfischen in China und wird seit Jahrhunderten in speziellen Fischteichen gezüchtet. Sein Fleisch wird meist mit Reiswein und Essig aromatisch gewürzt.

Karpfen mit Lotoskernen

Aus Westchina · Gelingt leicht

Long Nü Hu Zhu

Zutaten für 4 Portionen:
30 g Ingwer
4 EL Reiswein
1 Karpfen (etwa 1 kg), küchenfertig vorbereitet
Salz
150 g getrocknete Lotoskerne
2 Frühlingszwiebeln
1 EL helle Sojasauce
2 EL dunkler Reisessig
1 TL Zucker
1 Prise weißer Pfeffer, frisch gemahlen
außerdem: falls erhältlich, Lotosblätter

Zubereitungzeit: 1 Std.

Pro Portion: 2200 kJ/520 kcal

1 Ingwer schälen und fein hacken. Ein Drittel vom Ingwer mit Reiswein mischen und etwa 5 Min. ziehen lassen. Dann den Reiswein durch ein Sieb gießen und beiseite stellen.

2 Den Karpfen kalt abspülen, trockentupfen. Das Fischfleisch auf einer Seite im Abstand von 4 cm kreuzweise etwa 1 cm tief einschneiden. Den Karpfen innen und außen mit Salz einreiben, mit 3 EL Reiswein bestreichen und etwa 20 Min. ziehen lassen. Inzwischen Lotoskerne in einem Topf mit Wasser bei mittlerer Hitze etwa 10 Min. zugedeckt kochen, dabei 1 Prise Salz dazugeben.

3 Frühlingszwiebeln putzen, waschen und in etwa 10 cm lange Stücke schneiden. Den Rest des feingehackten Ingwers mit Sojasauce, Essig und Zucker in einer Schüssel zu einer Sauce mischen, beiseite stellen.

4 Die Lotoskerne abgießen. Den Fisch damit füllen, dabei 7–8 Lotoskerne in die äußeren Einschnitte legen. Frühlingszwiebeln auf dem Karpfen verteilen und den restlichen Reiswein darüber gießen.

5 Karpfen auf einen feuerfesten Teller (oder auf Lotosblätter) geben, in einen Bambusdämpfer stellen, Dämpfer schließen. In einen Wok 1 l Wasser zum Kochen bringen. Den Dämpfer auf den Wok setzen und den Karpfen bei starker Hitze etwa 25 Min. dämpfen. Danach Frühlingszwiebeln entfernen und den Fisch mit Pfeffer bestreuen. Die Essigsauce extra zum Karpfen servieren. Wenn Sie keinen Bambusdämpfer besitzen, siehe Info S. 182.

Lotos

Die Lotospflanze, eine Seerosenart, wird in China nicht nur als Zierpflanze gezüchtet. Ihre Kerne (auch Lotossamen genannt) und die Wurzeln werden in der Küche Chinas ausgiebig verwendet. Lotoskerne gibt es in Europa nur getrocknet zu kaufen. Beim Kauf von frischen Lotoskernen muß man darauf achten, daß sie keine grünen Keime haben, denn sonst schmecken sie zu bitter. Bei den getrockneten Kernen erkennt man die Keime erst nach dem Kochen. Man kann sie mit einer Nadel oder einem Zahnstocher entfernen. Nach der traditionellen chinesischen Medizin dienen die Lotoskerne zur Stärkung der Funktion von Herz, Nieren und Milz. Lotoskerne werden in erster Linie für vegetarische Gerichte und Süßspeisen, entweder als Ganzes oder als süße Paste »Lian Rong« verwendet. Die Lotoskerne aus Hunan sind in ganz China für ihre gute Qualität berühmt. Sie werden unter dem Namen »Xiang Lian« verkauft.

Die Lotospflanze ist eine Seerosenart.

Die frischen Wurzeln der Lotospflanze (auch Rhizon genannt), die in Europa äußerst selten angeboten werden und meist nur in Dosen oder getrocknet in Scheiben zu kaufen sind, werden in China in erster Linie als Gemüse gegessen, aber auch für Süßspeisen verwendet. Die frischen oder getrockneten Blätter der Pflanze werden wie Schilfblätter zum Einwickeln von Speisen verwendet. Sie verleihen den Gerichten ein sehr erfrischendes Aroma. Wie Lotoswurzeln sind die Lotosblätter in Europa sehr selten zu bekommen.

Karpfen in scharfer Sauce

Aus Westchina · Wintergericht

Dou Ban Li Yu

Zutaten für 4 Portionen:
1 Karpfen (etwa 750 g), küchenfertig vorbereitet
2 EL Reiswein · Salz
150 g Speisestärke
+ 1 EL Speisestärke
2 Frühlingszwiebeln
1 Scheibe Ingwer, etwa 2 cm dick
3 Knoblauchzehen · 1 EL Zucker
1 EL dunkler Reisessig
1 EL dunkle Sojasauce
3/4 l neutrales Pflanzenöl
1 1/2 EL scharfe Bohnenpaste
150 ml Hühnerbrühe (z.B. instant)
1/2 TL Sesamöl
nach Belieben: Tomatenscheiben und 1 Stück Salatgurke zum Garnieren

Zubereitungszeit: 35 Min.

Pro Portion: 2300 kJ/550 kcal

1 Den Karpfen kalt abspülen und trockentupfen. Den Fisch auf beiden Seiten im Abstand von etwa 4 cm etwa 2 cm tief schräg einschneiden. Den Fisch mit 1 EL Reiswein und 1 TL Salz einreiben, anschließend in 150 g Speisestärke wenden, so daß der Fisch vollständig davon überzogen ist.

2 Frühlingszwiebeln putzen, waschen und fein hacken. Ingwer schälen, Knoblauch häuten, beides fein hacken. Zukker mit Essig, Sojasauce, 1 EL Reiswein und 1 Prise Salz in einer Schale mischen. Die Sauce beiseite stellen.

3 Öl in einem Wok bei starker Hitze heiß werden lassen. Es ist heiß genug, wenn an einem ins Öl getauchten Holzstäbchen Bläschen emporsteigen. Den Fisch vorsichtig hineingeben und jede Seite etwa 3 Min. fritieren. (Vorsicht, Spritzgefahr!) Dann herausnehmen, das Fett abtropfen lassen und den Fisch auf einem Teller warm stellen.

4 Öl bis auf einen dünnen Film aus dem Wok gießen. Die Temperatur herunterschalten. Bohnenpaste, Ingwer und Knoblauch im Restöl unter Rühren etwa 1/2 Min. anbraten. Die vorbereitete Sauce und Hühnerbrühe dazugeben. Bei starker Hitze zum Kochen bringen.
1 EL Speisestärke mit 2 EL Wasser anrühren, untermischen und die Sauce damit binden. Dann die Frühlingszwiebeln dazugeben und die Sauce über den Fisch geben. Vor dem Servieren mit Sesamöl beträufeln. Nach Belieben mit Tomaten und Gurke garnieren.

Scharfe Bohnenpaste

Scharfe Bohnenpaste gehört in fast jedes Sichuaner Gericht.

In der Sichuaner Küche kennt man verschiedene Arten von Bohnenpaste, die als Würzmittel verwendet werden. Sie werden immer aus fermentierten Bohnen, entweder aus Sojabohnen oder aus dicken Bohnen hergestellt. Es gibt neben der scharfen Bohnenpaste noch salzige und süße Bohnenpaste. Letztere wird nur für süße Speisen verwendet. Die scharfe Bohnenpaste, auf chinesisch »La Dou Ban Jiang«, ist ein ganz wichtiges Würzmittel in der Sichuaner Küche. Sie paßt zu fast allen Gerichten, egal, ob es sich um Fleisch-, Fisch- und Geflügelgerichte, oder um vegetarische Gerichte handelt. Sie besteht aus gesalzenen Sojabohnen, scharfen Chilischoten, Wasser, Sojabohnenöl, Zucker, gesalzenen schwarzen Bohnen, Sesamöl, Knoblauch, Zuckerlikör und einigen anderen Gewürzen. Die Bohnenpaste wird in heißem Öl kurz angebraten oder mit anderen Gewürzen gemischt als Sauce verwendet. Die scharfe Paste eignet sich auch gut zum Marinieren von Fleisch, Fisch oder Gemüse. Sie ist in fast allen Asienläden erhältlich. Ersatzweise brät man salzige Bohnenpaste mit Chilischoten kurz in Öl. Angebrochene Bohnenpaste hält sich kühl aufbewahrt monatelang.

Garnelen mit Pilzen

Aus Nordchina · Gelingt leicht

You Men Da Xia

Zutaten für 1 Servierteller (2 Portionen):
10 mittelgroße getrocknete Mu-Err-Pilze
5 dünne Scheiben Ingwerwurzel
2 Frühlingszwiebeln
3 Knoblauchzehen
400 g rohe Garnelen
4 EL Pflanzenöl
1 EL Reiswein
Salz
nach Belieben 1–2 EL Sesamöl

Zubereitungszeit: 35 Min.

Pro Portion: 1900 kJ/ 450 kcal

1 Mu-Err-Pilze in heißem Wasser etwa 20 Min. einweichen. Pilze aus dem Wasser nehmen und gut ausdrücken. Während der Einweichzeit Ingwer, Frühlingszwiebeln und Knoblauch putzen bzw. schälen. Ingwer, Frühlingszwiebeln und Knoblauch in feine Scheiben schneiden.

2 Garnelen von Kopf, Schale und Darm befreien. Vom dickeren Ende aus der Länge nach nur so weit einschneiden, daß sie am dünnen Ende noch zusammenhalten.

3 Öl in einer Pfanne oder im Wok erhitzen. Garnelen hineingeben und unter Rühren bei starker Hitze etwa 1 Min. braten. Reiswein untermischen, Garnelen dann herausnehmen.

4 Pilze im verbliebenen Öl unter Rühren kurz braten. Ingwer, Frühlingszwiebeln und Knoblauch dazugeben und weiterbraten, bis es duftet. Garnelen wieder dazugeben und mit Salz abschmecken.

5 Garnelen nach Belieben vor dem Servieren mit Sesamöl beträufeln.

Tip! Besonders hübsch sehen die Garnelen aus, wenn Sie sie auf Salatblättern anrichten. Dazu die Blätter waschen und den Servierteller damit auskleiden. Die Garnelen in die Mitte häufen.

Garnelen mit Tomaten

Aus Ostchina · Geht schnell

Fan Qie Xia Ren

Zutaten für 1 Servierteller (2 Portionen):
400 g rohe Garnelen
50 g Frühlingszwiebel
50 g Wasserkastanien oder Sojabohnensprossen
1–2 Tomaten (je nach Größe; ersatzweise passierte Tomaten aus der Packung)
5 EL Pflanzenöl
50 g enthülste Erbsen (frisch oder tiefgefroren)
Salz
1 TL Zucker
2 EL Reiswein
3 dünne Scheiben Ingwerwurzel
1 EL Speisestärke, mit 5 EL Wasser verrührt

Zubereitungszeit: 25 Min.
Pro Portion: 2300 kJ/ 550 kcal

1 Garnelen waschen. Den Kopf etwa 1 cm hinter dem Gelenk abschneiden, die restlichen Garnelenstücke schälen, vom Darm befreien und gut trockentupfen. Frühlingszwiebeln putzen und in Würfel schneiden. Wasserkastanien ebenfalls in Würfel schneiden, die so groß sein sollen wie die Erbsen. Tomaten waschen und in 2 cm große Stücke schneiden.

2 In einer Pfanne oder einem Wok 2½ EL Öl erhitzen. Garnelen darin bei starker Hitze unter Rühren etwa 2 Min. braten, bis sie rot werden. Dann wieder herausnehmen.

3 Restliches Öl erhitzen. Frühlingszwiebeln darin unter Rühren kurz anbraten und wieder herausholen. Tomaten in die Pfanne geben und bei starker Hitze unter Rühren etwa 2 Min. braten, bis sich Saft bildet. Wasserkastanien und Erbsen dazugeben. Frühlingszwiebeln untermischen.

4 Gericht mit Salz, Zucker und Reiswein abschmecken. Ingwer schälen, Garnelen und Ingwer untermischen und alles noch einmal 3–4 Min. unter starker Hitze unter Rühren braten. Ingwer entfernen. Speisestärke unterrühren und das Ganze einmal aufkochen lassen. Garnelen sofort servieren.

Tip! Mit der gleichen Sauce schmekken auch Fisch- oder Garnelenklößchen, die Sie in Asien-Läden tiefgefroren kaufen können. Die Klößchen sollten Sie halbieren oder vierteln, damit sie das Aroma der Sauce besser aufnehmen.

Garnelen mit grünem Spargel

Aus Thailand · Geht schnell

Gung Pad Noh May Farang

Zutaten für 4 Portionen:
600 g mittelgroße rohe Garnelen mit Kopf und Schwanz
4 EL Fischsauce
½ TL schwarzer Pfeffer, frisch gemahlen
500 g grüner Spargel
5 Knoblauchzehen
5 EL Pflanzenöl
3 EL Austernsauce
1 EL Zucker
2 EL Reiswein

Zubereitungszeit: 30 Min.

Pro Portion: 1200 kJ/290 kcal

1 Köpfe von den Garnelen abtrennen und die Körper so schälen, daß das Schwanzende am Körper bleibt. Garnelen waschen, trockentupfen und der Länge nach am Rücken leicht einschneiden und den dünnen Darm entfernen. Garnelen mit 1 EL Fischsauce und Pfeffer vermischen.

2 Wasser in einem Topf zum Kochen bringen. Spargel waschen, falls nötig schälen, holzige Enden abschneiden und die Stangen in etwa 4 cm lange Stücke schneiden. Dann etwa 1 Min. blanchieren (sprudelnd kochen), anschließend abgießen und abtropfen lassen. Knoblauch schälen und kleinhacken.

3 Öl in einer Pfanne oder im Wok erhitzen, Knoblauch darin bei starker Hitze in etwa 1 Min. anbraten, Garnelen hinzufügen und bei starker Hitze etwa 1 Min. braten. Spargelstücke, Austernsauce und 3 EL Fischsauce, Zucker und Reiswein dazugeben, unter ständigem Rühren etwa 2 Min. garen. Wenn der Fond zu dick geworden ist, geben Sie noch etwas Wasser dazu.

Info: Grüner Spargel wächst oberirdisch. Er hat wegen des entwickelten Chlorophylls einen herzhafteren Geschmack als der Bleichspargel und eine wesentlich kürzere Garzeit. Achten Sie beim Kauf von Spargel darauf, daß die Schnittenden glatt und saftig sind. Dann ist der Spargel frisch und muß evtl. gar nicht oder nur im unteren Drittel geschält werden.

Venusmuscheln mit Basilikum

Aus Thailand · Mild

Hoy Lai Pad

Zutaten für 4–6 Portionen:
2 kg Herz- oder Venusmuscheln
10 Knoblauchzehen
30 Basilikumblätter (Bai Horapha)
+ 1 Stengel Basilikum zum Verzieren
50 g Butter
½ TL Salz
nach Belieben:
1 gewaschenes Bananenblatt

Zubereitungszeit: 20 Min. (+ 2 Std. Wässern)

Bei 6 Portionen pro Portion: 600 kJ/140 kcal

1 Muscheln etwa 2 Std. in Wasser einlegen (geöffnete Exemplare wegwerfen). Anschließend gründlich säubern und mit einem spitzen Messer öffnen, die Schalenhälfte ohne Fleisch wegwerfen.

2 Knoblauch schälen und fein hacken, Basilikumblätter und -stengel waschen, trockenschütteln und beiseite stellen.

3 Butter in einer großen Pfanne oder im Wok erhitzen, Knoblauch hineingeben und bei mittlerer Hitze in etwa 2 Min. goldgelb braten. Die Hitze erhöhen und rasch Muscheln, Salz und Basilikumblätter hinzufügen. Alles etwa 3 Min. unter ständigem Rühren braten.

4 Eine große Platte mit dem Bananenblatt auslegen, die Muscheln auf der Platte anrichten, mit dem Basilikumstengel garnieren und sofort servieren.

Info: Die Herz- und Venusmuscheln haben eine sehr kurze Garzeit, manche Köche übergießen die geöffneten Muscheln lediglich mit kochendem Wasser. Wahre Kenner essen die beiden Muschelsorten am liebsten roh, nur mit ein bißchen Limettensaft beträufelt.

Tip! In Thailand ist Butter nicht so verbreitet wie in Europa, daher wird meistens Öl zum Braten verwendet. Zu diesem Gericht nehmen die Thais aber Butter, da sie feiner schmeckt.

Krebsfleisch mit Sellerie

Aus Thailand · Geht schnell

Puuh Pad Pong Garrieh

Zutaten für 4–6 Portionen:
800 g tiefgefrorene Krebsfleischstangen
400 g Staudensellerie
8 Knoblauchzehen
5 EL Öl
1 TL Currypulver
3 EL Fischsauce
1 EL Zucker

Zubereitungszeit: 25 Min.

Bei 6 Portionen pro Portion: 870 kJ/210 kcal

1 Krebsfleischstangen auftauen. Staudensellerie waschen und die holzigen Enden abschneiden. Die Stangen in etwa 4 cm lange Stücke schneiden, dickere Stangen vorher der Länge nach halbieren.

2 Knoblauch schälen und kleinhacken, Öl in einer Pfanne oder im Wok erhitzen und Knoblauch darin bei mittlerer Hitze in etwa 2 Min. goldgelb braten. Krebsfleischstangen hinzufügen und bei starker Hitze etwa 1 Min. braten. Currypulver dazugeben und gut verrühren. Geschnittenen Sellerie, Fischsauce, Zucker und etwas Wasser dazugeben und alles nochmals etwa 2 Min. schmoren lassen. Auf einer vorgewärmten Platte anrichten und servieren.

Info: Die Thailänder nehmen für dieses Rezept Taschenkrebse. Es gibt sie in Thailand überall zu kaufen. Sie werden lebend zerhackt, der Panzer wird entfernt, und Fleisch, Innereien sowie Scheren und Beine werden in der Pfanne gebraten. Später werden die Scheren und die Beine ausgelutscht. Wir empfehlen gefrorene Krebsfleischstangen, die Sie problemlos im Asien-Laden bekommen.

Garnelen mit Knoblauch

Aus Thailand · Etwas schwieriger

Gung Krathiam Prig Thai

Zutaten für 4 Portionen:
12 rohe Riesengarnelen mit Schwanz
10 Knoblauchzehen
2 EL Fischsauce
½ TL schwarzer Pfeffer, frisch gemahlen
2 EL Limettensaft
3 mittelgroße Tomaten
½ Salatgurke
1 Bund Schnittlauch
50 g Butter

Zubereitungszeit: 30 Min.

Pro Portion: 880 kJ/210 kcal

1 Garnelen vorsichtig abschälen, so daß das Schwanzende am Körper bleibt. Dann am Rücken der Länge nach einschneiden und den Darm entfernen. Anschließend Garnelen unter fließendem kaltem Wasser abspülen und gut abtropfen lassen.

2 Knoblauch schälen und fein hacken. Garnelen mit Knoblauch, Fischsauce, Pfeffer und Limettensaft in einer Schüssel mischen, etwa 10 Min. marinieren lassen.

3 Inzwischen Tomaten waschen, Stielansatz entfernen, Gurke waschen. Beides in etwa ½ cm dicke Scheiben schneiden. Schnittlauch waschen, trockenschütteln und kleinschneiden. Eine große Platte am Rand mit Tomaten- und Gurkenscheiben auslegen.

4 Butter in einer großen Pfanne oder in einem Wok bei mittlerer Hitze erhitzen. Garnelen hineingeben, Mariniergefäß mit etwas Wasser ausschwenken und die Flüssigkeit zu den Garnelen geben. Mit geöffnetem Deckel bei mittlerer Hitze etwa 5 Min. garen.

5 Garnelen auf die vorbereitete Platte legen, mit Schnittlauch bestreuen.

Variante: Dieses Gericht schmeckt auch mit Tintenfisch hervorragend. Dazu etwa 600 g küchenfertig vorbereitete Tintenfischtuben waschen und in 1 cm breite Ringe schneiden. Dann genau wie die Garnelen zubereiten.

Garnelen mit Bambus

Aus Taiwan · Etwas schwieriger

San Si Xia Juan

Zutaten für 3 Portionen:
3–4 getrocknete Donggu-Pilze
100 g Bambussprossen
(in Stücken aus der Dose)
20 g gekochter Schinken,
ohne Schwarte
20 g Zuckererbsen
1 Möhre (etwa 20 g)
9 rohe ungeschälte Riesengarnelen
Salz
2 EL neutrales Pflanzenöl
schwarzer Pfeffer, frisch gemahlen
1/8 l Hühnerbrühe
(selbstgemacht oder instant)
1 EL Speisestärke
1 TL Sesamöl
außerdem: Küchengarn

Zubereitungszeit: 45 Min.

Pro Portion: 580 kJ/140 kcal

1 Donggu-Pilze etwa 20 Min. in warmem Wasser einweichen. Inzwischen Wasser aufkochen, Bambussprossen darin etwa 1 Min. sprudelnd kochen. Herausnehmen, abkühlen lassen und in etwa 4 cm lange, streichholzdicke Streifen schneiden. Schinken in etwa 4 cm lange, sehr dünne Streifen schneiden. Zuckererbsen und Möhre waschen, trockentupfen und ebenfalls in etwa 4 cm lange, dünne Streifen schneiden. Pilze aus dem Einweichwasser nehmen, von den Stielen befreien und in dünne Streifen schneiden.

2 Köpfe der Garnelen abschneiden, Schale bis auf den Schwanz entfernen, dann die Garnelen am Rücken entlang aufschlitzen und den schwarzen Darm mit einer Messerspitze entfernen.

3 Garnelen waschen, trockentupfen und mit dem Rücken nach oben auf eine Arbeitsfläche legen, dann bis zum Schwanz noch weiter auf-, aber nicht ganz durchschneiden.

4 Etwa 1/4 der Bambus-, Donggu-Pilze- und Schinkenstreifen in einer Schale vermengen, mit 1 Prise Salz bestreuen, dann in 9 Portionen teilen. Je 1 Portion quer auf 1 Garnele legen. Die Garnelen quer zusammenrollen, mit Küchengarn zubinden und in eine hitzebeständige Schale legen.

5 Etwa 1/2 l Wasser im Wok angießen. Die Schale mit den Garnelen in den Bambusdämpfer stellen, zudecken und den Dämpfer auf den Wok setzen. Zugedeckt etwa 5 Min. bei starker Hitze dämpfen. Garnelen dann herausnehmen und auf einem Teller anrichten. Wasser weggießen, Wok abtrocknen. Wenn Sie keinen Bambusdämpfer besitzen, s. Info S. 182.

6 Pflanzenöl im Wok bei starker Hitze heiß werden lassen, den Rest der Bambussprossen, Donggu-Pilze, des Schinkens, der Zuckererbsen und der Möhre hineingeben, mit Salz und 1 Prise Pfeffer würzen, unter Rühren etwa 2 Min. braten, mit Hühnerbrühe ablöschen. Zugedeckt bei starker Hitze zum Kochen bringen, Speisestärke mit 2 EL Wasser anrühren, unter das Gemüse mischen und gut durchrühren. Mit Sesamöl beträufeln, über die Garnelen gießen und am besten mit Reis servieren. Vor dem Essen das Küchengarn von den Garnelen entfernen.

Gedämpfte Garnelen

Aus Taiwan · Geht schnell

Long Zheng Sha Xia

Zutaten für 3–4 Portionen:
450 g rohe ungeschälte Riesengarnelen
Salz
1 EL Reiswein
3 Zweige Koriander, ersatzweise Petersilie
1 EL Senf
3 EL helle Sojasauce
5–6 Schilfblätter, nach Belieben

Zubereitungszeit: 20 Min.

Bei 4 Portionen pro Portion:
440 kJ/100 kcal

1 Garnelen abbrausen, trockentupfen. Fühler abschneiden, die Köpfe möglichst dranlassen. Die Garnelen am Rücken entlang aufschlitzen und mit einer Messerspitze den schwarzen Darm entfernen. Garnelen auf einen Teller legen, mit 1 TL Salz bestreuen und mit Reiswein beträufeln. Dann etwa 10 Min. ziehen lassen.

2 Inzwischen Koriander waschen, trockenschütteln und fein hacken. Zusammen mit Senf und Sojasauce in einer Eßschale verrühren.

3 Den harten Stiel an einem Ende der Schilfblätter (etwa 2 cm) abschneiden. Die Schilfblätter waschen und damit den Boden eines Bambusdämpfers auslegen. Dabei die Blätter ein wenig überlappen lassen. Wenn Sie keinen Bambusdämpfer besitzen, siehe Info S. 182.

4 In einem Wok etwa 1/2 l Wasser zum Kochen bringen. Garnelen auf die Schilfblätter im Bambusdämpfer verteilen, zudecken und auf den Wok setzen. Zugedeckt etwa 10 Min. bei starker Hitze dämpfen. Die Garnelen im Bambusdämpfer servieren, Senfsauce dazu reichen.

Variante: Sie können die Garnelen zusätzlich zum Salz und Reiswein noch mit 2 feingehackten, kurz in 2 EL Öl angebratenen Knoblauchzehen ziehen lassen.

Tip! Durch den heißen Dampf verleihen die Schilfblätter den Garnelen ein besonders schönes Aroma. Sie werden nicht mitgegessen. Falls Sie diese Blätter nicht bekommen können, legen Sie die Garnelen einfach auf einen Teller und stellen sie in den Bambusdämpfer.

Garnelen in Salz und Pfeffer

Aus Südchina · Scharf

Jiao Yan Xia

Zutaten für 3–4 Portionen:
600 g rohe ungeschälte Riesengarnelen
15 g scharfe grüne oder rote Peperoni
1 Bund Koriander
Salz
1 Prise Fünf-Gewürz-Pulver
1/2 l neutrales Pflanzenöl zum Fritieren

Zubereitungszeit: 40 Min.

Bei 4 Portionen pro Portion: 1400 kJ/330 kcal

1 Garnelen abbrausen, trockentupfen, Fühler abschneiden, die Köpfe möglichst dranlassen. Die Garnelen am Rücken entlang aufschlitzen und den schwarzen Darm mit einer Messerspitze entfernen.

2 Peperoni waschen, von Kernen und Stielansätzen befreien, Peperoni dann fein hacken. Vorsicht, danach nicht mit den Händen an die Augen kommen. Koriander waschen, trockenschütteln und die Blättchen abzupfen.

3 In einem Topf 1 1/2 TL Salz bei mittlerer Hitze in etwa 2 Min. unter Rühren heiß werden lassen. Den Topf vom Herd nehmen, Fünf-Gewürz-Pulver zum Salz geben und umrühren.

4 Öl im Wok bei starker Hitze heiß werden lassen. Es ist heiß genug, wenn an einem ins Öl getauchten Holzstäbchen Bläschen aufsteigen. Garnelen hineingeben und etwa 3 Min. fritieren. Vorsicht, Spritzgefahr! Herausnehmen und das Fett abtropfen lassen.

5 Bis auf einen dünnen Film Öl aus dem Wok gießen. Garnelen erneut in den Wok geben, bei mittlerer Hitze unter Rühren kurz anbraten. Salzmischung und Peperoni dazugeben, unter Rühren etwa 2 Min. weiterbraten.

6 Dann Garnelen auf einem Teller anrichten, mit Koriander garnieren und servieren.

Info: Das Fünf-Gewürz-Pulver besteht aus Anis, Zimt, Gewürznelken, Sichuan-Pfeffer und Fenchelsamen. Es ist in fast allen Asienläden erhältlich.

Garnelen mit Paprika

Aus Westchina · Sommergericht

Qing Jiao Xia Ren

Zutaten für 3–4 Portionen:
300 g geschälte rohe Garnelen
Salz
1 Prise weißer Pfeffer, frisch gemahlen
2 EL Reiswein
je 1 grüne und rote Paprikaschote
1 Eiweiß
1 EL Speisestärke
1 Frühlingszwiebel
1 Scheibe Ingwer, etwa 1 cm dick
5 EL neutrales Pflanzenöl

Zubereitungszeit: 30 Min.

Bei 4 Portionen pro Portion: 800 kJ/190 kcal

1 Garnelen kalt abspülen, trockentupfen, längs am Rücken etwas einschneiden und den Darm entfernen. Garnelen anschließend mit Salz, Pfeffer und Reiswein mischen. Etwa 10 Min. ziehen lassen.

2 Inzwischen Paprika von Kernen, Trennwänden und Stielansatz befreien, waschen und in etwa 3 cm lange und 2 cm breite Stücke schneiden. Eiweiß mit der Speisestärke verquirlen und dann mit den Garnelen vermischen. Frühlingszwiebel putzen und waschen. Ingwer schälen. Beides fein hacken.

3 In einem Wok 4 EL Öl bei mittlerer Hitze heiß werden lassen. Frühlingszwiebel und Ingwer darin unter Rühren kurz anbraten und herausfischen. Dann die Temperatur hochschalten und die Garnelen darin unter leichtem Rühren etwa 2 Min. bei starker Hitze braten. Dann herausnehmen.

4 Restliches Öl in den Wok gießen und die Paprikastücke darin unter Rühren etwa 1 Min. braten, mit Salz und Pfeffer abschmecken. Garnelen untermischen, und alles zusammen unter Rühren noch etwa 1/2 Min. garen. Die Garnelen mit Paprika sofort servieren.

Variante: Falls Sie gern scharf essen, können Sie noch 15 g getrocknete Chilischoten, 1/2 TL Sichuan-Pfefferkörner und 1 feingehackte Knoblauchzehe mit den Paprikaschoten zusammen braten.

Pikante Garnelen

Aus Westchina · Herbstgericht

Gan Shao Da Xia

Zutaten für 4 Portionen:
8 rohe ungeschälte Riesengarnelen (etwa 600 g)
1 Frühlingszwiebel
1 Scheibe Ingwer, etwa 2 cm dick
4 Knoblauchzehen
4 EL neutrales Pflanzenöl
1 EL scharfe Bohnenpaste
2 EL Reiswein · 1 TL Zucker
1 EL dunkle Sojasauce
1 Prise Sichuan-Pfeffer, frisch gemahlen
150 ml Hühnerbrühe (selbstgemacht oder instant)
1 EL dunkler Reisessig

Zubereitungszeit: 25 Min.
Pro Portion: 690 kJ/160 kcal

1 Die Riesengarnelen waschen, trockentupfen, die Fühler abschneiden, aber die Köpfe möglichst dranlassen. Frühlingszwiebel putzen, waschen und fein hacken. Ingwer schälen, Knoblauch häuten, beides fein hacken.

2 Öl in einem Wok bei mittlerer Hitze heiß werden lassen. Bohnenpaste darin unter Rühren kurz anbraten, bis sie aufgelöst ist. Frühlingszwiebel, Ingwer und Knoblauch dazugeben und ebenfalls kurz anbraten.

3 Die Garnelen dazugeben und in 2–3 Min. rötlich braten, dann Reiswein angießen und alles etwa 1/2 Min. zugedeckt garen.

4 Dann mit Zucker, Sojasauce und Sichuan-Pfeffer würzen und die Brühe dazugießen. Zugedeckt und bei schwacher Hitze etwa 2 Min. köcheln lassen. Anschließend Essig untermischen. Einmal aufkochen lassen und servieren.

Variante: 400 g geschälte Garnelen mit 1 EL Speisestärke, 1 Eiweiß und 1/2 TL Salz mischen. 1 EL scharfe Bohnenpaste in 4 EL Öl kurz anbraten. Garnelen und 2 EL Tomatenmark dazugeben und 2–3 Min. bei mittlerer Hitze unter Rühren braten. Würzen wie im Rezept angegeben, 150 ml Hühnerbrühe angießen, aufkochen lassen. Zugedeckt 2–3 Min. köcheln lassen. Mit 1 1/2 TL Stärke binden und servieren.

Garnelenröllchen

Aus Westchina · Braucht etwas Zeit

Su Zha Xia Juan

Zutaten für 4 Portionen:
350 g rohe geschälte Garnelen
5 Wasserkastanien (aus der Dose oder 2 EL Sojabohnensprossen)
Salz
1 Prise weißer Pfeffer, frisch gemahlen
2 EL Reiswein
1 EL Speisestärke
+ 160 g Speisestärke
je 75 g Salatgurke und Möhren
1 Frühlingszwiebel
1 Scheibe Ingwer, etwa 2 cm dick
3 Knoblauchzehen
150 g Salatblätter
1 EL Zucker
1 EL dunkler Reisessig
1 EL helle Sojasauce
3 Eiweiß
200 g Schweinenetz (rechtzeitig beim Metzger vorbestellen)
1/2 l neutrales Pflanzenöl
1 1/2 EL scharfe Bohnenpaste
1 Prise Sichuan-Pfeffer, frisch gemahlen

Zubereitungszeit: 1 1/2 Std.

Pro Portion: 1600 kJ/380 kcal

1 Garnelen kalt abspülen und trockentupfen. Den Darm entfernen. Garnelen mit Wasserkastanien zusammen mit einem Küchenbeil sehr fein hacken. Dann in einer Schüssel mit Salz, Pfeffer, je 1 EL Reiswein und Speisestärke mischen.

2 Gurke waschen, längs halbieren, entkernen. Möhren schälen. Beides in etwa 5 cm lange sehr feine Streifen schneiden. Frühlingszwiebel putzen und waschen. Ingwer schälen, Knoblauch häuten. Alles fein hacken. Salat putzen, waschen und trockenschwenken. Zucker, Essig, Sojasauce und 1 EL Reiswein in einer Schüssel zu einer Sauce mischen, beiseite stellen.

3 Eiweiß mit 80 g Speisestärke in einer Schüssel gründlich verrühren. Schweinenetz in warmem Wasser etwa 5 Min. einweichen, herausnehmen, mit lauwarmem Wasser abspülen und vorsichtig auf der Arbeitsfläche ausbreiten. Dann in etwa 20 cm lange und 10 cm breite Stücke zurechtschneiden. Das Netz mit etwas von der Eiweißmasse bestreichen und mit der Garnelen-Wasserkastanien-Mischung, Gurken- und Möhrenstreifen der Längsrichtung nach belegen.

4 Das Netz von der langen Seite her aufrollen, so daß etwa 20 cm lange Röllchen entstehen. Die Enden mit Eiweißmasse zukleben. Anschließend die Röllchen in der restlichen Speisestärke wälzen. Darauf achten, daß die Röllchen gründlich von der Stärke überzogen sind.

5 Öl in einem Wok bei starker Hitze heiß werden lassen. Es ist heiß genug, wenn an einem ins Öl getauchten Stäbchen Bläschen emporsteigen. Die Röllchen darin portionsweise unter leichtem Rühren etwa 2 Min. fritieren. Herausnehmen und abwarten, bis das Öl wieder ganz heiß ist. Dann die Röllchen erneut ins Öl geben und in etwa 1 Min. goldbraun fritieren. (Vorsicht, Spritzgefahr!) Herausnehmen, das Fett abtropfen lassen, schräg in 3–4 cm große Stücke schneiden, auf einem Teller anrichten und mit Salat garnieren.

6 Öl bis auf einen dünnen Film aus dem Wok gießen. Bohnenpaste, Sichuan-Pfeffer, Ingwer und Knoblauch darin unter Rühren anbraten. Die beiseite gestellte, gemischte Sauce dazugießen und gut durchrühren. Aufkochen lassen, die gehackte Frühlingszwiebel untermischen, dann die Sauce in ein Schälchen geben. Die Sauce als Dip zusammen mit den Röllchen servieren.

KULINARISCHES "DRUMHERUM"

Gedämpfte Äpfel

Aus Westchina · Gelingt leicht

Mi Zhi Zheng Ping Guo

Zutaten für 4 Portionen:
150 g getrocknete Datteln
4 kleinere Äpfel
(z.B. Elstar oder Jonathan, je etwa 150 g)
75 g weißer Kandiszucker
2 EL Zucker

Zubereitungszeit: 30 Min.

Pro Portion: 1100 kJ/260 kcal

1 Datteln kalt abspülen und in einem Topf mit Wasser bedeckt bei schwacher Hitze etwa 10 Min. köcheln. Dann abkühlen lassen und von den Kernen befreien. Etwa 100 ml von der Kochbrühe aufheben.

2 Äpfel waschen und trockentupfen. Von jedem Apfel vom Stiel aus mit einem scharfen Messer die Kerne entfernen und den Apfel dabei so aushöhlen, daß ein Viertel der Datteln hineinpassen.

3 Dann jeden Apfel mit den Datteln füllen, alle in eine Schüssel stellen.

4 Die gefüllten Äpfel in einen Bambusdämpfer setzen und den Dämpfer schließen. Etwa 1 l Wasser in einem Wok aufkochen lassen. Den Dämpfer darauf setzen und die Äpfel bei starker Hitze etwa 10 Min. dämpfen. Falls Sie keinen Bambusdämpfer besitzen, siehe Info S. 182.

5 100 ml Brühe von den Datteln in einem Topf zum Kochen bringen. Temperatur herunterschalten. Kandiszucker und Zucker in die Brühe geben und bei schwacher Hitze köcheln, bis ein Sirup entsteht. Die Äpfel auf Tellern anrichten, mit der Siruplösung überziehen und servieren.

Variante: Statt Äpfel können Sie auch Birnen dämpfen. Dazu 4 Birnen, z.B. Packham oder Comice, waschen und trockentupfen. Von jeder Birne vom Stiel aus mit einem scharfen Messer die Kerne entfernen und die Birnen so aushöhlen, daß je 1 1/2 EL weißer Kandiszucker hineinpassen. Die Birnen mit dem Zucker füllen, in eine Schüssel stellen und wie in Schritt 4 beschrieben dämpfen. Gedämpfte Birnen schmecken nicht nur gut, sie sind in China auch ein sehr beliebtes Hausmittel gegen Husten. Sie wirken vor allem schleimlösend.

Tip! Wenn Sie die Äpfel mit dekorativen Schnitzereien versehen, sieht das besonders schön aus. Sie können die Äpfel im Ganzen servieren, wie oben beschrieben, aber auch aufgeschnitten, wie auf dem Foto zu sehen. Wenn Sie im Asienladen kandierten Osmanthus (eine Art Duftblüte) bekommen können, träufeln Sie 1/2 TL davon über die Äpfel, dann schmecken sie noch besser!

Honigbananen

Aus Peking · Gelingt leicht

Dan Bai Xiang Jiao Jia Xian

Zutaten für 4 Portionen:
1 EL Sesamsamen
4 Bananen
100 g süße Bohnenpaste oder Marmelade
30 g Mehl
20–25 g Speisestärke
2 Eiweiß
1 l neutrales Pflanzenöl zum Fritieren
5 EL Honig

Zubereitungszeit: 30 Min.

Pro Portion: 1700 kJ/400 kcal

1 Backofen auf 70° vorheizen. Sesamsamen in einem kleinen Topf bei schwacher Hitze etwa 3 Min. unter Rühren rösten, dann herausnehmen.

2 Die Bananen schälen, quer halbieren und längs in 1 cm dicke Scheiben schneiden. Je 1 Bananenscheibe mit der Bohnenpaste bestreichen, dann das Gegenstück auf den Aufstrich legen. In Mehl wenden. Die Speisestärke in einem tiefen Teller mit dem Eiweiß gründlich verrühren. Einen Teller zum Vorwärmen in den Ofen (Umluft 50°) stellen.

3 Das Öl im Wok oder in einem Topf erhitzen. Die »Bananen-Sandwiches« durch die mit Eiweiß verrührte Stärke ziehen, etwas abtropfen lassen und nacheinander im Öl in 1–2 Min. goldgelb fritieren. Herausnehmen, kurz abtropfen lassen und auf dem vorgewärmten Teller anrichten. Honig über die Bananen träufeln und die Sesamsamen gleichmäßig darüber streuen. Die Bananen möglichst noch warm servieren.

Tip! Die Bananen sternförmig um eine kandierte Orangenscheibe anrichten.

Kandierte Kartoffelbällchen

Aus Nordchina · Gelingt leicht

Ba Si Jin Zao

Zutaten für 20 Stück, für 4 Portionen:
300 g Kartoffeln, mehligkochend
50 g Mehl
150 g kandierte Früchte (z.B. Kirschen, Orangeat, Zitronat)
1/2 l neutrales Pflanzenöl zum Fritieren
2–3 EL Sesamöl
100 g Zucker

Zubereitungszeit: 45 Min.

Pro Portion: 1900 kJ/450 kcal

1 Kartoffeln waschen und schälen. In einem Topf 15–20 Min. zugedeckt kochen, dann abgießen und zerstampfen. Das Mehl dazugeben, zusammen gut verkneten und zu einer Rolle von etwa 4 cm Durchmesser formen. Den Teig in 20 Stücke teilen. Die Teigstücke mit der Handinnenfläche flach und länglich drücken.

2 Die kandierten Früchte fein hacken und in 20 Portionen teilen. Jede Portion auf ein Teigstück legen und vorsichtig zu einem Kartoffelbällchen schließen. Eventuelle Risse im Teig zusammendrücken.

3 Das Öl in einem Wok oder einem Topf stark erhitzen, bis an einem ins Öl getauchten Holzstäbchen kleine Bläschen aufsteigen. Die Kartoffelbällchen ins heiße Öl geben und etwa 3 Min. fritieren, bis sie goldgelb sind. Vorsicht, Spritzgefahr! Die Bällchen herausnehmen und das Fett abtropfen lassen. Das Öl aus dem Wok gießen.

4 Zuerst das Sesamöl, dann den Zucker in den Wok geben, bei schwacher Hitze unter Rühren erwärmen, bis der Zucker schmilzt. Dabei eventuell immer wieder den Wok vom Herd nehmen, damit die Masse nicht anbrennt.

5 Wenn sich Blasen bilden, die Kartoffelbällchen einzeln hinzugeben und kurz im Karamel wälzen. Dann die Kartoffelbällchen auf einem Teller anrichten. Serviert werden die Kartoffelbällchen mit einem Schälchen kalten Wasser. Sie werden hineingetaucht, bevor man sie ißt. Dadurch sind sie schön knusprig, und die Zuckermasse zieht Fäden.

Gefüllte Sesambällchen

Aus Südchina · Etwas schwieriger

Zhi Ma Qiu

Zutaten für 10 Stück:
250 g Klebreismehl (Shui Mo Nuo Mi Fen)
250 g süße Lotospaste (Lian Rong)
50 g weißer Sesam
1 l neutrales Pflanzenöl zum Fritieren

Zubereitungszeit: 40 Min. (+ 10 Min. Abkühlen)

Pro Stück: 1300 kJ/310 kcal

1 Das Klebreismehl mit etwa 100 ml heißem Wasser verrühren, bis ein geschmeidiger Teig entsteht. Dann etwa 10 Min. abkühlen lassen und den Teig kneten, bis er elastisch ist. Den Teig zu einer Rolle von etwa 4 cm Durchmesser formen, in 10 etwa gleich große Stücke schneiden und mit einem feuchten Tuch abdecken.

2 Mit der Hand ein Teigstück zu einer Teigscheibe von etwa 8 cm Durchmesser formen, dabei den Rand etwas dünner als die Mitte formen.

3 Je 1 TL süße Lotospaste in die Mitte einer Teigscheibe geben und Teigrand um die Füllung herum vorsichtig schließen. Zwischen den Händen zu Bällchen formen. Eventuell entstehende Risse im Teig zusammendrücken. Sesam auf einen Teller geben.

4 Das Öl in einem Wok oder Topf bei starker Hitze heiß werden lassen. Es ist heiß genug, wenn an einem ins Öl getauchten Holzstäbchen Bläschen aufsteigen. Die Bällchen mit Wasser befeuchten, dann in Sesam wenden, so daß sie rundum mit Sesam bedeckt sind.

5 Die Bällchen vorsichtig ins Öl geben und bei mittlerer Hitze in etwa 3 Min. goldbraun fritieren, dabei mit dem Kochlöffel leicht auf die Bällchen drücken. Vorsicht, Spritzgefahr! Aufgrund der Hitze werden die Bällchen immer größer. Daher müssen Sie die Bällchen mit einem Schaumlöffel herausholen, bevor sie platzen.

Variante: Sie können für die Füllung statt der Lotospaste auch süße Bohnenpaste (Tian Dou Sha) nehmen.

Info: Die süße Lotospaste wird aus den Samen des Lotos, einer Seerosenart, hergestellt. Diese Pflanze wächst fast überall in China und gilt als heilig. Für die Lotospaste werden die Lotossamen zunächst gekocht und anschließend mit Zucker vermischt. Süße Lotospaste (Lian Rong), Bohnenpaste (Dou Sha) und Klebreismehl (Shui Mo Nuo Mi Fen) sind in jedem Asienladen erhältlich.

Perlenklößchen

Aus Westchina · Etwas schwieriger

Zhen Zhu Yuan Zi

Zutaten für 4 Portionen:
100 g Klebreis (Nuo Mi), aus dem Asienladen
100 g schwarze Sesamsamen
150 g Zucker
75 g Schweineschmalz
250 g Klebreismehl (Shui Mo Nuo Mi Fen), aus dem Asienladen

Zubereitungszeit: 1 Std. (+ 1 Std. Quellen lassen)

Pro Portion: 3200 kJ/760 kcal

1 Klebreis in lauwarmem Wasser etwa 1 Std. quellen lassen. Sesam in einem Topf bei schwacher Hitze unter Rühren etwa 2 Min. rösten, herausnehmen, etwas abkühlen lassen und im Mörser zerstoßen. Dann mit dem Zucker und dem Schweineschmalz mischen und zu etwa 20 Kügelchen formen.

2 Das Klebreismehl mit etwa 100 ml heißem Wasser kräftig verrühren, bis ein geschmeidiger Teig entsteht. Etwa 10 Min. abkühlen lassen, dann den Teig mit den Händen kräftig kneten, bis er elastisch ist. Den Teig zu einer Rolle von etwa 2 cm Durchmesser formen. Die Rolle in 20 Stücke schneiden und sie mit einem feuchten Tuch abdecken.

3 Mit der Hand ein Teigstück zu einer Teigscheibe von etwa 6 cm Durchmesser formen, dabei den Rand etwas dünner als die Mitte formen.

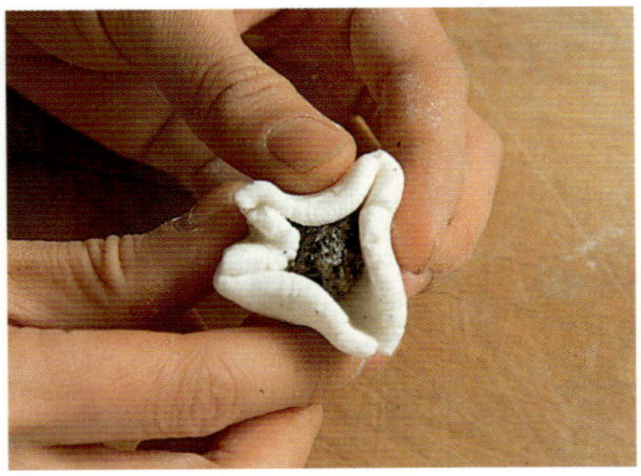

4 Je 1 Sesamkügelchen auf eine Teigscheibe geben, diese vorsichtig schließen. Eventuelle Risse im Teig zusammendrücken.

5 Klebreis aus dem Wasser nehmen und abtropfen lassen. Die Klebreisklößchen vorsichtig in dem Reis wälzen, so daß sie ganz vom Reis bedeckt sind.

6 Einen Bambusdämpfer mit einem feuchten Tuch auskleiden. Die Klößchen in etwa 1 cm Abstand voneinander hineingeben, den Dämpfer schließen. In einem Wok etwa 1 l Wasser aufkochen lassen. Dämpfer darauf setzen und die Klößchen bei starker Hitze etwa 15 Min. dämpfen. Falls Sie keinen Bambusdämpfer besitzen, siehe Info S. 182.

Variante: Die Zubereitung der Perlenklößchen im Dämpfer ist nicht ganz einfach. Sie können sie deshalb genausogut bei Schritt 6 etwa 10 Min. in kochendem Wasser offen kochen, bis sie an die Oberfläche steigen.

Milchpulverbällchen in Sirup

Aus Indien

Gulab Jamun

Zutaten für 20 Bällchen (8–10 Portionen):
750 g Zucker
1 EL Rosenwasser (Apotheke)
1 TL Kardamomkapseln (Apotheke)
¼ l Milch
175 g Milchpulver
45 g Weizenmehl (Type 405)
1 TL Backpulver
1 EL Ghee, ersatzweise Butterschmalz
½ l Öl zum Fritieren
zum Garnieren: 4 EL Kokosflocken, gehackte Mandeln oder Pistazien

Zubereitungszeit: 55 Min. (+ 1 Std. Ruhen)

Bei 10 Portionen pro Portion: 2300kJ/550 kcal

1 Zucker mit 1 l Wasser in einem Topf erhitzen und etwa 5 Min. bei mittlerer Hitze kochen, bis ein Sirup entstanden ist. Rosenwasser hinzufügen, kurz verrühren und beiseite stellen.

2 Kardamomkapseln zwischen den Fingern oder mit einem Messer öffnen, Samen herausnehmen, auf ein Holzbrett legen und mit einem Eßlöffel zerdrücken. Milch erwärmen. In einer Schüssel Milchpulver, Mehl, Backpulver, Kardamom und Ghee mit den Fingerspitzen vermischen. Erwärmte Milch langsam dazugießen. Alle Zutaten gut vermischen, so daß ein fester, geschmeidiger Teig entsteht.

3 Aus dem Teig Bällchen von etwa 2 cm Durchmesser formen. Der Teig ist ideal, wenn beim Formen etwas Teig an den Händen kleben bleibt. Wenn der Teig zu trocken ist, noch etwas Milch hineinkneten.

4 Öl in einer Karai, einem Wok oder einem breiten Topf etwas erwärmen. (Die Temperatur darf nicht zu hoch sein, damit die Milchbällchen ganz langsam gebacken werden.) Die geformten Bällchen mit einem Schaumlöffel in das Öl geben und bei mittlerer Hitze in etwa 10 Min. goldbraun backen. Hin und wieder mit dem Schaumlöffel wenden.

5 Um zu prüfen, ob die Bällchen gar sind, nehmen Sie ein Bällchen heraus und legen es in den Sirup. Wenn es nach 2 Min. nicht zusammengefallen ist, sind die Bällchen fertig. Herausnehmen, in einem Sieb kurz abtropfen lassen und dann in den Sirup geben. Etwa 1 Std. ziehen lassen, bis sie ganz aufgequollen sind. Kalt oder lauwarm mit dem Zuckerwasser servieren. Nach Belieben mit Kokosflocken, feingehackten Mandeln oder Pistazien bestreuen.

Info: Gulab Jamuns können einige Tage aufbewahrt werden.

Tip! Servieren Sie Gulab Jamuns doch einmal frisch gemacht, nur mit Zucker und Kokosflocken bestreut, zum Tee oder Kaffee.

Fladenbrot

Aus Nordindien · Gelingt leicht

Chapati

Zutaten für etwa 15 Brote:
400 g Chapatimehl oder normales Mehl
+ Mehl für die Arbeitsfläche
2 EL Ghee, ersatzweise Butterschmalz
1 TL Salz

Zubereitungszeit: 1 Std. (+ 20 Min. Ruhen)

Pro Brot: 420 kJ/100 kcal

1 Chapatimehl in eine Schüssel geben. Ghee, Salz und 225 ml Wasser hinzufügen und alles zu einem weichen und glatten Teig verarbeiten. Den Teig mindestens 15 Min. gut durchkneten. Anschließend zu einer Kugel formen, mit einem feuchten Tuch bedecken und etwa 20 Min. ruhen lassen.

2 Teig in etwa 15 gleich große Stücke teilen, diese zu kleinen Kugeln formen. Auf einem bemehlten Brett zu etwa 1 mm dünnen, runden Fladen ausrollen. (Die Größe der Fladen richtet sich nach dem Durchmesser der Pfanne, die Sie verwenden.)

3 Eine schwere Pfanne oder eine spezielle Chapatipfanne etwa 5 Min. bei mittlerer Hitze heiß werden lassen. Den ersten Fladen hineingeben und etwa 1 Min. backen. Mit dem Pfannenheber wenden und von der anderen Seite ebenfalls etwa 1 Min. backen, bis der Fladen hellbraun ist.

4 Den fertigen Fladen herausnehmen und in einen Topf mit Deckel legen, Topf sofort zudecken. Alle Chapatis auf diese Weise zubereiten und im Topf aufbewahren, damit sie nicht so schnell auskühlen und nicht austrocknen. (Fladenbrot am besten ganz kurz vor dem Servieren zubereiten.)

Info: Chapati essen die Inder täglich zu Dals, Gemüse und Fleischgerichten.

Tip! Chapatimehl bekommen Sie im Asienladen. Wenn Sie einmal keines zur Verfügung haben, können Sie auch Weizenmehl (Type 1050) verwenden.

Fritiertes Vollkornbrot

Aus Nordindien · Etwas schwieriger

Puri

Zutaten für etwa 15 Brote:
150 g Vollweizenmehl
½ TL Salz
2 EL Ghee, ersatzweise Butterschmalz
etwas Öl für die Arbeitsfläche
ca. ½ l Öl zum Fritieren

Zubereitungszeit: 45 Min. (+ 15 Min. Ruhen)

Pro Brot: 430 kJ/100 kcal

1 Mehl in eine Schüssel geben. Salz und Ghee dazugeben. Nach und nach 75 ml Wasser hinzufügen, den Teig mit den Händen etwa 10 Min. kneten, bis er glatt und elastisch ist. Teig zu einer Kugel formen, in einer Schüssel mit einem feuchten Küchentuch zudecken und etwa 15 Min. ruhen lassen.

2 Den Teig in etwa 15 gleich große Stücke teilen, diese zu Kugeln formen. Die Kugeln flachdrücken und auf der eingeölten Arbeitsfläche etwa 1 mm dick rund ausrollen (10–12 cm Durchmesser). Darauf achten, daß die Puris nicht aufeinander liegen, sonst kleben sie zusammen.

3 Öl in einer Karai, einem Wok oder einem Topf stark erhitzen. (Es muß etwa 1½ cm hoch in der Karai oder dem Topf stehen. Also je nach Größe des Gefäßes etwas weniger oder etwas mehr Öl nehmen.) Wenn das Öl anfängt zu rauchen, die Hitze reduzieren.

4 Den ersten Fladen in das Öl legen. In der Mitte mit einer Siebkelle den Teig sanft kurz hinunterdrücken. Wenn sich der Puri wie ein Ballon aufbläht, den Fladen wenden und auf der anderen Seite in etwa 10 Sek. goldbraun ausbacken.

5 Puri herausnehmen und auf Küchenpapier entfetten. Alle Puris auf diese Weise zubereiten. Puris in einem Topf aufeinanderlegen und den Deckel jedesmal verschließen, damit sie warm bleiben und nicht austrocknen. (Sie können die Puris auch bei 150° [Gas Stufe 1] im Backofen warm halten.) Heiß zu Dals, Gemüse und Fleischgerichten servieren.

Hefebrot

Aus Indien

Naan

Zutaten für 9 Brote:
150 ml Milch
⅓ Würfel Hefe (15 g)
2 TL Zucker
500 g Weizenmehl (Type 405)
+ Mehl für die Arbeitsfläche
1 TL Salz
1 TL Backpulver
2 EL Öl
+ Öl für das Backblech
150 g Joghurt
1 Ei

Zubereitungszeit: 1½ Std.
(+ 1 Std. Ruhen)

Pro Brot: 1100 kJ/260 kcal

1 Milch in einem Topf etwas erwärmen. Milch in eine Schüssel geben, Hefe zerbröckeln und dazugeben. 1 TL Zucker hinzufügen, alles gut verrühren und etwa 15 Min. stehenlassen, bis die Hefe sich aufgelöst hat.

2 Mehl in eine große Schüssel sieben, Salz und Backpulver dazugeben und vermischen. Nach und nach 1 TL Zucker, die Milch mit der Hefe, Pflanzenöl, Joghurt und Ei dazugeben und alles zu einem Teig verrühren. Den Teig kräftig kneten. Zu einer Kugel formen und zugedeckt an einem warmen Ort, evtl. auf der Heizung, etwa 1 Std. gehen lassen.

3 Den Backofen auf 225° (Gas Stufe 4) vorheizen. Ein Backblech ausfetten und im Ofen heiß werden lassen. Den Teig erneut durchkneten und in 9 Stücke teilen, daraus Kugeln formen. Die ersten 2–3 Kugeln auf einer bemehlten Arbeitsfläche zu tropfenförmigen Naans ausrollen (etwa 5–8 mm dick, 25 cm lang und 13 cm breit).

4 Die Naans auf das heiße Backblech legen, sofort in den Backofen (Mitte) geben und in 6–8 Min. hellbraun backen. Die fertigen Brote in eine saubere Stoffserviette (oder ein Tuch aus Stoff) einschlagen. Die übrigen Brote auf die gleiche Weise zubereiten. Das Brot am besten heiß servieren.

Info: Naan ist das berühmte Brot der Mogulen, das in Indien in einem sehr heißen Tandoor-Ofen gebacken wird. Naan wird zu Dals, Gemüse und Fleischgerichten gegessen.

Apfelchutney

Aus Indien · Pikant

Seb ki Chatni

Zutaten für 10 Portionen:
1 kg säuerliche Äpfel, z. B. Boskop
2 frische Chilischoten
3 EL Ghee, ersatzweise Butterschmalz
2 TL Panch Foron (Fünfgewürzmischung), nach Belieben
Salz
1 TL Kurkumapulver
1 TL Kreuzkümmelpulver
3 EL brauner Zucker
2 EL Zitronensaft

Zubereitungszeit: 45 Min. (+ 1 Std. Kühlen)

Pro Portion: 380 kJ/90 kcal

1 Äpfel waschen, schälen, vom Stielansatz und den Kernen befreien, vierteln und die Viertel in dünne Scheiben schneiden. Chilischoten waschen und fein hacken, Stielenden entfernen. Danach die Hände keinesfalls an die Augen oder Schleimhäute bringen, das brennt wie Feuer! Am besten die Hände gründlich waschen.

2 In einem Topf Ghee erhitzen, Fünfgewürzmischung, Chilischoten, Salz, Kurkuma und Kreuzkümmel hineingeben und bei mittlerer Hitze etwa ½ Min. unter ständigem Rühren anbraten.

3 Apfelscheiben dazugeben und etwa 4 Min. mitbraten. 100 ml Wasser dazugeben und alles bei schwacher Hitze etwa 5 Min. zugedeckt köcheln lassen, bis die Äpfel weich sind. (Je nach Sorte kann es auch etwas länger dauern.)

4 Zucker und Zitronensaft hinzufügen und alles bei mittlerer Hitze unter ständigem Rühren so lange kochen, bis das Chutney eindickt. In eine Schüssel umfüllen und etwa 1 Std. kalt stellen. Das Apfelchutney paßt zu allen Hauptgerichten und Snacks als Beilage.

Info: Sie können für dieses Rezept auch andere Obstsorten verwenden. Es schmeckt auch sehr raffiniert mit Pfirsichen, Aprikosen, Pflaumen oder Guavas.

Tip! Gekochte Chutneys können Sie in Gläser mit Deckel füllen und kühl aufbewahren. Sie bleiben einige Tage haltbar. Achten Sie aber darauf, daß Sie Glasdeckel oder beschichtete (nicht metallische) Deckel verwenden.

Tomatenchutney

Aus Indien · Gelingt leicht

Tamatar Chatni

Zutaten für 4 Portionen:
6 kleine, reife Tomaten
1 Stück frischer Ingwer (3 cm)
100 g Rosinen
5 EL Zucker
½ TL Kurkumapulver
Salz
2 TL Ghee, ersatzweise Butterschmalz
1 TL Panch Foron (Fünfgewürzmischung), nach Belieben
1 TL Fenchelsamen (Apotheke, nach Belieben)
1 TL Kreuzkümmelsamen
Saft von ½ Zitrone

Zubereitungszeit: 40 Min. (+ 1 Std. Kühlen)

Pro Portion: 800 kJ/190 kcal

1 Tomaten waschen, vierteln und vom Stielansatz befreien. Ingwer schälen und auf der Gemüsereibe fein reiben. Rosinen waschen, trockentupfen und, falls vorhanden, Stiele entfernen.

2 Tomaten, Ingwer und Rosinen in einen Topf geben, Zucker hinzufügen und bei schwacher Hitze etwa 10 Min. köcheln lassen, bis der Inhalt dickflüssig ist und die Tomaten weich sind.

3 Kurkuma und reichlich Salz dazugeben und alles zugedeckt bei mittlerer Hitze etwa 5 Min. kochen lassen.

4 Ghee in einer kleinen Pfanne erhitzen. Fünfgewürzmischung hineingeben, bei mittlerer Hitze kurz anbraten und über die Tomaten gießen. Gut verrühren.

5 In einer anderen Pfanne ohne Fett Fenchelsamen und Kreuzkümmelsamen bei mittlerer Hitze unter Rühren kurz anrösten, abkühlen lassen und in einer Gewürzmühle fein mahlen oder im Mörser fein zerstoßen. Die Mischung über das Chutney streuen und gut verrühren.

6 Zitronensaft einrühren, Chutney vom Herd nehmen und etwa 1 Std. kalt stellen. Zu Snacks und Hauptspeisen als Beilage servieren.

Info: In der indischen Küche werden Tomaten immer mit Schale verwendet. Natürlich können Sie die Schale entfernen, wenn Sie sie nicht mögen.

Chilisauce mit Koriander

Aus Thailand · Scharf

Naam Plaah Prik

Zutaten für eine Schale (4 Portionen):
4 frische thailändische oder andere Chilischoten
2 Knoblauchzehen
3 EL Fischsauce
2 EL Limettensaft
1 Stengel frischer Koriander

Zubereitungszeit: 15 Min.
Pro Portion: 56 kJ/13 kcal

1 Chilischoten waschen, entstielen und im Mörser zerstoßen oder in feine Ringe schneiden. Danach Hände keinesfalls an die Augen oder an die Schleimhäute bringen, sofort gründlich waschen! Knoblauch schälen und fein hacken. In einer kleinen Schüssel Chiliringe bzw. zerstampfte Chilischoten mit Knoblauch, Fischsauce und Limettensaft verrühren.

2 Koriander waschen und trockenschütteln. Stengel und Blätter fein schneiden und zur Chilisauce geben.

Variante: Unter diese Sauce können Sie auch feingeschnittene Scheiben einiger Schalotten oder einer violetten Zwiebel geben.

Info: Diese Chilisauce ist in Thailand sehr beliebt und in allen Landesteilen verbreitet. Wichtig ist, daß sie wirklich frisch zubereitet wird. Sie sollte nicht lange aufbewahrt werden. Diese Sauce paßt zu allen gebratenen Reisgerichten, zu gebratenem Gemüse und zu Fleischgerichten, die wenig Sauce haben.

Eingelegtes Sichuan-Gemüse

Aus Westchina · Erfrischend

Sichuan Pao Cai

Zutaten für 2 kg Gemüse:
2 kg frisches Gemüse (1 kg Weißkohl, 200 g Möhren, 150 g Staudensellerie, 150 g Paprikaschoten, 250 g Rettich, 250 g Salatgurke)
50 g Ingwer
200 g Salz
2 EL Zucker
25 g getrocknete Chilischoten
5 Sternanis
1 EL Sichuan- oder normale Pfefferkörner
50 ml chinesischer Schnaps, nach Belieben (z.B. Gaoliang-Schnaps, aus dem Asienladen)

Zubereitungszeit: 45 Min. (+ 2 Tage zum Ansetzen)
Pro 100 g: 110 kJ/26 kcal

1 Weißkohl putzen, waschen und gut trockentupfen. Weißkohlblätter zerpflücken, Möhren schälen. Sellerie und Paprikaschoten waschen und putzen. Rettich, Gurke, Möhren und Sellerie quer in etwa 1/2 cm dicke Scheiben schneiden. Weißkohl und Paprika in etwa 5 cm lange und 4 cm breite Stücke schneiden. Ingwer schälen und in dünne Scheiben schneiden.

2 In einem Topf 2 1/2 l Wasser zum Kochen bringen. Salz, Zucker, Chilischoten, Sternanis, Pfefferkörner, Ingwer und Gaoliang-Schnaps hineingeben. Unter Rühren bei schwacher Hitze so lange kochen, bis Salz und Zucker sich ganz auflösen.

3 Die Marinade abkühlen lassen. Inzwischen das Gemüse in ein Einmachglas füllen. Die abgekühlte Marinade über das Gemüse gießen und das Glas gut verschließen. Das Glas etwa 2 Tage an einen kühlen Ort stellen (im Sommer in den Kühlschrank) und das Gemüse servieren.

Info: In der Regel wird das eingelegte Gemüse als Vorspeise zu Getränken oder als Beilage zu fetten Gerichten serviert. In Sichuan wird diese Vorspeise noch zusätzlich mit Chiliöl serviert. Wenn Ihnen das nicht zu scharf ist, können Sie es ruhig ausprobieren.

Tip! Achten Sie darauf, daß das Gemüse sowohl bei der Zubereitung als auch später beim Entnehmen aus dem Glas nicht mit Öl in Berührung kommt, sonst kann das Gemüse leicht verderben. Wenn Sie einen typischen Einmachbottich aus Sichuan bekommen können, geben Sie ein bißchen Wasser auf den Rand um den Deckel herum. Das Wasser dichtet noch besser ab.

Gelbe Currypaste

Aus Thailand · Geht schnell

Krüang Gäng Garieh

Zutaten für eine Schale (4 Portionen):
5 getrocknete Chilischoten
1 Stengel Zitronengras
1 Stück Galgant (2 cm) oder Ingwer
5 Schalotten
10 Knoblauchzehen
1 EL Koriandersamen (Apotheke)
1 TL Kreuzkümmel
1 TL Salz · 1 EL Currypulver
1 TL Garnelenpaste
Zubereitungszeit: 25 Min.

1 Chilies ohne Stiel quer halbieren und in lauwarmem Wasser etwa 5 Min. einweichen. Anschließend Wasser abgießen und Schoten gut ausdrücken. Danach müssen Sie sich die Hände gründlich waschen, es brennt wie Feuer, wenn Sie die Hände an die Augen oder Schleimhäute bringen!

2 Zitronengras und Galgant waschen, Galgant in dünne Scheiben, Zitronengras in feine Ringe schneiden. Schalotten und Knoblauch kleinhacken.

3 Alle Zutaten, bis auf die Chilihälften, mit Koriandersamen und Kreuzkümmel in einer Pfanne ohne Öl bei mittlerer Hitze etwa 3 Min. anbraten, dabei ständig rühren. Etwas abkühlen lassen. Chilihälften mit Salz im Mörser zerstoßen. Nach und nach sämtliche Zutaten dazugeben und kräftig stoßen. Currypulver und Garnelenpaste ebenfalls untermischen.

Rote Currypaste

Aus Thailand · Sehr scharf

Krüang Gäng Phet Däng

Zutaten für 4 Portionen:
8 frische rote Peperoni
3 frische rote Chilischoten
3 Schalotten · 1 TL Koriandersamen
1 Stengel frisches Zitronengras
1 Stück frischer Galgant (2 cm) oder Ingwer · 2 Korianderwurzeln
1 Zitrone · 1/2 TL Kreuzkümmel
1 TL Salz · 1/2 TL Pfeffer
1/2 TL Muskatnuß · 1 TL Garnelenpaste
Zubereitungszeit: 25 Min.

1 Peperoni und Chili waschen und kleinhacken. Danach gründlich die Hände waschen! Schalotten schälen und ebenfalls kleinhacken. Koriandersamen in einer kleinen Pfanne ohne Öl bei starker Hitze etwa 2 Min. anbraten. Zitronengras waschen und in feine Ringe schneiden. Galgant oder Ingwer und Korianderwurzeln waschen (Ingwer schälen) und klein-hacken. Zitrone heiß waschen, mit dem Messer schälen und die Schale kleinhacken, es wird 1 TL benötigt.

2 Kreuzkümmel und alle anderen Zutaten nach und nach hineingeben und gut durchstoßen, bis eine cremige Paste entstanden ist. Zum Schluß Garnelenpaste dazugeben und unterrühren.

Minzsauce

Aus Nordindien · Pikant

Poodina

Zutaten für 6 Portionen:
50 g frische grüne Minze
200 g Joghurt · Salz
½ TL Kreuzkümmelpulver
¼ TL Chilipulver
Zubereitungszeit: 10 Min.

1 Frische Minze waschen, trockenschütteln und kleinhacken.

2 Minze in eine Schüssel geben. Joghurt, Salz, Kreuzkümmel und Chilipulver hinzufügen und alles gut verrühren. Sauce kalt stellen.

Diese Sauce paßt hervorragend zu allen Fleischgerichten. Besonders mit Lammfleisch schmeckt sie toll.

Glossar

Abalone: Eine Seeschneckenart, die auch Ohrschnecke genannt wird. Abalone ist in Europa nur in Dosen erhältlich. Als Ersatz können Sie unfritierten, küchenfertigen Tintenfisch (in Ringen oder Stücken) oder jedes andere beliebige Fischfilet nehmen.

Austernsauce: s. Produktinfo, S. 153. Als Ersatz nehmen Sie normale Sojasauce.

Bambusdämpfer: Wichtiges Utensil der asiatischen Küche. Es ist ein runder Korb mit einem Boden aus Bambusgeflecht und einem Deckel aus Bambus, der beim Dämpfen auf einen Wok gestellt wird. In verschiedenen Größen in Asienläden zu kaufen. Falls Sie keinen Bambusdämpfer haben, s. Info S. 182.

Bambussprossen: s. Produktinfo, S. 123. Als Ersatz grünen oder weißen Spargel schräg in 3 mm dünne Scheiben schneiden und mitbraten.

Bananenblätter: Riesige Blätter der Bananenstaude. Sie werden als Einweg-»Teller« benutzt, zu kleinen Behältern geformt, in denen man Reis dämpft, oder aber zum Einwickeln von Lebensmitteln, die in Holzkohlenglut gegart werden, genommen (ersatzweise Alufolie nehmen). Bananenblätter am besten tiefgekühlt kaufen. Getrocknete Bananenblätter vor dem Benutzen in Wasser einweichen.

Bockshornkleesamen: Hellbraune Samenkörner, die zum Würzen von verschiedenen Currys verwendet werden. Ersatzweise Senfkörner und ein wenig Currypaste oder Currypulver nehmen.

Bohnenpaste: s. Produktinfo, S. 247. Ersatzweise dieselbe Menge Sojasauce mit einer Prise Chilipulver oder Cayennepfeffer und 1-2 TL Sesamöl mischen. Bei »Süßer« Bohnenpaste nur 1/3 durch Sojasauce ersetzen.

Cashewnüsse: Eine süße, nierenförmige Nuß. Die Nüsse des Cashewbaumes werden ähnlich einer Walnuß zweimal geschält. Verwenden Sie ungesalzene Nüsse. Als Ersatz können Sie ungesalzene Erdnüsse verwenden.

Chiliöl: s. Produktinfo, S. 197. Als Ersatz nehmen Sie die im Rezept angegebene Menge normales Öl und würzen es mit einer Prise Cayennepfeffer oder 1/2 TL Sambal ulek.

Chilisauce: Scharfe Würzsauce aus Chilischoten, Zucker und Essig, die zum Abschmecken der Gerichte oder als Tischsauce verwendet wird. Ersatzweise milden Essig (je 1 EL) mit einer Prise Cayennepfeffer und 1 TL Zucker verrühren. Oder süße Sojasauce (Kecap manis) mit Cayennepulver oder Tabasco »scharf machen«.

Chilischoten: s. Produktinfo, S. 197. Ersetzen durch etwas Chilipulver.

Chinesischer Schnittlauch: Ist mit dem hiesigen Schnittlauch verwandt, aber intensiver im Geschmack, eher knoblauchähnlich. Ersatzweise normalen Schnittlauch und eine kleingeschnittene Knoblauchzehe nehmen oder Bärlauch feinhacken.

Chutneys: In der indischen Küche beheimatete gewürzte Dips oder Pasten aus Gemüse oder Kräutern, die als Nebengerichte gereicht werden. Einige Sorten gibt's im Spezialgeschäft.

Currypasten: Würzpasten, die zu Nudeln, Reis- und Gemüsegerichten gereicht werden. Diese Pasten gibt es in Gläsern fertig zu kaufen. Sie sind lange haltbar, was auch gut ist, denn man braucht pro Wok nur ca. 1 TL – 1 EL. Ein – allerdings schlechter – Ersatz ist Currypulver in kleinen Mengen. All diese Pasten sind sehr scharf, auch die mildeste Variante.

Dals: s. Produktinfo, S. 169. Ersatzweise Linsen oder Bohnen aus der Dose abtropfen lassen, zum Wokinhalt geben.

Daun-salam-Blätter: Wörtlich »Heiliges Blatt«, indonesisches Lorbeerblatt, das sein Aroma erst beim Kochen entfaltet. Durch Lorbeerblätter ersetzbar.

Donggu-Pilze: In Europa eher unter dem japanischen Namen Shiitake-Pilze bekannt. In Deutschland auch als Tongku-Pilze bezeichnet. Sie sind eine der beliebtesten Zutaten der chinesischen Küche. Donggu-Pilze werden meist getrocknet angeboten. Daher muß man sie zunächst etwa 10 Min. in warmem Wasser einweichen. Ersatzweise Holzohr- bzw. Wolkenohren-Pilze (= Mu-Err-Pilze) oder frische Champignons in Scheiben schneiden und kurz im Wok mitbraten.

Duftreis: s. Produktinfo, S. 99. Ersatzweise können Sie Langkornreis verwenden.

Essig: Es gibt hellen und den häufig verwendeten dunklen Essig, die beide aus Reis hergestellt werden. Reisessig ist milder als europäische Essigsorten. Ersatzweise Aceto balsamico oder hellen milden Weinessig nehmen und mit wenig Wasser verdünnen.

Fermentierte schwarze Bohnen: s. Produktinfo, S. 177. Ersatzweise trocken eingelegte schwarze oder grüne Oliven verwenden und kleinhacken.

Fischsauce: Eine wichtige Würzsauce, die aus Fisch- und Krabbenkonzentrat sowie Salz hergestellt wird. Ersatzweise die halbe Menge Sojasauce verwenden.

Fu-Zhu: s. Produktinfo, S. 205. Ersatzweise Tofu in dünne Scheiben schneiden oder einen dünnen Pfannkuchen backen und in feine Streifen schneiden.

Fünf-Gewürz-Pulver: Gängige Gewürzmischung aus Sternanis, Zimt, Gewürznelken, Pfeffer und Fenchelsamen. Ersatzweise »China-Pulver« oder »China-Gewürzmischung« nehmen.

Garam Masala: Eine indische Gewürzmischung aus verschiedenen gerösteten und gemahlenen Gewürzen, die Sie im Asienladen fertig kaufen können. Ersatzweise die Currypaste nehmen, die Sie gerade im Haus haben.
Eine Alternative ist auch Currypulver in kleinen Mengen.

Garnelenpaste: Es gibt sie in verschiedenen Farben und Konsistenzen: Die Farbskala geht von rosa bis braun, die Konsistenz von weich bis hart. Die Paste hat einen äußerst intensiven Geruch und sollte deshalb in einem fest verschlossenen Gefäß aufbewahrt werden. Als Ersatz können Sie Sardellenpaste verwenden.

Garnelen, getrocknete: Gibt's in jedem Asienshop. Sonst weglassen.

Ghee: Die indische Bezeichnung für Butterschmalz. Es ist als Kochfett in der indischen Küche sehr verbreitet. Sie können Ghee im indischen Spezialgeschäft kaufen oder ersatzweise Butterschmalz verwenden.

Glasnudeln: Hauchzarte, durchsichtige Nudeln, die aus Mungobohnenstärke, aber auch aus Saubohnenstärke hergestellt werden. Ersatzweise Spaghettini oder Spaghetti nehmen. Wie gewohnt kochen und anschließend kurz im Wok mitbraten.

Hoisin-Sauce: Süßliche, rotbraune und zähflüssige Würzpaste aus gesalzenen Sojabohnen, Zucker, Wasser, Essigsäure, Knoblauch, Sesamsamen, Weizenmehl, Karamel und rotem Reis. Sie dient in erster Linie zum Würzen von Fleisch- und Fischgerichten, wird zum Marinieren verwendet oder als Dip gereicht. Hoisin-Sauce ist in vielen Asienläden erhältlich und kühl gelagert lange haltbar. Ersatzweise Sojasauce jeglicher Art nehmen.

Ingwer: s. Produktinfo, S. 221.

Jackfruit: Bis zu 20 kg schwere kürbisförmige Frucht eines Baumes aus der Familie der Maulbeergewächse. Wird oft im nicht ausgereiften Zustand als Gemüse gekocht. Die kastanienähnlichen Samen werden getrocknet zu Mehl verarbeitet. Als Ersatz schneiden Sie Kürbisfleisch in Würfel und garen diese kurz im Wok mit.

Karai: Eine Art Wok, d. h. eine tiefe gußeiserne Pfanne mit einem gewölbten Boden. Durch die Wölbung konzentriert sich einerseits die Hitze und läßt die Zutaten rasch garen, andererseits braucht man zum Fritieren viel weniger Öl als in einer gewöhnlichen Pfanne. Allerdings kann die Karai nur auf Gasöfen oder über offenem Feuer benutzt werden. In allen Rezepten dieses Buches, in denen eine Karai benutzt wird, können Sie statt dessen einen Wok verwenden.

Kardamom: Die Kardamompflanze wächst in Südindien. Ihre grüne oder schwarze Frucht ist eine Kapsel, in der die Samen, das Gewürz, enthalten sind. Für einige Gerichte muß die Kapsel geöffnet werden, dann wird nur der Samen verwendet. Kardamom gibt es auch in Apotheken zu kaufen. Notfalls können Sie auch Anispulver nehmen.

Kecap manis: s. Produktinfo, S. 100. Als Ersatz für diese etwas süßliche Sojasauce nehmen Sie normale Sojasauce und geben ein wenig Zucker dazu.

Kemirinüsse: Kemirinüsse sehen aus wie Haselnüsse, sind aber runder und größer. Nur geschälte Nüsse zu kaufen. In der indonesischen Küche werden die Nüsse fein zerrieben zum Andicken von Curries, zum Binden von Suppen und zum Aromatisieren von Fleisch-, Geflügel- und Fischgerichten verwendet. Werden die Nüsse im Rezept als Ganzes verwendet, nehmen Sie als Ersatz Macadamia-Nüsse oder Cashewnüsse. Werden sie zum Andicken verwendet, nehmen Sie als Ersatz einfach Saucenbinder oder ganz fein gemahlene Mandeln.

Klebreis: s. Produktinfo, S. 99. Ersatzweise können Sie Milchreis oder Risottoreis verwenden. Klebreismehl: vgl. Reismehl

Kokosmilch: Kokosmilch ist nicht die Flüssigkeit aus dem Inneren der Kokosnuß, sondern wird aus dem weichen, geraspelten Fleisch junger Kokosnüsse, das püriert und mit Wasser ausgepreßt wird, gewonnen. Kokosmilch ist ungesüßt in der Dose oder im Block (wie Butterpakete) erhältlich. Ersatzweise können Sie es ganz »echt« machen: Kokosnußfleisch im Mixer fein pürieren, mit ca. $^1/_4$ l Wasser aufgießen und nach 10 Minuten durch ein Sieb in die Speise geben.

Kokosöl: Weißes, aus dem Fleisch der Kokosnuß gewonnenes Fett mit nußartigem Geschmack und hohem Schmelzpunkt. Es eignet sich zum Braten und Fritieren. Als Ersatz können Sie jedes andere neutrale hocherhitzbare Pflanzenöl verwenden.

Koriander: Ein grünes, äußerlich der Petersilie ähnelndes Kraut, das jedoch völlig anders als Petersilie schmeckt, aber notfalls durch diese ersetzt werden kann. Es wird als ganzer Zweig mit oder ohne Stiel zum Garnieren verwendet, mitgebraten oder feingehackt auf fertige Gerichte gestreut.

Kreuzkümmel: Auch als Kumin bzw. Cumin im Handel. Wird oft mit Kümmel verwechselt, ist aber etwas völlig anderes und kann auch nicht durch gewöhnlichen Kümmel ersetzt werden. Schmeckt etwas bitter und leicht nach Pfeffer. Ein Ersatz ist hier schwer zu benennen, aber Kreuzkümmel ist im Prinzip in allen gut sortierten Geschäften zu bekommen. Sollten Sie dennoch mal keinen bekommen, lassen Sie ihn einfach weg.

Kurkuma: s. Produktinfo, S. 36. Kurkuma, können Sie durch eine Spur Currypaste oder- pulver ersetzen.

Lilienblüten: s. Produktinfo, S. 73. Sie können Lilienblüten, die v. a. zur Verzierung dienen, auch einfach weglassen, falls Sie sie nicht bekommen.

Lotoskerne: s. Produktinfo, S. 245. Falls Sie keine Lotoskerne bekommen, nehmen Sie Wasserkastanien oder Macadamia-Nüsse. Ansonsten können Sie diese Zutat auch weglassen.

Mu-Err-Pilze: S. Produktinfo S. 52. Ersatzweise können Sie Donggu-Pilze (auch als Tongku-Pilze im Handel) oder auch frische Champignons verwenden.

Mungobohnensprossen: Sind die Sprossen der Sojabohnen und daher auch bekannt als Sojabohnensprossen oder -keimlinge. Sie sind sehr eiweiß- und Vitamin-C-reich. Es gibt sie bei uns frisch das ganze Jahr entweder offen oder in Beuteln verpackt zu kaufen, ansonsten auch aus der Dose. Als Ersatz können Sie in grobe Stifte geraspelte Möhren oder Kohlrabi verwenden.

Öl: Verwenden Sie am besten Sojaöl oder Erdnußöl, ansonsten Sonnenblumenöl, aber nie Olivenöl, dessen Eigengeschmack überhaupt nicht zur asiatischen Küche paßt.

Pak Choi: Ein Blätterkohl, der mit Chinakohl und Mangold verwandt ist. In China ist er das ganze Jahr hindurch erhältlich, wird jedoch besonders gern im Winter gegessen. Kurz in heißem Öl gebraten, wird Pak Choi als Gemüse gereicht, die weißen Stengel kleingeschnitten mit Fleisch und anderen Zutaten gebraten. Pak Choi ist in Europa in den meisten Asienläden erhältlich. Als Ersatz können Sie Mangold oder Chinakohl verwenden.

Palmzucker: Wird aus dem Saft einer bestimmten Zuckerpalme gewonnen und hat eine hellgelbe bis braune Farbe. Er ist nicht so süß wie weißer Zucker und schmeckt leicht nach Karamel. In Asienläden ist dieser Zucker in Dosen oder zu Plätzchen gepreßt erhältlich. Falls Sie ihn nicht bekommen, können Sie braunen Zucker nehmen.

Paneer: Selbstgemachter Frischkäse, der einigen Gemüsegerichten zugegeben und für Nachspeisen verwendet wird. Verwenden Sie ersatzweise Tofu.

Papad: In Indien zu allen Currygerichten gereichte dünne getrocknete Linsenfladen, die auch gerne zwischendurch geknabbert werden. Es gibt sie frisch auf jedem indischen Markt zu kaufen. Bei uns sind die Papads abgepackt im Asienladen erhältlich. Ersatzweise Schüttelbrot nehmen oder Pittabrot, das Sie quer durchschneiden und dann toasten.

Reismehl: s. Produktinfo, S. 95. Je nach Rezept durch Eierkuchenteig ersetzen oder einfach normales Mehl verwenden. Für den Teig mischen Sie 1/3 der im Rezept angegebenen Menge normales Mehl mit dem gleichen Teil Wasser und 2 Eiern.

Reisnudeln: s. Produktinfo, S. 95. Normale Nudeln sind hier ein guter Ersatz.

Reiswein: Auch »Shao Xin-Wein« genannt, nach einem berühmten Herstellungsort in der westchinesischen Provinz Zhejiang. Er wird aus Reis hergestellt und hat die Farbe von Bernstein. Man kann ihn bei Zimmertemperatur oder – vor allem im Winter – erwärmt trinken. Er ist ebenfalls ein wichtiges Würzmittel in der chinesischen Küche, das man notfalls durch einen Sherry Medium Dry ersetzen kann.

Sambal ulek: Sambal ulek ist in Indonesien eine sehr scharfe Würzpaste aus Chilischoten, Sonnenblumenöl und Salz. Sie können Sambal ulek in jedem gut sortierten Supermarkt und natürlich im Asienladen fertig im Glas kaufen. Falls Sie ihn nicht bekommen, rühren Sie ersatzweise eine Prise Cayennepfeffer unter das fertige Gericht.

Sesamöl: Sesamöl wird in der chinesischen Küche zum Würzen und Verfeinern von Gerichten verwendet. Es schmeckt aromatisch-nussig und wird aus hellen und dunklen Sesamsamen hergestellt. Da es auch in China sehr teuer ist, wird es fast nur tropfenweise verwendet. Bei längerer Lagerung wird es leicht ranzig. Ersatzweise Kürbiskernöl oder Traubenkernöl verwenden oder einfach weglassen.

Sesampaste: Wird aus gemahlenen weißen Sesamsamen hergestellt und hat einen delikat nussigen Geschmack. Sesampaste wird meist in Gläsern verkauft, ist von relativ fester Konsistenz und von gelblicher bis nußbrauner Farbe. Zum Würzen wird die Paste mit Wasser, Brühe, Sojasauce oder Essig verrührt. Ersatzweise türkisches Tahin (vom türkischen Händler oder aus dem Reformhaus) verwenden oder einfach weglassen.

Sesamsamen: Es gibt weiße und schwarze Sesamsamen, die nussig schmecken und die in der asiatischen

Küche meist für Süßspeisen und Gebäck, jedoch auch für pikante Gerichte genutzt werden. Ersatzweise gehackte Mandeln oder Sonnenblumenkerne in einer trockenen Pfanne unter Rühren goldbraun rösten.

»Sha Cha«-Sauce: s. Produktinfo, S. 189. Notfalls durch die halbe Menge süße Sojasauce (Kecap manis) mit etwas Chilipulver vermischt ersetzen.

Shiitake-Pilze: vgl. »Donggu-Pilze«.

Sichuan-Pfeffer: s. Produktinfo, S. 170. Ersetzen durch normalen Pfeffer.

Sojabohnenkeimlinge: Sprossen der Sojabohne. s. Mungobohnensprossen.

Sojasauce: Wichtiges Würzmittel der asiatischen Küche aus fermentierten Sojabohnen, Salz, geröstetem Weizen und Hefe. Es gibt helle und dunkle Sojasauce, wobei das eine unzutreffende Bezeichnung ist, denn in der Farbe unterscheiden sie sich kaum. Erstere bewahrt die ursprüngliche Farbe der Zutaten, letztere verleiht den Gerichten einen sehr intensiven Geschmack. Scharfe Sojasauce enthält zusätzlich Chilischoten.

Sternanis: Sehr intensiv schmeckende Anisart. Seinen Namen erhielt dieses Gewürz deshalb, weil die Samenfrucht aus 5-8 rotbraunen, sternartig um eine Mittelachse angeordneten Teilfrüchten besteht. In der chinesischen Küche wird Sternanis überwiegend als ganze Frucht verwendet, die man vor dem Servieren entfernt. Er kommt auch geschrotet oder gemahlen in den Handel. Ersatzweise eine Mischung aus normalem Anispulver und einer Prise Zimtpulver verwenden. Notfalls weglassen.

Süßkartoffeln: Durch normale vorwiegend festkochende Kartoffeln ersetzen.

Tamarindenmark: Das Fruchtmark der zimtfarbenen Früchte des Tamarindenbaumes wird zum Abschmecken einiger Gerichte verwendet; es gibt den Speisen einen leicht säuerlichen Geschmack. Im Spezialgeschäft in gepreßten Päckchen
oder als Paste erhältlich. Geben Sie ersatzweise dem Gericht mit einigen Tropfen Zitronensaft eine leicht säuerliche Note.

Tempuramehl: Ein stärkehaltiges Mehl, ähnlich unserem Kartoffelmehl. Mit Wasser verrührt, wird es zum An dicken von Saucen oder für den berühmten Teigmantel verwendet. Ersatzweise normales Mehl mit der gleichen Menge Speisestärke vermischen.

Terasi: Garnelenpaste, die in der indonesischen Küche fast jedes Gericht mit Eiweiß anreichert. Der eigenwillige Geschmack der aus feingemahlenen und getrockneten Garnelen hergestellten Paste liegt allerdings nicht jedem. Ersatzweise Fisch- oder Sojasauce verwenden.

Tofu: s. Produktinfo, S. 64. Ersatzweise notfalls Fleischwurst mit wenig Geschmack nehmen.

Tongku-Pilze: vgl. »Donggu-Pilze«.

Wan Tan-Teig: Fertige quadratische Teigplatten von etwa 10 cm Kantenlänge, die in jedem Asienladen tiefgefroren angeboten werden. Sollten Sie sie jedoch nicht bekommen, können Sie sie auch selbst herstellen. Verkneten Sie 200 g Mehl, 1 Ei und 50 ml Wasser zu einem geschmeidigen Teig, lassen ihn etwa 30 Min. ruhen, rollen ihn danach dünn aus und schneiden ihn dann in 24 quadratische Scheiben von etwa 10 x 10 cm. Wan Tan-Teigplatten eignen sich besonders zum Füllen mit Farcen und werden meist für Suppen und Vorspeisen verwendet.

Wasserkastanien: s. Produktinfo, S. 86. Ersetzen durch Sojabohnensprossen, Bambussprossen oder Spargelstücke.

Wok: Ein aus Gußeisen hergestellter Vielzwecktopf. Ursprünglich eine chinesische Erfindung, hat sich der Wok mittlerweile in der gesamten fernöstlichen Küche durchgesetzt und ist das ideale Küchengerät für die Zubereitung asiatischer Gerichte. In China haben die Woks fast alle einen runden Boden. In Deutschland, wo meist auf dem Elektroherd gekocht wird, werden Woks mit abgeflachtem Boden angeboten. Der Wok sollte zuerst erhitzt, dann mit etwas kaltem Öl bestrichen und dann erneut erhitzt werden. Erst dann das restliche Öl dazugeben und mit dem Garen beginnen, denn nun haften auch mit Speisestärke panierte Zutaten nicht an. Als Ersatz für den Wok eignet sich am besten eine gußeiserne Pfanne.

Zha Cai: s. Produktinfo, S.135. Ersatzweise Bambussprossen mit Chilipulver »scharf« machen.

Zitronengras: Schilfartiges Gras, das auch in Gewächshäusern gedeiht. Liefert das nach Zitrone duftende ätherische Öl für Parfüms, Kosmetik und Tees und gibt Speisen ein pikantes Aroma. Zum Kochen verwendet man nur den unteren Teil des Stengels. Die äußeren, trockenen Blätter entfernen. Zitronengras ist frisch oder als Pulver erhältlich. Kann durch 1/2-1 TL frischgeriebene, unbehandelte Zitronenschale ersetzt werden.

Rezept- und Sachregister

Aal in dunkler Sojasauce 234
Abalone mit Spargel 232
Ähren-Tintenfisch 230
Äpfel, gedämpfte 264
Apfelchutney 278
Auberginen, fritierte 45
Auberginen, knusprige 16
Auberginen in Senfsauce 42
Auberginen-Curry 41

Bambus mit Zha Cai 46
Bambussprossen, scharfe 48
»Bao-Bao«-Huhn 179
Blumenkohl mit Chilistreifen 58
Bohnen mit Chilistreifen 58

Chilisauce mit Koriander 280
Chinakohl mit Kastanien 46
Curry-Nudeln 89
Curry-Nudeln mit Tofu (Variante) 89
Currypaste, gelbe 281
Currypaste, rote 281

Donggu-Pilze mit Bambus 50
Dorade in Sojasauce 242
Duftblüten-Fischscheiben 219

Eier, gedämpfte 71
Eier mit Fischfleisch 77
Eier mit fünf Köstlichkeiten 75
Eier mit Gurke und Pilzen 72
Eierblumensuppe 27
Eiernudeln mit Sojasprossen 93
Eingelegtes Sichuan-Gemüse 280
Ente, knusprige 207
Ente, kross gebratene 203
Ente in pikanter Sauce 211
Ente in »Sha Cha«-Sauce 208
Ente mit Mandarinenaroma 212
Entenbrust mit Ingwer 210
Entenfleisch mit Fu-Zhu 204

Feuerwerksrollen 20
Fisch, gedämpfter 220
Fisch, gefüllter 218
Fisch, süß-sauer 216
Fisch in Zwiebelsauce 223
Fisch-Curry 226
Fischfilet, knuspriges 224
Fischfilet mit Tomaten 224
Fischstäbchen, krosse 235
Fischtaschen, süß-saure 233
Fischwürfel, gebratene 239
Fladenbrot 274
Fleisch im Kartoffelnest 118
Fleisch in Eihülle 116
Fleischbällchen, süß-saure 125
Forelle in Essigsauce 241
Forelle mit Ingwerstreifen 239
Fritierte Auberginen 45
Fritierte Wan Tan 19
Fritierter Tofu 13
Fritiertes Vollkornbrot 275
Frühlings-Komposition 77
Frühlingsrollen 110
Fünf-Gewürz-Fisch 15

Garnelen, gedämpfte 256
Garnelen, pikante 259
Garnelen in Salz und Pfeffer 257
Garnelen mit Bambus 254
Garnelen mit grünem Spargel 250
Garnelen mit Knoblauch 252
Garnelen mit Paprika 259
Garnelen mit Pilzen 248
Garnelen mit Tomaten 249
Garnelenröllchen 260
Gebratene Fischwürfel 239
Gebratene Nudeln (Variante) 103
Gebratene Reisnudeln 96
Gebratene San-Xian-Nudeln 84
Gebratene scharfe Gurken 15
Gebratener Kohl mit Ei 30
Gebratener Reis 97
Gebratener Reis mit Gemüse 102
Gebratener Stangensellerie 56
Gebratener Tintenfisch 228
Gebratenes Gemüse 30
Gedämpfte Äpfel 264
Gedämpfte Eier 71
Gedämpfte Garnelen 256
Gedämpfter Fisch 220
Gedämpftes Rinderfilet 160
Gefüllte Pasteten 112
Gefüllte Reisröllchen 109
Gefüllte Sesambällchen 268
Gefüllter Fisch 218
Gelbe Currypaste 281
Gemüse, gebratenes 30
Gemüse, pfannengerührtes 32
Gemüse in Kokosmilch 24
Gemüsebällchen in Sauce 38
Gemüse-Curry 40
Geröstetes Rinderfilet 150
Geschmorte Lammkeule 162
Geschmorte Schweinefüße (Variante) 163
Geschmorter Karpfen 240
Glasierte Walnüsse 49
Glasnudeln mit Hackfleisch 91
Gurken, gebratene scharfe 15

Hackfleisch mit Glasnudeln 132
Hähnchen indisch 200
Hähnchen, scharf-würziges 206
Hähnchen Shadonger Art 182
Hähnchen-Curry 146
Hähnchenflügel, scharfe 181
Hähnchenschenkel, würzige 170
Hähnchenwürfel, scharfe 196
Hefebrot 276
Honigbananen 267
Huhn im Kartoffelnest 187
Huhn in Mandelsauce 201
Huhn in »Sha Cha«-Sauce 188
Huhn mit Kastanien 180
Huhn mit schwarzen Bohnen 176
Huhn mit Zuckererbsen 193
Hühnchenfleisch mit Mais 174
Hühnerbrust, scharf-würzige 192
Hühnerbrust, süß-saure 172
Hühnerbrust in Zitronensaft 184
Hühnerbrust mit Erdnüssen 194
Hühnerbrust mit Sesam 175
Hühnerbrust mit Walnüssen 203
Hühnerfleisch in Ananas 190
Hühnerfleisch in Melone 198
Hühnerküchelchen 10
Hühnerleber mit Zwiebeln 184

Jackfruit-Curry 144

Kalbsleber-Curry 146
Kandierte Kartoffelbällchen 267
Karpfen, geschmorter 240
Karpfen in scharfer Sauce 246
Karpfen mit Lotoskernen 244
Karpfenfilets, süß-saure 242
Kartoffelbällchen, kandierte 267
Kartoffelcurry mit Mohn 35
Kartoffeln süß-sauer 44
Kartoffelstreifen, scharfe 56

Kichererbsen mit Lamm 169
Knusprige Auberginen 16
Knusprige Ente 207
Knuspriges Fischfilet 224
Kohl, gebratener mit Ei 30
Krabbenklößchen 12
Krebsfleisch mit Sellerie 252
Kross gebratene Ente 203
Krosse Fischstäbchen 235
Krümel-Tofu 70

Lamm-Curry (Variante) 145
Lammfleisch, scharf-saures 165
Lammfleisch in Sojasauce (Variante) 120
Lammfleischtopf, roter 166
Lammkeule, geschmorte 162
Lammleber-Curry (Variante) 146

Milchpulverbällchen in Sirup 273
Minzsauce 281
Mischgemüse 60
Mu-Err-Pilze mit Bohnen 52

Nasi goreng 100
Nudeln, gebratene (Variante) 103
Nudeln, pfannengerührte 81
Nudeln in Fischsauce 86
Nudeln mit Fleischwürfeln 91
Nudeln mit Rindfleisch 82

Ochsenschwanz mit Kandis 161

Paprika süß-sauer 54
Pasteten, gefüllte 112
Perlenklößchen 270
Pfannengerührte Nudeln 81
Pfannengerührtes Gemüse 32
Pikante Garnelen 259
Pikanter Schweinerücken 126
Pikantes Schweinefilet 138

Reis, gebratener 97
Reis, gebratener mit Gemüse 102
Reis mit Ei und Schinken 104
Reis mit Meeresfrüchten 98
Reiskrusten mit Austernpilzen 104
Reiskrusten mit Garnelen 106
Reisnudeln, gebratene 96
Reisnudeln mit Tintenfisch 92
Reisröllchen, gefüllte 109
Rettichkuchen 94
Rind mit Cashewnüssen 153
Rinderfilet, gedämpftes 160
Rinderfilet, geröstetes 150
Rindfleisch, würziges 157
Rindfleisch in Austernsauce 154
Rindfleisch in Sojasauce 159
Rindfleisch mit grünem Pfeffer 148
Rindfleisch mit grünen Bohnen 149
Rindfleisch mit Paprika (Variante) 159
Rindfleisch mit Rettich 142
Rindfleisch mit Sellerie 143
Rindfleisch mit Tomaten 140
Rindfleisch-Curry 145
Rote Currypaste 281
Roter Lammfleischtopf 166

San-Xian-Nudeln, gebratene 84
Schälrippchen süß-sauer 131
Scharfe Bambussprossen 48
Scharfe Hähnchenflügel 181
Scharfe Hähnchenwürfel 196
Scharfe Kartoffelstreifen 56
Scharf-saures Lammfleisch 165
Scharf-würzige Hühnerbrust 192
Scharf-würziges Hähnchen 206
Scholle mit Knoblauchsauce 236
Schwein mit Erdnüssen 131
Schwein mit Sojabohnen 127
Schweinebauch mit »Fu Ru« 128
Schweinebauch mit Paprika 139
Schweinefilet, pikantes 138
Schweinefilet in Sojasauce 120
Schweinefilet mit Ananas 124
Schweinefleisch »Bali« 120
Schweinefleisch mit Bambus 123
Schweinefleisch mit Zha Cai 134
Schweinefüße, geschmorte (Variante) 163
Schweinehack mit Tofu 132
Schweinerücken, pikanter 126
Schweineschmorbauch 151
Schweinewürfel 137
Schweinshaxe in Sojasauce 137
Sesambällchen, gefüllte 268
Sichuan-Gemüse, eingelegtes 280
Spargel mit Mu-Err-Pilzen 55
Spinat mit Zwiebeln 36
Spinatsuppe 24
Spinatsuppe mit Garnelen (Variante) 24
Stangensellerie, gebratener 56
Suppe mit Tintenfisch 22
Suppe mit Tofu-Bällchen 26
Süß-saure Fischtaschen 233
Süß-saure Fleischbällchen 125
Süß-saure Hühnerbrust 172
Süß-saure Karpfenfilets 242

Teigtaschen, vegetarische 111
Tintenfisch, gebratener 228
Tintenfisch-Curry 226
Tofu, fritierter 13
Tofu, zweimal gegarter 63
Tofu Ma-Po-Art 64
Tofu mit Bambussprossen 66
Tofu mit Bohnen 66
Tofu mit Donggu-Pilzen 69
Tofu mit Eifüllung 61
Tofutäschchen 68
Tomaten mit Ei 74
Tomatenchutney 279

Vegetarische Teigtaschen 111
Venusmuscheln mit Basilikum 251
Vollkornbrot, fritiertes 275

Walnüsse, glasierte 49
Wan Tan, fritierte 19
Weißkohl mit Erbsen 34
Wulstlinge in Austernsauce 50
Würzige Hähnchenschenkel 170
Würziges Rindfleisch 157
Zweimal gegarter Tofu 63

Gebratene Garnelen auf Thai-Gemüse

(4 Personen, 60 Min.)

3 Knoblauchzehen, 2 Schalotten und ein nußgroßes Stück Ingwer grob hacken. 100 g Zuckerschoten diagonal halbieren. 100 g Babymais halbieren, 1 Bd. Frühlingszwiebeln so lang wie den Mais zuschneiden, 2 Möhren dünn schälen und in Stifte schneiden. 1/4 Chinakohl in 1 cm breite Streifen, 1 Stangensellerie in ca. 1 cm breite Halbmonde und 2 Thai-Auberginen in 1/2 cm dicke Scheiben schneiden. 3 EL Öl erhitzen und 400 g ausgelöste Garnelen 3 Minuten anbraten. Wieder herausnehmen und warmhalten. Im Restöl (nach Bedarf 2 EL Öl nachgeben) Knoblauch, Schalotten und Ingwer glasig

dünsten. Gemüse nacheinander (je nach Härte) hinzufügen und jeweils ca. 2 Min. mitgaren. 50 g Sojasprossen und 8 Zitronenblätter dazugeben. Mit 100 ml Reiswein ablöschen und ca. 3 Min. fertig garen. Mit Austern- oder Fisch- und Sojasauce würzen. Mit Salz, Pfeffer und 1 Prise Zucker abschmecken. Zum Schluß 1 Bd. gehackten Koriander und die Garnelen untermischen. Mit Duftreis servieren.

Umschlag-Vorderseite: Gebratene Garnelen auf Thai-Gemüse, Rezept auf S. 287, unten rechts.
Das Bild auf Seite 4/5 zeigt den Nachtmarkt Snake Alley von Taipei in Taiwan. Seite 6/7: Fest am Suan Amphon in Bangkok/Thailand. Seite 8/9: Angebot auf einem Markt in Bangkok/Thailand. Seite 28/29: Im Doi-Inthanon-Park in Chiang Mai/Thailand. Seite 78/79: Mobile Garküche in Indonesien. Seite 114/115: Straßenküche in Indien Seite 214/215: Auf dem Fischmarkt Pasar Ikan in Jakarta/Indonesien. Seite 262/263: auf einem Markt in Indonesien.
Nachweis der Bilder (Landschaften, Menschen, Produktinformationen) in der Reihenfolge der Seiten:
4/5 Paul Spierenburg, Kiel;
6/7, 8/9, 28/29 Martin Thomas, Aachen;
36, 43 StockFood, München;
52, 64 Xiao Hui Wang, München;
73 Michael Brauner, Karlsruhe;
78/79 Roland Marske, Berlin;
82 Xiao Hui Wang, München;
86 Michael Brauner, Karlsruhe;
99 Martin Thomas, Aachen;
100 FoodPhotography Eising, München;
114/115 Silvestris-Agentur/Janicek, Kastl;
123 Peter Lüffe, Augsburg;
128 Michael Brauner, Karlsruhe;
125 FoodPhotography Eising, München;
167 StockFood, München;
140 Xiao Hui Wang, München;
153 Michael Brauner, Karlsruhe;
169 G.P. Reichelt, Hamburg;
170 FoodPhotography Eising, München;
177, 189 Michael Brauner, Karlsruhe;
197 FoodPhotography Eising, München;
205 Michael Brauner, Karlsruhe;
214/215 Roland Marske, Berlin;
228 FoodPhotography Eising, München;
245 Uli Franz, Köln;
247 FoodPhotography Eising, München;
262/263 Roland Marske, Berlin;

Der vorliegende Band ist ein Sammelwerk aus 7 Bänden der Reihe »Küchen der Welt«:
China: Xiao Hui Wang/Cornelia Schinharl
China (Kanton): Gwinner/Zhang
China (Peking und Shandong): Thomas Gwinner/Zhenhuan Zhang
China (Sichuan): Gwinner/Zhang
Indien: Bikash und Marcela Kumar
Indonesien: K. Widjaya/R. Marske
Thailand: Thidavadee Camsong

Michael Brauner

Food Fotografie
Der bekannte Foodfotograf setzte in seinem Studio in Karlsruhe die Rezepte vieler Titel der Reihe „Küchen der Welt" stimmungsvoll ins Bild.

FoodPhotography Eising

mit Sitz in München und Maine (USA) wird von Susie und Pete A. Eising geleitet. Seit 1981 gehört das Studio zur unbestrittenen Weltspitze.

Bezugsquellen

Haben Sie Lust bekommen auf den Wok mit den »Bananengriffen« vorne auf dem Titel oder auf die schwarzen Schälchen mit rotem Rand, ganz vorne im Buch? Sie bekommen sie in gut sortierten Fachgeschäften. Sie stammen von der Firma Spring aus Eschlikon in CH, der wir hiermit ein großes Dankeschön für die Bereitstellung zum Fotoshooting aussprechen.

Impressum

Redaktion: Nicola Härms und Dr. Stephanie v. Werz-Kovacs
Rezeptfotos: Michael Brauner und FoodPhotography Eising
Herstellung: Maike Harmeier
Umschlaggestaltung: Independent Medien Design, Claudia Fillmann
Umschlagfoto: FoodPhotography Eising
Satz (DTP): Design-Typo-Print GmbH, Ismaning
Reproduktion: Fotolito Longo, Bozen
Druck und Bindung: Neografia Martin, Slowakei
ISBN: 3-7742-6776-6

Auflage	4	3	2	1
Jahr	2007	06	05	04

Das Original mit Garantie

Ihre Meinung ist uns wichtig. Deshalb möchten wir Ihre Kritik, gerne aber auch Ihr Lob erfahren. Um als führender Ratgeberverlag für Sie noch besser zu werden. Darum: Schreiben Sie uns!
Wir freuen uns auf Ihre Post und wünschen Ihnen viel Spaß mit Ihrem GU-Ratgeber.

Unsere Garantie: Sollte ein GU-Ratgeber einmal einen Fehler enthalten, schicken Sie uns das Buch mit einem kleinen Hinweis und der Quittung innerhalb sechs Monaten nach dem Kauf zurück.
Wir tauschen Ihnen den GU-Ratgeber gegen einen anderen zum gleichen oder ähnlichen Thema um.

GRÄFE UND UNZER VERLAG
Redaktion Kochen + Verwöhnen
Postfach 86 03 25
81630 München
Fax 0 89/419 81-113
e-mail:
leserservice@graefe-und-unzer.de